LES CHEF-D'ŒUVRES DRAMATIQUES DE CHARLES GOLDONI.

TOME SECOND.

LES CHEF-D'ŒUVRES DRAMATIQUES DE CHARLES GOLDONI,

TRADUITS POUR LA PREMIÈRE FOIS EN FRANÇAIS;

AVEC

Le Texte Italien à côté de la Traduction, un Discours préliminaire sur la vie et les Ouvrages de GOLDONI, des Notes et une Analyse raisonnée de chaque Pièce;

PAR M. A. A. D. R.

Non autores modò; sed etiam partes operis elegeris.
QUINTILIEN.

TOME SECOND.

A LYON,

Chez REYMANN et Ce., Libraires, rue St-Dominique, N.º 73.

Et à PARIS,

Chez J. Cl. MOLINI, Libraire, rue Mignon;
— les Frères LEVRAULT, Libraires, quai Malaquai;
— FUCHS, Libraire, rue des Mathurins.

AN IX.

PAMELA MARITATA,

COMMEDIA,

DI TRÈ ATTI ED IN PROSA.

PAMÉLA MARIÉE,

COMÉDIE

EN TROIS ACTES ET EN PROSE,

Représentée a Rome en 1758.

PERSONAGGI.

Milord BONFIL.

Miledi PAMELA, sua consorte.

Il Comte d'AUSPINGH, padre di Pamela.

Miledi DAURE, sorella di Bonfil.

Il Cavaliere ERNOLD.

Milord ARTUR.

Monsieur MAJER, ministro della segretaria di Stato.

Monsieur LONGMAN, maggiordomo di Bonfil.

Madama JEURE, governante.

ISACCO, cameriere.

La Scena si rappresenta in Londra, in casa di Milord Bonfil, in una camera con varie porte.

PERSONNAGES.

Mylord BONFIL.

Myladi PAMÉLA, son épouse.

Le Comte d'AUSPINGH, père de Paméla.

Myladi DAURE, sœur de Bonfil.

Le chevalier ERNOLD.

Mylord ARTUR.

Monsieur MAJER, envoyé par le secrétaire d'Etat.

Monsieur LONGMAN, intendant de Bonfil.

Madame JEFFRE, gouvernante.

ISAC, valet de chambre.

La Scène est à Londres, chez Mylord Bonfil.

PAMELA MARITATA,
COMMEDIA.

ATTO PRIMO.

SCENA PRIMA.

Miledi PAMELA, e Milord ARTUR.

ARTUR.

No, Miledi, non apprendete con tanto senso un leggiero ostacolo alla vostra piena felicità. Lo sapete, che le grandi fortune non vanno mai scompagnate da

---

(1) ARTUR.
Le ciel, n'en doutez pas, le doit à vos vertus,
Madame; vos soupirs à la fin entendus,
Désarmeront bientôt sa rigueur passagère,
Et vos pleurs obtiendront la liberté d'un père.
C'est le seul bien qui manque à ce cœur agité:
Mais, vous le savez trop, notre félicité
N'est jamais, ici bas, exempte de nuage.
En vain un sort plus doux semble notre partage;
Toujours quelqu'amertume en corrompt les attraits.

PAMÉLA MARIÉE,
COMÉDIE.

ACTE PREMIER.

SCÈNE PREMIÈRE (1).

Myladi **PAMÉLA**, Mylord **ARTUR**.

ARTUR.

Allons, Madame, allons; consultez votre prudence; et qu'un léger obstacle ne trouble point votre félicité. Vous le savez; quelque amertume accompagne nécessairement les grandes fortunes. Mais votre vertu vous

PAMÉLA.

Ah ! s'il ne s'agissait que de moi, je saurais
A cet instant d'orage opposer la constance,
Obéir sans murmure, et souffrir en silence :
Mais il s'agit d'un père ! hélas ! puis-je songer,
Sans trembler, sans frémir, à son nouveau danger ! etc.

qualche amarezza; e la vostra virtù può consigliarvi meglio assai di qualunque labbro eloquente.

PAMELA.

Se si trattasse di me, saprei soffrire costantemente qualunque disastro; ma trattasi di mio padre, trattasi di una persona, che amo più di me stessa, ed il pericolo, in cui lo vedo, mi fa tremare.

ARTUR.

Milord vostro Sposo non lascierà cosa alcuna intentata per rendervi sollecitamente contenta.

PAMELA.

Ma come mai si è perduta ad un tratto la bella speranza di veder mio padre graziato? Diceste pure voi stesso, che la grazzia erasi di già ottenuta, e il Re medesimo accordato aveva il rescritto.

ARTUR.

Tutto quello, ch'io dissi, non è da mettere in dubbio. Ma notavi è la disgrazia del segretario di Stato. Deposto quello sfortunato ministro, passò la carica in un altro più rigoroso. Si dà per combinazione fatale, che in Irlanda, e in Iscozia nacque recentemente un' altra picciola sollevazione. Si pensa in Londra a reprimerla nel suo principio; e il Ministero non acconsente in simile congiuntura spedir la grazia in favore di un reo dello stesso delitto.

---

(1) Pour comble de malheur, l'Ecosse soulevée,
    Colorant ses projets et son ambition
    Du prétexte sacré de la religion,
    D'une guerre nouvelle allarme la patrie:
    On veut, dans son principe, étouffer l'incendie,
    Et, par le juste effroi de la sévérité,
    Mettre un frein redoutable à la témérité.
    Dans ces temps malheureux de discorde et de guerre,
    Où les opinions déchiraient l'Angleterre,

donnera, à cet égard, de meilleurs conseils que la bouche du monde la plus éloquente.

PAMÉLA.

S'il n'était question que de moi, j'opposerais ma constance aux revers de la fortune : mais il s'agit de mon père, il s'agit d'une personne qui m'est cent fois plus chère que moi-même ; et le danger qui le menace me fait trembler.

ARTUR.

Mylord votre époux ne négligera rien, sans doute, pour combler vos vœux à cet égard.

PAMÉLA.

Mais comment s'est évanouie tout-à-coup la douce espérance de voir mon père rentrer en grace ? Vous m'aviez cependant assuré vous-même que le pardon était obtenu, que le roi avait daigné accorder le rescrit.

ARTUR.

Il n'y a pas le moindre doute à élever sur tout ce que je vous ai dit. Mais vous savez la disgrace du secrétaire d'état : cet infortuné ministre se trouve remplacé par un successeur infiniment plus sévère (1). Il arrive d'ailleurs, par une combinaison fâcheuse d'événemens, que l'Irlande et l'Ecosse semblent vouloir se soulever de nouveau. On s'occupe, à Londres, des moyens d'étouffer la révolte dans son principe ; et le ministère consentira difficilement à expédier, dans une semblable conjoncture, la grace d'un homme coupable du même délit.

Votre père a suivi les drapeaux de l'erreur,
A signalé son zèle, ou plutôt sa fureur !
Il ne faut donc, je crois, rien hâter ; la prudence
Prescrit une autre marche en cette circonstance ;
Un zèle trop ardent, trop prompt à se trahir,
Nuirait à votre père, en croyant le servir, etc.

PAMELA.

Dunque non è più sperabile la remissione del povero mio genitore?

ARTUR.

Non è sì facile; ma non è disperata. Il vostro degno consorte ha dei buoni amici. Io pure mi maneggierò seco lui per ottenere la grazia, e con un poco di tempo noi l' otterremo.

PAMELA.

Voglia il cielo, che segua presto. Mio padre è impaziente, ed io lo sono al pari di lui. Il soggiorno di Londra presentemente mi annoja. Milord mio Sposo mi ha promesso condurmi alla contea di Lincoln; ma se questo affare non è concluso, si differirà la partenza, e mi converrà soffrire di restar quì.

ARTUR.

Perchè mai vi dispiace tanto il soggiorno della città?

PAMELA.

Nei pochi giorni, ch' io sono Sposa, cento motivi ho avuti per annojarmi.

ARTUR.

Il vostro caro consorte non vi tratta forse con quell' amore, con cui ha mostrato tanto desiderarvi?

PAMELA.

Anzi l' amor suo di giorno in giorno sì aumenta.

---

(1) Ah! bien loin d'affliger une épouse qu'il aime,
Il est de mon bonheur plus jaloux que moi-même;
Et ses soins assidus, ses égards complaisans,
Loin de se démentir, croissent avec le temps.
Mais, le dirai-je, hélas! tant de soins pour me plaire,
A ce cœur désolé ne rendent point un père!
Ce fracas de plaisirs, ce tumulte pompeux,
Ne font qu'arracher l'ame à l'objet de ses vœux:
En puis-je supporter la contrainte odieuse,
Moi, qui loin d'un époux ne saurais-être heureuse!

COMÉDIE.

PAMÉLA.

Plus d'espoir d'obtenir le pardon de mon malheureux père !

ARTUR.

On aura plus de peine ; il ne faut cependant désespérer de rien. Votre digne époux compte des amis puissans ; j'unirai mes efforts aux siens, et avec le temps, nous obtiendrons enfin cette grâce désirée.

PAMÉLA.

Puisse le ciel hâter cette heureuse époque ! Mon père est impatient ; je le suis autant que lui. Le séjour de Londres m'est insupportable à présent. Mylord mon époux, m'a promis de me conduire dans son comté de *Lincoln* ; mais tant que cette affaire importante ne sera point terminée, nous différerons notre départ, et il faudra, quoiqu'il m'en coûte, me résoudre à rester ici.

ARTUR.

Qui peut donc vous rendre si insupportable désormais le séjour de la ville ?

PAMÉLA.

J'ai, depuis le peu de jours que je suis mariée, cent motifs de m'y déplaire.

ARTUR.

Peut-être votre époux ne vous témoigne-t-il pas aujourd'hui tout l'amour qui caractérisa ses premières démarches ?

PAMÉLA (1).

Ah ! bien au contraire ! Son amour augmente de

Qui, dans ce tourbillon qui m'obsède toujours,
Ne cherche que ses yeux, n'entends que ses discours !
Comment puis-je souffrir un séjour où, sans cesse,
On ravit à mon cœur l'objet de sa tendresse ?
Où la distraction et la frivolité,
Du vain nom de plaisir masquant leur nullité,
Se font, depuis long-temps, une étude suprême
De l'art de se tromper, de s'éviter soi-même,

Pena quando da me si parte, ed io lo vorrei sempre vicino. Ma una folla di visite, di complimenti m' inquieta. Un' ora prima, ch' io m' alzi, s' empie l' anticamera di gente oziosa, che col pretesto di volermi dare il buon giorno, viene ad infastidirmi. Vuole la convenienza, ch' io li riceva, e per riceverli, ho da staccarmi con pena dal fianco di mio Marito. Mi convien perdere delle ore in una conversazione, che non mi diletta; e se mi mostro sollecita di ritirarmi, anche la serietà degl' Inglesi trova facilmente su quest' articolo i motteggi, e la derisione. Più al tardi compariscono le Signore. Vengono accompagnate dai cavalieri; ma non ne ho veduta pur una venire con suo marito. Pare, che si vergognino di comparire in pubblico uniti. Il mio caro Milord, che mi ama tanto, teme anch' egli di essere posto in ridicolo, se viene meco fuori di casa, o se meco in conversazion si trattiene. Mi conviene andare al passeggio senza di lui; due volte ho dovuto andare al teatro senza l' amabile sua compagnia. Questa vita non mi piace, e non mi conviene. Non ho inteso di maritarmi, per godere la libertà; ma per gioire nella soavissima mia catena: e se in una grande città non si può vivere a suo talento, bramo la felicità del ritiro, e preferisco a tutti i beni di questa vita la compagnia del mio caro Sposo.

De consumer le jour dans le pénible emploi
De colporter l'ennui que l'on traîne après soi!
Une visite part, une autre la remplace;
L'un vante ses chevaux, l'autre ses chiens de chasse,
Et cet autre, étalant sa morne gravité,
Fait naître la contrainte et mourir la gaité.
. . . .
Libre alors de mes fers et rendue à moi-même,
Je me retrouve enfin auprès de ce que j'aime:
Je goûte ce plaisir si pur, si consolant,
Que n'empoisonne plus un dégoût accablant.
Des longs ennuis du jour un instant me console:
Mais que ce doux instant rapidement s'envole!

jour en jour. C'est une peine pour lui, que de s'éloigner de moi ; et moi, je le voudrais voir sans cesse à mes côtés. Mais je suis assiégée d'une foule de visites ; étourdie d'un tas de vains complimens. Plus d'une heure avant mon lever, l'antichambre se remplit de gens oisifs, qui, sous le prétexte honnête de me venir souhaiter le bon jour, viennent me fatiguer de leur présence. La bienséance veut que je les reçoive, et il faut, pour cela, que je me sépare de mon époux. Il me faut perdre des heures précieuses à m'ennuyer dans un cercle ; et si je témoigne quelque empressement à me retirer, la gravité anglaise se déride, et trouve, dans ma conduite, la matière de quelques mauvaises plaisanteries. Plus tard, arrivent les Dames accompagnées de leurs Chevaliers : je n'en ai vu aucune encore se présenter avec son époux. On dirait qu'ils rougissent en public du nœud qui les rassemble. Mylord lui-même, Mylord qui a tant d'amour pour moi, craint également de s'exposer aux traits du ridicule, s'il sort avec moi, ou s'il se trouve avec moi dans un cercle. Il faut que j'aille sans lui à la promenade ; deux fois déjà j'ai été au spectacle, privée de son aimable compagnie. Un tel genre de vie ne peut ni me plaire, ni me convenir. Je ne me suis point mariée pour jouir de ma liberté, mais pour trouver le bonheur dans la plus douce des chaînes ; et s'il est impossible de vivre à son gré dans une grande ville, je soupire après les douceurs de la retraite, et je préfère aux prétendus agrémens d'une vie tumultueuse, la compagnie de mon cher époux.

Dans la retraite, au moins, et dans la paix des champs,
Rien ne blesse les yeux, rien n'émousse les sens.
Là, mes soins les plus doux, mon plus aimable ouvrage,
Seront de gouverner mon paisible ménage,
De cultiver mon cœur, de plaire à mon époux ;
Et voilà les plaisirs dont ce cœur est jaloux.

(*Acte Ier, Sc. Ière.*)

PAMÉLA MARIÉE,

ARTUR.

Ah, se tutte le Donne pensassero come voi pensate, che lieta cosa sa rebbe l' accompagnarsi! Ma vedesi pur troppo comunemente il contrario.

SCENA II.

DETTI, ISACCO.

ISACCO.

MILEDI.

PAMELA.

Che cosa c'è?

ISACCO.

Un' imbasciata.

PAMELA.

Qualche visita?

ISACCO.

Sì, Miledi.

PAMELA.

Vi ho pur detto, che stamane non vo' ricevere nessuno.

ISACCO.

Ne ho licenziato sei; il settimo non vuol partire.

PAMELA.

E chi è questi?

ISACCO.

Il cavaliere Ernold.

PAMELA.

Quegli appunto, che più d'ogni altro mi annoja.

ARTUR.

Ah! que la société des femmes serait charmante, si toutes pensaient comme vous, Madame! Mais le contraire, hélas! se voit trop communément.

SCÈNE II.

LES MÊMES, ISAC.

ISAC.

Madame?

PAMÉLA.

De quoi s'agit-il?

ISAC.

Je viens annoncer.

PAMÉLA.

Quelque visite?

ISAC.

Oui, Madame.

PAMÉLA.

Je vous ai dit cependant que je ne voulais recevoir personne ce matin.

ISAC.

J'en ai congédié six déjà; mais le septième ne veut pas s'en aller.

PAMÉLA.

Et qui est-ce encore?

ISAC.

Le chevalier Ernold.

PAMÉLA.

Celui précisément, dont la présence me fatigue le

Ditegli, che perdoni; che ho qualche cosa, che mi occupa; che per oggi non lo posso ricevere.

ISACCO.

Sì Signora. (*Va per partire, e s' incontra col Cavaliere, da cui riceve un urto violento, e parte.*)

SCENA III.

DETTI, il cavaliere ERNOLD.

ERNOLD.

Miledi, io sono impazientissimo di potervi dare il buon giorno. Dubito, che lo stordito del cameriere si sia scordato di dirvi, essere un quarto d'ora, ch'io passeggio nell'anticamera.

PAMELA.

Se aveste avuto la bontà di soffrire anche un poco, aveste inteso dal cameriere medesimo, che per questa mattina vi supplicavo dispensarmi dal ricevere le vostre grazie.

ERNOLD.

Ho fatto bene dunque a prevenir la risposta; se l'aspettavo, ero privato del piacere di riverirvi. Io, che ho viaggiato, sò, che le signore Donne sono avare un po' troppo delle loro grazie; e chi vuole una finezza, conviene qualche volta rubarla.

---

(1) J'ai donc très-sagement prévenu son retour.
Quand on a voyagé, quand on connaît son monde,
On sait mettre à profit votre adresse profonde,
Mesdames : vous savez, avares de faveurs,
Vous armer à propos de prudentes rigueurs;

COMÉDIE.

plus. Dites-lui, je vous prie, qu'il veuille bien m'excuser; mais que je suis occupée, et que je ne puis le recevoir aujourd'hui.

ISAC.

Cela suffit, Madame.

(*Il va pour sortir, et rencontre Ernold, qui le heurte violemment : Isac sort.*)

SCÈNE III.

Les Mêmes, le chevalier ERNOLD.

ERNOLD.

Madame, je brûlais d'impatience de vous pouvoir présenter le bonjour. Je présume bien que cet étourdi de laquais ne vous a pas dit qu'il y a un quart d'heure que je fais antichambre.

PAMÉLA.

Si vous aviez eu la bonté de patienter un moment de plus, ce même laquais allait vous dire que je vous suppliais de vouloir bien me dispenser, pour ce matin, de recevoir votre visite.

ERNOLD (1).

J'ai donc très-bien fait de prévenir sa réponse : je me serais privé, en l'attendant, du plaisir de vous voir. Je sais, moi qui ai voyagé, que les Dames sont un peu trop avares de leurs bonnes grâces; et que, pour posséder une faveur, il faut souvent la dérober.

Et, pour tout dire enfin, soit amour, soit caprice,
Si vous n'accordez rien, vous aimez qu'on ravisse.

(*Acte Ier, Sc. VIII.*)

PAMELA.

Io non sò accordare finezze nè per abito, nè per sorpresa. Un cavalier, che mi visita, favorisce me coll' incomodarsi; ma il volere per forza, ch' io lo riceva, converte il favore in dispetto. Non sò in qual senso abbia ad interpretare la vostra insistenza. Sò bene, che è un poco troppo avanzata; e con quella stessa franchezza, con cui veniste senza l' assenso mio, posso anch' io coll' esempio vostro, prendermi la libertà di partire. (*Parte.*)

---

(1) Je reçois volontiers un ami respectable,
Sa visite, à mes yeux, n'a rien que d'honorable;
Mais se vouloir de force introduire chez moi,
Y braver ma défense, au mépris de la loi
Qu'impose, en cas pareil, l'exacte bienséance!
Ce n'est plus un honneur, Monsieur, c'est une offense;
Et je ne conçois pas comment j'ai mérité
Un tel excès d'audace et de témérité.
S'il vous souvient d'ailleurs des leçons un peu dures,
Dont Paméla, jadis, a payé vos injures,
Et si le temps encor n'a pu les effacer,
Epargnez-moi l'affront de vous les retracer.

(*Elle sort.*)

SCÈNE IV.

ARTUR, ERNOLD.

ERNOLD.

NON, je n'en reviens pas; oui, dans tous mes voyages,
J'ai vu bien des pays, connu bien des usages:
Mais dans tous les climats que j'ai pu parcourir,
Un pareil caractère est encore à s'offrir.
Il est original, romanesque, incroyable!
Et serait, au théâtre, un effet admirable.

ARTUR.

Oui, vous avez raison: tous les cœurs vertueux
S'y pourraient reconnaître, à des traits dignes d'eux.

PAMÉLA.

COMÉDIE

PAMÉLA (1).

Je n'en accorde, Monsieur, ni par habitude ni par surprise. Quand un Cavalier me rend visite, je lui sais bon gré de la peine qu'il se donne : mais prétendre me forcer à le recevoir ! ce n'est plus un hommage ; c'est une marque formelle de mépris. Je ne sais comment interpréter votre conduite ; ce dont je suis bien sure, c'est qu'elle me semble un peu hardie : et avec la même franchise qui vous a introduit ici sans mon aveu, je puis, je crois, prendre, à votre exemple, la liberté de me retirer. (*Elle sort.*)

ERNOLD.

Je conçois aisément la chaleur de ce zèle,
Et votre intérêt veut que vous plaidiez pour elle.
Pardon ! je suis venu rompre un doux entretien,
Troubler un tête-à-tête....! ah ! cela n'est pas bien ;
Et d'un tiers, en ce cas, l'importune présence....

ARTUR.

Prenez garde, Monsieur, votre discours offense
La vertu......

ERNOLD.

Préjugé, dont je veux vous guérir,
Contre lequel enfin il faut vous aguérir.
Comment ! pour supposer à cette femme unique
Quelque penchant pour vous, quelqu'ardeur sympathique,
Cet honneur prétendu se croirait outragé !...
Si comme moi, mon cher, vous aviez voyagé.....

ARTUR.

Je n'étalerais pas ce frivole avantage
Aussi complaisamment, si pour tout mon partage,
Je n'avais recueilli, dans cent climats divers,
Que des vices de plus et de nouveaux travers.

ERNOLD.

Vous m'insultez !

ARTUR.

Qui, moi ! je n'insulte personne,
Je parle en général. Tant pis pour qui soupçonne
Avoir pu me fournir matière à mes portraits.
Est-ce ma faute, à moi, si mes crayons sont vrais ! etc.

(*Acte Ier, Sc. VIII.*)

Tome II.

SCENA IV.

Milord ARTUR, e il cavaliere ERNOLD.

ERNOLD.

OH questa poi non l' ho veduta in nessuna parte del mondo. Miledi è un carattere particolare. Oh se fosse qui un certo poeta Italiano, che ho conosciuto in Venezia, son certo, che la metterebbe in commedia.

ARTUR.

Cavaliere, se fosse qui quel poeta, che conoscete, potrebbe darsi, che si servisse più del carattere vostro, che di quello della virtuosa Pamela.

ERNOLD.

Caro amico, vi compatisco, se vi riscaldate per lei; vi domando scusa, se sono venuto a interrompere la vostra bella conversazione. Un caso simile è a me successo in Lisbona. Ero a testa a testa con una Sposa novella; sul punto di assicurarmi la di lei buona grazia, venuto è un portoghese a sturbarmi. Dalla rabbia l' avrei ammazzato.

ARTUR.

Questo vostro discorso offende una Dama illibata, ed un cavaliere d' onore.

ERNOLD.

Milord, voi mi fate ridere. Se giudico, che fra voi, e Pamela vi sia dell' inclinazione, non intendo recarvi offesa; io, che ho viaggiato, di questi amori simpatici ne ho veduti delle migliaja.

SCÈNE IV.

Milord ARTUR, le Chevalier ERNOLD.

ERNOLD.

Ma foi, je n'ai trouvé nulle part de femme comme celle-là : c'est un caractère tout particulier.... Oh! si nous avions ici un certain poëte Italien que j'ai connu beaucoup à Venise, je suis sûr qu'il mettrait ce personnage-là sur la scène.

ARTUR.

Monsieur, si nous avions en effet ici le poëte dont vous parlez, il est possible qu'il se servît de votre caractère, de préférence encore à celui de Paméla.

ERNOLD.

Ah! mon cher ami, je vous pardonne bien volontiers de prendre un peu sa défense. Pardon! je suis venu troubler une conversation intéressante! Je me suis trouvé, à Lisbonne, dans un cas tout-à-fait semblable. J'étais tête-à-tête avec une jeune mariée : dans l'instant même où un triomphe heureux assurait ma conquête, arrive tout-à-coup un maudit Portugais.... Je l'aurais, je crois, assommé dans la fureur où j'étais.

ARTUR.

Votre discours offense une femme irréprochable, et un homme d'honneur.

ERNOLD.

Allons donc, Mylord, vous me faites rire. Je ne crois point du tout vous offenser, en supposant quelqu'inclination entre vous et Paméla. Moi qui ai voyagé, j'ai vu des milliers de ces amours sympathiques.

ARTUR.

Non potete dire lo stesso nè di me, nè di lei.

ERNOLD.

Nò dunque! Non lo potrò dire? Vi trovo soli in una camera; non volete ammetter nessuno; ella si sdegna, perchè è sturbata; voi vi adirate, perchè vi sorprendo, e ho da pensare, che siate senza passione? Queste pazzie non le date ad intendere ad un viaggiatore.

ARTUR.

Capisco anch'io, che non si può persuadere del buon costume un viaggiatore, che ha studiato solo il ridicolo degli Stranieri.

ERNOLD.

So conoscere il buono, il ridicolo, e l'impertinenza.

ARTUR.

Se così è, condannerete da voi medesimo l'ardito vostro procedere.

ERNOLD.

Sì; ve l'accordo; fu ardire il mio nell'inoltrare il passo quà dentro. Ma a bella posta l'ho fatto. Miledi sola potea ricusar di ricevermi; ma in compagnia d'un altro, non mi dovea commettere un simil torto. La parzialità, che per voi dimostra, non è indifferente; io me ne sono offeso, e ho voluto riparare l'insulto con un rimprovero, che le si conviene.

ARTUR.

Siete reo doppiamente; di un falso sospetto, e di un azione malnata. Voi non sapete trattar colle dame.

ERNOLD.

E voi non trattate da cavaliere.

ARTUR.

Vous n'en pouvez dire autant ni d'elle, ni de moi.

ERNOLD.

Comment donc? Je ne pourrai pas le dire? Je vous trouve seuls dans un appartement : la porte est fermée pour tout le monde. Paméla se fâche, parce qu'on la dérange : vous vous emportez, parce que je vous surprends ; et vous voulez que je vous croie sans passion...? Allons donc, allons donc : ce n'est point à un voyageur que l'on fait de ces contes-là.

ARTUR.

Je comprends fort bien qu'un voyageur qui n'a étudié que les ridicules des étrangers, croit difficilement à la vertu.

ERNOLD.

Je sais distinguer le bon, le ridicule, et l'impertinent.

ARTUR.

S'il en était ainsi, vous seriez le premier à condamner l'audace de votre procédé.

ERNOLD.

J'en conviens ; il y a de l'audace à m'être introduit ici malgré sa défense : mais je n'ai point agi sans dessein. Myladi seule, pouvait refuser de me recevoir ; en compagnie, elle ne me devait point faire un semblable affront. La partialité qu'elle montre pour vous, ne part point d'une ame indifférente. Je m'en suis justement offensé, et j'ai voulu venger mon outrage, en lui faisant un reproche mérité.

ARTUR.

Vous êtes coupable à la fois et d'un faux soupçon, et d'un mauvais procédé. Vous ne savez point vous conduire auprès des femmes.

ERNOLD.

Ni vous avec les hommes.

ARTUR.

Vi risponderò in altro luogo. (*In atto di partire.*)

ERNOLD.

Dove, e come vi piace.

SCENA V.

DETTI, Milord BONFIL.

BONFIL.

Amici.

ARTUR.

Milord. (*In atto di partire.*)

BONFIL.

Dove andate?

ARTUR.

Per un affare.

BONFIL.

Fermatevi. Vi veggo entrambi adirati. Posso saper la causa delle vostre contese?

ARTUR.

La saprete poi; per ora vi prego dispensarmi.

ERNOLD.

Milord Artur non ha coraggio di dirla.

BONFIL.

Cavaliere, voi mi mettete in angustia. Non mi tenete occulta la verità.

ERNOLD.

E' sdegnato meco, perchè l'ho sorpreso da solo a sola in questa camera con vostra Moglie.

COMÉDIE.

ARTUR.

Je vous répondrai ailleurs. (*Il fait un mouvement pour sortir.*)

ERNOLD.

Où, et comme il vous plaira.

SCÈNE V.

Les Mêmes, Mylord BONFIL.

BONFIL.

Ah! mes amis....

ARTUR.

Mylord.... (*Il va pour sortir.*)

BONFIL.

Où allez-vous?

ARTUR.

Une affaire.....

BONFIL.

Arrêtez. Vous paraissez émus l'un et l'autre; puis-je savoir la cause de votre différend?

ARTUR.

Vous saurez tout : mais veuillez m'en dispenser pour le moment.

ERNOLD.

Mylord Artur n'a pas le courage de parler.

BONFIL.

Ernold, vous me mettez au supplice : ne me déguisez point la vérité.

ERNOLD.

Mylord s'est fâché contre moi, parce que je l'ai surpris ici tête à tête avec votre épouse.

BONFIL (*ad Artur con qualche ammirazione.*)
Milord!

ARTUR (*ad Bonfil.*)
Conoscete lei, conoscete me.

ERNOLD.
Milord Artur è filosofo: ma non lo crederei nemico dell' umanità. Se avessi moglie, non lo lascierei star seco da solo a sola.

BONFIL (*ad Artur.*)
Da solo a sola, Milord?

ARTUR.
Amico, i vostri sospetti m' insultano molto più delle impertinenze del cavaliere. Chi ardisce di porre in dubbio la delicatezza dell' onor mio, non è degno della mia amicizia. (*Parte.*)

SCENA VI.

Milord BONFIL, il cavaliere ERNOLD.

ERNOLD.
Arivederci.

BONFIL.
Fermatevi.

ERNOLD.
Eh lasciatemi andare. Artur non mi fa paura.

BONFIL.
Ditemi sinceramente.

ERNOLD.
Non mi manca nè cuore, nè spirito, nè destrezza.

BONFIL (*forte.*)
Rispondetemi.

BONFIL (*à Artur avec la plus grande surprise.*)

Mylord !

ARTUR (*à Bonfil.*)

Vous nous connaissez l'un et l'autre.

ERNOLD.

Mylord Artur est philosophe : je ne le crois pas néanmoins ennemi de l'humanité ; et si j'avais une femme, ma foi, je ne l'exposerais pas au danger du tête à tête.

BONFIL (*à Artur.*)

Tête à tête, Mylord !

ARTUR.

Ami, vos soupçons sont plus injurieux pour moi, que les impertinences de Monsieur. Quiconque ose, un moment, révoquer en doute la délicatesse de mon honneur, n'est pas digne de mon amitié. (*Il sort.*)

SCÈNE VI.

Mylord BONFIL, ERNOLD.

ERNOLD.

Au plaisir de vous revoir.

BONFIL.

Arrêtez.

ERNOLD.

Eh ! laissez-moi le suivre : Artur ne m'effraye pas.

BONFIL.

Parlez-moi franchement.

ERNOLD.

Je ne manque, grace au ciel, ni de cœur, ni d'esprit, ni d'adresse.

BONFIL (*avec supériorité.*)

Répondez-moi.

ERNOLD.

Io che ho viaggiato....

BONFIL (*più forte con caldo.*)
Rispondetemi.

ERNOLD.

A che cosa volete, ch' io vi risponda?

BONFIL.

A quello, ch' io vi domando. Come trovaste voi milord Artur, e Pamela?

ERNOLD.

A testa, a testa.

BONFIL.

Dove?

ERNOLD.

In questa camera.

BONFIL.

Quando?

ERNOLD.

Poco fa.

BONFIL.

Voi come siete entrato?

ERNOLD.

Per la porta.

BONFIL.

Non mettete in ridicolo la mia domanda. Le faceste far l' imbasciata?

ERNOLD.

Sì, ed ella mi fe rispondere, che non mi poteva ricevere.

BONFIL.

E ciò non ostante, ci siete entrato?

ERNOLD.

Ci sono entrato.

COMÉDIE.

ERNOLD.

J'ai voyagé...!

BONFIL (*avec plus de chaleur encore.*)

Répondez-moi, vous dis-je.

ERNOLD.

Eh, bien! à quoi voulez-vous que je réponde?

BONFIL.

Aux questions que je vais vous faire. Comment avez-vous trouvé Mylord Artur et Paméla?

ERNOLD.

Tête à tête.

BONFIL.

Où?

ERNOLD.

Dans cet appartement.

BONFIL.

Quand cela?

ERNOLD.

Il n'y a qu'un moment.

BONFIL.

Comment êtes-vous entré?

ERNOLD.

Eh! parbleu par la porte.

BONFIL.

Ne tournez point ma question en ridicule, s'il vous plaît : je vous demande si vous vous êtes fait annoncer à Paméla?

ERNOLD.

Oui, et elle m'a fait répondre qu'il lui était impossible de me recevoir.

BONFIL.

Et vous êtes entré, malgré cela?

ERNOLD.

Je suis entré, malgré cela.

BONFIL.

E perchè?

ERNOLD.

Per curiosità.

BONFIL.

Per quale curiosità?

ERNOLD.

Per veder, che facevano Milord, e la vostra Sposa.

BONFIL (*con ismania.*)

Che facevano?

ERNOLD (*con caricatura maliziosa.*)

BONFIL.

Che dissero nel vedervi?

ERNOLD.

La dama divenne rossa; e il cavaliere si fece verde.

BONFIL.

Divenne rossa Pamela?

ERNOLD.

Sì, certo, e non potendo trattenere lo sdegno, partì trattandomi scortesemente. Milord Artur prese poscia le di lei parti, ardì insultarmi; ed ecco nata l'inimicizia.

BONFIL.

Deh sfuggite per ora di riscontrarvi.

ERNOLD.

S'io fossi in altro Paese, l'avrei disteso a terra con un colpo della mia spada.

BONFIL.

La causa non interessa voi solo; ci sono io molto più interessato, e la vostra contesa può mettere la mia riputazione al bersaglio. O sono falsi i vostri sospetti, o sono in qualche modo fondati. Prima di

BONFIL.

Pourquoi ?

ERNOLD.

Eh ! mais, par curiosité.

BONFIL.

Et le motif de cette curiosité ?

ERNOLD.

J'étais bien aise de voir ce que faisaient ensemble Mylord et votre épouse.

BONFIL (*impatienté.*)

Que faisaient-ils ?

ERNOLD (*avec une intention maligne.*)

Oh ! ils causaient.

BONFIL.

Que dirent-ils à votre aspect ?

ERNOLD.

La Dame rougit, et le Cavalier pâlit.

BONFIL.

Paméla rougit ?

ERNOLD.

Oui ; et ne pouvant contenir plus long-temps son dépit, elle est sortie, en me traitant avec la dernière indécence. Artur a pris ensuite sa défense, s'est oublié jusqu'à m'insulter ; et voilà l'origine de notre différend.

BONFIL.

Evitez de vous rencontrer pour le moment.

ERNOLD.

Dans tout autre pays, je lui eusse passé sur l'heure mon épée à travers le corps.

BONFIL.

Vous n'êtes pas le seul intéressé dans cette affaire ; elle me touche de plus près que vous encore, et votre contestation peut compromettre ma réputation. Ou vos soupçons sont faux ; ou ils ont un

passare più oltre, mettiamo in chiaro una tal verità. Trattenetevi per poche ore, e prima, ch' io non lo dica, favoritemi di non uscire da queste porte.

ERNOLD.

Bene; manderò in tanto il mio servitore a prendere le mie pistole. Se niega di darmi soddisfazione, gli farò saltare all' aria il cervello. Io che ho viaggiato non soffro insulti, e so vivere per tutto il mondo. (*Parte.*)

SCENA VII.

Milord BONFIL, poi ISACCO.

BONFIL.

MILORD Artur da solo a sola colla mia Sposa? Che male c'è? non può stare?... Ma perchè, durante il loro colloquio, ricusar di ricevere un' altra visita? Sarà perchè ella il cavaliere Ernold non lo può soffrire, e il cavaliere disgustato di essere male accolto, o avrà

---

(1) Artur me trahirait ! et Paméla que j'aime,
Paméla qui doit tout à mon amour extrême,
Paméla ! non, jamais : je rougis d'y penser.
A ces honteux soupçons, ah ! c'est trop m'abaisser.
Oui, c'est trop outrager la vertu la plus pure.
Cet entretien secret..... Eh ! qu'en dois-je conclure,
Qui puisse armer mon cœur d'un soupçon odieux !
 Mais pourquoi cependant éviter tous les yeux,
Interdire sa porte, affecter le mystère,
Congédier Ernold !.... Son ton, son caractère,
Répugnent trop aux mœurs, aux goûts de Paméla.
Pour qu'elle puisse aimer son entretien : voilà,
Voilà pourquoi, sans doute, elle a fui sa présence.
Piqué de cet affront, et plein de sa vengeance,
Il voudrait la noircir auprès de son époux.....
Le piége est trop grossier ; je ne suis point jaloux.
Mylord est mon ami, Mylord n'est point capable....
Mais il est homme enfin ! Cette épouse adorable
A pu, sans le savoir, allumer dans son cœur
Ces redoutables feux, dont j'éprouve l'ardeur.

motif quelconque : c'est ce qu'il faut approfondir, avant d'aller plus loin. Restez ici pour quelques heures seulement, et faites-moi le plaisir de ne point franchir ma porte, avant que je vous le dise.

ERNOLD.

Volontiers : j'enverrai cependant mon laquais prendre mes pistolets ; et si Artur se refuse à la satisfaction que j'ai droit d'en attendre, je lui ferai sauter la cervelle. Morbleu ! j'ai voyagé, moi ! je ne souffrirai jamais une insulte, et je sais comme il faut se conduire par-tout. (*Il sort.*)

SCÈNE VII (1).

Mylord BONFIL, ensuite IS^DAC.

BONFIL.

Mylord Artur tête à tête avec mon épouse ! Eh bien ! quel mal y a-t-il à cela ? Ne peut il pas...? Mais pourquoi refuser, pendant leur entretien, de recevoir une autre visite ? J'en vois la raison : Paméla ne peut pas souffrir Ernold. Piqué de se voir mal accueilli,

---

(*) Sans doute il est aisé de s'en laisser surprendre.
Le charme de la voir, le plaisir de l'entendre....
Que dis-je ! Sa beauté, ses charmes ravissans,
Ce coup-d'œil enchanteur qui trouble tous mes sens,
Sont les moindres trésors que je chérisse en elle.
J'admire ses vertus, et cette ame si belle,
Si pure, où le soupçon craindrait de s'arrêter !
Oui : l'injustice encor veut la persécuter.
Mais je saurai peut-être, au gré de mon envie,
Découvrir, déjouer, punir la calomnie.
(*Il sort.*)

Fin du premier Acte.

(*) *Sans doute il est aisé de s'en laisser troubler !* (Zaïre.)

La comédie française, dans son examen, releva plusieurs imitations trop sensibles de vers connus, et avertit avec raison l'auteur de Paméla de se méfier d'une memoire qui paraît le trahir quelquefois.

pensato male di lei, o la vorrà inquietar per vendetta. Milord Artur non è capace... Ma perchè a fronte del cavalier non ha voluto giustificarsi? Perchè adirarsi a tal segno? Perchè promovere una contesa? Queste risoluzioni non si prendono senza una forte ragione. Milord è cavaliere, è mio amico; ma è uomo, come son io, e la mia Pamela è adorabile. Sì è adorabile la mia Pamela, e appunto per questo mi pento di aver dubitato un momento della sua virtù. Non la rende amabile sol tanto la sua bellezza, ma la sua onestà. Al naturale costume onesto vi si aggiunge ora la cognizione del proprio sangue, il nodo indissolubile, che la fece mia, la gratitudine ad un Marito, che l'ama. Nò, non è possibile, nè per la parte di lei, nè per la parte di Artur. Il cavaliere Ernold è un indegno, è un impostore; gli ho perdonato una volta; non gli perdonerò la seconda. Chi è di là?

ISACCO.

Signore.

BONFIL.

Dov' è il Cavaliere!

ISACCO.

In galleria, con miledi Daure.

BONFIL.

E' qui mia Sorella!

ISACCO.

Sì Signore.

BONFIL.

Ha veduto mia Moglie?

ISACCO.

Non Signore.

BONFIL.

Che fa, che non si lascia vedere?

celui-ci aura formé des soupçons injurieux à mon épouse, et la veangeance lui aura inspiré le dessein de la tourmenter. Non, Artur n'est point capable.... Pourquoi cependant ne se pas justifier en présence du chevalier? pourquoi s'emporter à ce point? Pourquoi provoquer une contestation? Il faut de fortes raisons pour prendre un tel parti..... Artur est un galant homme; Artur est mon ami.... Mais il est homme comme moi, et ma Paméla est adorable! oui adorable; et c'est pour cela précisément que je rougis déjà d'avoir pu douter un moment de sa vertu. Ce sont moins ses attraits encore qui la rendent aimable, que son honnêteté. A des mœurs naturellement honnêtes, elle joint aujourd'hui la connaissance de son origine, le respect du nœud sacré qui l'unit à moi, et la reconnaissance pour un époux qui l'adore. Non, non; mon cœur n'a rien à redouter ni d'Artur ni de Paméla. Ernold est un traître, un imposteur; je lui ai pardonné un premier tort, je ne lui en pardonnerai point un second. Hola! quelqu'un?

ISAC.

Monsieur.

BONFIL.

Où est le chevalier?

ISAC.

Dans la galerie avec myladi Daure.

BONFIL.

Elle est ici, ma sœur?

ISAC.

Oui, Monsieur.

BONFIL.

A-t-elle vu mon épouse?

ISAC.

Non, Monsieur.

BONFIL.

Que fait-elle donc? Pourquoi ne pas entrer?

ISACCO.
Parla in segreto col Cavaliere.
BONFIL.
Col cavaliere?
ISACCO.
Sì, Signore.
BONFIL.
Dì a tutti due, che favoriscano di venir qui. Nò, fermati; andrò io da loro.
ISACCO.
Ecco miledi Daure.
BONFIL.
Ritirati.
ISACCO.
Sì, Signore. (*Parte.*)

SCENA VIII.

Milord BONFIL, poi Miledi DAURE.

BONFIL (*solo.*)
Sara meglio, ch'io parli a miledi Daure. Ella dirà per me al cavaliere quello, ch'io aveva intenzione di dirgli.
MILEDI (*lontano.*)
Milord, posso venire?
BONFIL.
Venite.
MILEDI.
Oggi avete volontà di parlare?
BONFIL.
Sì, ho bisogno di parlar con voi.

COMÉDIE.

ISAC.

Elle cause en particulier avec le chevalier.

BONFIL.

Avec le chevalier ?

ISAC.

Oui, Monsieur.

BONFIL.

Dis-leur à tous deux qu'il me fassent le plaisir de venir ici. Non, reste ; j'irai les trouver.

ISAC.

Voilà myladi Daure.

BONFIL.

Laisse - nous.

ISAC.

Oui, Monsieur. (*Il sort.*)

SCÈNE VIII.

Mylord BONFIL, ensuite Myladi DAURE.

BONFIL (*encore seul.*)

Oui ; il vaut mieux que je parle à Myladi : elle dira de ma part à son neveu ce que je me proposais de lui faire savoir.

MYLADI (*de loin.*)

Puis-je entrer ?

BONFIL.

Entrez.

MYLADI.

Etes-vous aujourd'hui d'humeur à parler ?

BONFIL.

Oui, j'ai besoin d'un moment d'entretien avec vous.

MILEDI.

Mi parete turbato.

BONFIL.

Ho ragione di esserlo.

MILEDI.

Vi compatisco. Pamela, dacchè ha cambiato di condizione, pare, che voglia cambiar costume.

BONFIL.

Qual motivo avete voi d'insultarla?

MILEDI

Il cavaliere m'informò d'ogni cosa.

BONFIL.

Il cavaliere è un pazzo.

MILEDI.

Mio nipote merita più rispetto.

BONFIL.

Mia moglie merita più convenienza.

MILEDI.

Se non la terrete in dovere, è donna anch'ella, come le altre.

BONFIL.

Non è riprensibile la sua condotta.

MILEDI.

Le donne saggie non danno da sospettare.

BONFIL.

Qual sospetto si può di lei concepire?

MILEDI.

Ha troppa confidenza con milord Artur.

BONFIL.

Milord Artur è mio amico.

MYLADI.
Vous me paraissez troublé.
BONFIL.
J'ai sujet de l'être.
MYLADI.
Je vous plains. Depuis que Paméla à changé de condition, on dirait en effet qu'elle veut changer de conduite.
BONFIL.
Et les motifs de l'outrage que vous lui faites?
MYLADI.
Le chevalier m'a tout dit.
BONFIL.
Le chevalier est un fou.
MYLADI.
Mon neveu mérite plus d'égard.
BONFIL.
Et mon épouse plus de respect.
MYLADI.
Si vous ne la contenez dans les bornes du devoir, elle est femme comme les autres.
BONFIL.
Qu'offre, s'il vous plaît, sa conduite de répréhensible?
MYLADI.
Les femmes prudentes sont inaccessibles aux soupçons.
BONFIL.
Et à quel soupçon peut-elle donner lieu?
MYLADI.
Je n'aime point cette grande familiarité avec mylord Artur.
BONFIL.
Mylord Artur est mon ami.

MILEDI.

Eh in questa sorta di cose gli amici possono molto più dei nemici.

BONFIL.

Conosco il di lui carrattere.

MILEDI.

Non vi potreste ingannare?

BONFIL.

Voi mi volete far perdere la mia pace.

MILEDI.

Son gelosa dell'onor vost...

BONFIL.

Avete voi qualche forte ragione, per farmi dubitare dell'onor mio?

MILEDI.

Il cavaliere mi disse....

BONFIL.

Non mi parlate del cavaliere. Non ho in credito la sua prudenza, e non dò fede alle sue parole.

MILEDI.

Vi dirò un pensiere, che mi è venuto.

BONFIL.

Sì, ditelo.

MILEDI.

Vi ricordate voi con quanto studio, con quanta forza vi persuadeva milord Artur a non isposare Pamela?

BONFIL.

Sì, me ne ricordo. Che cosa argomentate voi dalle disuasioni del caro amico? Non erano fondate sulla ragione?

MILEDI.

Caro fratello, le ragioni d'Artur poteano esser

MYLADI.

Dans ces sortes d'affaires, les amis peuvent souvent bien plus que les ennemis.

BONFIL.

Son caractère m'est connu.

MYLADI.

Ne pourriez-vous pas vous tromper par hasard?

BONFIL.

Vous voulez chasser la paix de mon ame.

MYLADI.

Je suis jalouse de votre honneur.

BONFIL.

Avez-vous de bonnes raisons à me donner, pour justifier mes doutes à cet égard?

MYLADI.

Le chevalier m'a dit....

BONFIL.

Ne me parlez point du chevalier. Sa prudence n'est plus un problème pour moi, et je n'ajoute aucune foi à ses discours.

MYLADI.

Vous ferai-je part d'une pensée qui m'est venue?

BONFIL.

Oui, quelle est-elle? voyons.

MYLADI.

Vous rappelez-vous avec quel zèle, avec quelle force de raisonnemens, Artur vous détournait du projet d'épouser Paméla?

BONFIL.

Sans doute je m'en rappelle; et que concluez-vous des conseils que me donnait cet excellent ami? N'étaient-ils pas fondés sur la raison?

MYLADI.

Mon frère, les raisons d'Artur pouvaient être for t

buone per un altro paese. In Londra un cavaliere non perde niente, se sposa una povera fanciulla onesta. Io non mi risentiva contro di lei per la supposta viltà della sua condizione; ma mi dispiaceva soltanto per quell'occulta ambizione, che in lei mi pareva di ravvisare. Milord Artur, che non è niente del vostro, non poteva avere questo riguardo. Piuttosto, riflettendo alle sue premure d'allora, e alle confidenze presenti, potrebbe credersi, ch'egli vi persuadesse a lasciarla, pe'l desiderio di farne egli l'acquisto.

BONFIL.

E' troppo fina la vostra immaginazione.

MILEDI.

Credetemi, che poche volte io sbaglio.

BONFIL.

Spero, che questa volta v'ingannerete.

MILEDI.

Lo desidero, ma non lo credo.

BONFIL.

Pensate voi, che passassero amori fra milord Artur, e Pamela?

MILEDI.

Potrebbe darsi.

BONFIL.

Potrebbe darsi?

MILEDI.

Io non ci vedo difficoltà.

BONFIL.

Ce la vedo io. Artur, e Pamela sono due anime, che si nutriscono di virtù.

honnes par-tout ailleurs. Mais à Londres, un gentilhomme ne déroge point à sa noblesse, en épousant une fille pauvre et sans nom, mais honnête. Ce n'est point la bassesse supposée de sa condition qui m'animait contre Paméla ; je voyais seulement avec peine le germe d'une ambition cachée, qui déjà me paraissait se développer en elle : mylord Artur, qui n'est point de vos parens, ne pouvoit faire cette remarque. Il y a plus, en rapprochant sa conduite d'alors de ses fréquentes entrevues d'aujourd'hui, on pourrait hasarder la conjecture qu'il ne vous conseillait de renoncer à Paméla, que pour en faire lui-même sa conquête.

BONFIL.

Votre imagination va beaucoup trop loin.

MYLADI.

Croyez-moi, mon frère ; je me trompe rarement.

BONFIL.

Je crois cependant que vous êtes dans l'erreur aujourd'hui.

MYLADI.

Je le désire, sans m'en flatter.

BONFIL.

Quoi ! vous pensez qu'il y a eu de l'amour entre mylord Artur et Paméla ?

MYLADI.

Peut-être.

BONFIL.

Peut-être ?

MYLADI.

Je n'y vois point de difficulté.

BONFIL.

Et j'y en trouve, moi, beaucoup. Artur et Paméla sont deux ames nourries des principes de la vertu.

MILEDI.

Quanto mi fate ridere! di questi virtuosi Soggetti ne abbiamo veduti pochi d'innamorati?

BONFIL.

Miledi, basta così. Vorrei star solo per ora.

MILEDI.

Andrò a trattenermi col cavaliere.

BONFIL.

Dite al cavaliere, che favorisca andarsene, e in casa mia non ci torni.

MILEDI.

Volete, che accada peggio fra lui, e milord Artur? questa loro inimicizia non fa onore alla vostra casa.

BONFIL (*da se.*)

Ah! in che mare di confusione mi trovo!

MILEDI.

Milord, vi lascio solo; ci rivedremo.

BONFIL.

Sì, ci rivedremo.

MILEDI (*da se.*)

Pamela non cessa di screditar me, e mio nipote nell'animo di Milord; la nostra compagnia non le piace, segno che ha soggezione di noi, che vorrebbe avere maggior libertà. Non credo di pensar male, se la giudico una fraschetta. (*Parte.*)

MYLADI.

Vous me faites rire, en vérité. On n'a jamais vu de ces cœurs vertueux céder aux charmes de l'amour, n'est-il pas vrai ?

BONFIL.

Myladi, c'en est assez. Je voudrais être seul pour l'instant.

MYLADI.

J'irai causer avec mon neveu.

BONFIL.

Dites-lui qu'il me fasse le plaisir de se retirer, et de ne plus, à l'avenir, remettre ici les pieds.

MYLADI.

Voulez-vous qu'il se passe quelque chose entre lui et mylord Artur ? Cette inimitié peut compromettre l'honneur de votre maison.

BONFIL (à part.)

Dans quel cahos d'idées je me trouve abymé !

MYLADI.

Mylord, je vous laisse ; nous nous reverrons.

BONFIL.

Oui ; nous nous reverrons.

MYLADI (à part.)

Paméla ne cesse de me desservir, ainsi que mon neveu, dans l'esprit de Mylord. Notre présence lui pèse, preuve certaine que nous la gênons, et qu'elle voudrait avoir plus de liberté. Je ne crois certes pas la juger mal, en la regardant comme une franche coquette. (*Elle sort.*)

SCENA IX.

Milord BONFIL, poi ISACCO.

BONFIL (*chiama.*)

Ehi.

ISACCO.

Signore.

BONFIL.

Dì a Miledì mia sposa, che venga qui.

ISACCO.

Sì, Signore. (*Parte.*)

SCENA X.

Milord BONFIL (*solo.*)

Non so, se mia Sorella parli con innocenza, oppur per malizia. Dubito, che in apparenza soltanto abbia deposto l'odio contro Pamela. Questa virtuosa femmina è ancora perseguitata. Se fosse vera l'inclinazione, che in lei figurano per Artur, non mi avrebbe sollecitato ogni giorno, perch' io la conducessi alla contea di Lincoln. Ella forse pensa meglio di me; conosce i suoi nemici, e non ha cuor d'accusarli; per ciò abborrisce un sogiorno pericoloso. Eccola, vo' soddisfarla.

SCÈNE IX.

Mylord BONFIL, ensuite ISAC.

BONFIL (*appelle.*)

Quelqu'un?

ISAC.

Monsieur.

BONFIL.

Dites à Myladi mon épouse qu'elle vienne ici.

ISAC.

Oui, Monsieur. (*Il sort.*)

SCÈNE X.

Mylord BONFIL (*seul.*)

Je ne sais si ma sœur parle de bonne foi, ou avec de mauvaises intentions....... Je soupçonne qu'elle n'a déposé qu'en apparence seulement la haine qu'elle nourrissait contre Paméla..... Oui, cette femme vertueuse est encore persécutée. Si elle avoit en effet pour Artur l'inclination qu'on lui suppose, m'eût-elle pressé tous les jours de la conduire au comté de Lincoln? Elle m'a beaucoup mieux jugé; elle connaît ses ennemis, et elle ne peut se résoudre à les accuser auprès de moi. Voilà pourquoi sans doute elle abhorre un séjour dangereux pour elle. Je la vois: je veux la satisfaire.

SCENA XI.

Milord BONFIL, Miledi PAMELA.

PAMELA.

SIGNORE, eccomi ai vostri comandi.
BONFIL.
Questo titolo di Signore non istà più bene fra le labbra di una consorte.
PAMELA.
Sì, caro sposo, che mi comandate?
BONFIL.
Ho risolto di compiacervi.
PAMELA.
Voi non istudiate, che a caricarmi di benefizj, e di grazie. In che pensate ora di compiacermi?
BONFIL.
Da quì a due ore con partiremo per la contea di Lincoln.

PAMELA (*con maraviglia, e sospensione.*)

Da quì a due ore?
BONFIL.
Sì, preparate qualche cosa per vostro uso, al resto lasciate pensare a madama Jeure.

PAMELA (*da se*).

Oimè, non si ricorda più di mio padre.

BONFIL (*da se.*)

Si turba. Pare, che le dispiaccia.
PAMELA.
Signore.

SCÈNE XI.

Mylord BONFIL et Myladi PAMÉLA.

PAMÉLA.

Mylord, je me rends à vos ordres.
BONFIL.
Ce titre de *Mylord* est déplacé dans la bouche d'une épouse.
PAMÉLA.
Eh bien ! cher époux, qu'avez-vous à me commander ?
BONFIL.
J'ai résolu de vous satisfaire.
PAMÉLA.
Votre seule étude est de prévenir tous mes vœux, et de me combler de bienfaits. Que vous proposez-vous donc d'ajouter aujourd'hui à tout ce que vous avez fait pour moi ?
BONFIL.
Nous partons, dans deux heures, pour le comté de *Lincoln*.
PAMÉLA (*avec surprise.*)
Dans deux heures !
BONFIL.
Oui ; préparez quelque chose pour votre usage : Jeffre se chargera du reste.
PAMÉLA (*à part.*)
Hélas ! il ne songe plus à mon père !
BONFIL (*de même.*)
Elle se trouble : ce projet semble lui déplaire.
PAMÉLA.
Monsieur.....

BONFIL.

Siete voi pentita di cambiar la città nella villa?

PAMELA (*mesta.*)

Farò sempre quel, che mi comandate di fare.

BONFIL (*da se.*)

Mi mette in sospetto.

PAMELA (*da se.*)

Non ho corragio d'importunarlo.

BONFIL.

Pamela, che novità è questa? I giorni passati Londra vi dispiaceva; ora non avete cuore d'abbandonarla?

PAMELA.

Se così vi piace, andiamo.

BONFIL.

Io non bramo di andarvi, che per piacer vostro.

PAMELA.

Vi ringrazzio di tanta bontà.

BONFIL.

Mi sorprende questa vostra freddezza.

PAMELA.

Compatitemi. Ho il cuore angustiato.

BONFIL.

Perchè, Miledi?

PAMELA.

Per cagion di mio padre.

BONFIL.

Per vostro padre eh?

PAMELA.

Sì, Milord, mi dispiacerebbe lasciarlo.

BONFIL.

Êtes-vous fâchée de quitter le séjour de la ville pour celui des champs ?

PAMÉLA (*tristement.*)

Je serai toujours prête à vous obéir.

BONFIL (*à part.*)

Elle me fait naître des soupçons.

PAMÉLA (*à part.*)

Je ne me sens pas la force de le fatiguer de mes plaintes.

BONFIL.

Paméla, quel est donc ce changement ? Ces jours passés, Londres vous était insupportable ; et il vous en coûte aujourd'hui de l'abandonner ?

PAMÉLA.

Si vous le désirez, partons.

BONFIL.

Je ne désire d'y aller, que pour vous faire plaisir.

PAMÉLA.

Je vous remercie de tant de bontés.

BONFIL.

Cette froideur me surprend de votre part.

PAMÉLA.

Pardonnez ; mais mon cœur est brisé par la douleur.

BONFIL.

Et quel en est le motif, Madame ?

PAMÉLA.

La situation de mon malheureux père !

BONFIL.

De votre père ! eh bien ?

PAMÉLA.

Ah ! Mylord, il m'en coûterait de m'éloigner de lui ?

BONFIL.

Che cosa può mancare in mia casa alle occorrenze di vostro padre?

PAMELA.

Gli manca il meglio, se gli manca la libertà.

BONFIL.

Questa per ora gli è differita.

PAMELA.

Lo so pur troppo.

BONFIL.

Chi ve l'ha detto?

PAMELA.

Milord Artur.

BONFIL.

Favellaste voi con milord Artur?

PAMELA.

Sì, Signore.

BONFIL.

Chi vi era presente.

PAMELA.

Nessuno.

BONFIL.

Nessuno?

PAMELA.

Dell' affar di mio padre convien parlarne segretamente.

BONFIL *(da se.)*

Ha ragione.

PAMELA.

Spiacevi, ch' io abbia parlato con milord Artur?

BONFIL.

No, non mi spiace.

PAMELA.

E' l' unico Cavaliere, ch' io stimo; che mi pare onesto, e sincero.

COMÉDIE.

BONFIL.
Que lui peut-il manquer chez moi ?

PAMÉLA.
Le premier de tous les biens : la liberté !

BONFIL.
Elle est différée encore pour le présent.

PAMÉLA.
Je ne le sais que trop !

BONFIL.
Qui vous l'a dit ?

PAMÉLA.
Mylord Artur.

BONFIL.
Vous avez eu un entretien avec mylord Artur ?

PAMÉLA.
Oui, Mylord.

BONFIL.
Aviez-vous des témoins ?

PAMÉLA.
Aucun.

BONFIL.
Aucun ?

PAMÉLA.
Tout ce qui regarde mon père, demande à être traité dans le plus grand secret.

BONFIL (*à part.*)
Elle a raison.

PAMÉLA.
Vous aurais-je déplu, en parlant avec mylord Artur ?

BONFIL.
Non, point du tout.

PAMÉLA.
C'est le seul cavalier que j'estime : je le crois aussi honnête que sincère.

BONFIL.
Sì, è buon amico.
PAMELA.
E' degno veramente della vostra amicizia. Parla bene, è di buon core; ha tutti i numeri della civiltà, e della cortesia.
BONFIL (*da se.*)
Lo loda un po' troppo.
PAMELA.
Ha un amor grande per il povero mio genitore.
BONFIL (*da se.*)
Se lo loda per questo, non vi è malizia.
PAMELA.
Sposo mio diletissimo, possible che non ci riesca di consolarlo?
BONFIL.
Sì, lo consoleremo.
PAMELA.
Ma quando?
BONFIL.
Quando, quando. Più presto, che si potrà.
PAMELA (*da se.*)
Si altera facilmente. Quanto mai mi dispiace questo picciolo suo diffetto!
BONFIL.
Preparatevi per partire.
PAMELA.
Sarò pronta quando volete.
BONFIL.
Dite a Jeure, che venga quì.
PAMELA (*con umiltà.*)
Sarete ubbidito.

BONFIL.

Oui ; c'est un ami vrai.

PAMÉLA.

Et bien digne de votre amitié. Il parle bien, a un cœur excellent, et réunit au plus haut degré la douceur et la civilité des manières.

BONFIL (à part.)

Il y a bien de la chaleur dans cet éloge !

PAMÉLA.

Il s'intéresse si vivement à mon pauvre père !

BONFIL (à part.)

Si c'est là le motif qui dicte son éloge, il n'a rien que de louable.

PAMÉLA.

Est-il possible, mon cher époux ! que rien ne nous réussisse pour adoucir ses maux ?

BONFIL.

Nous y parviendrons, soyez en sûre.

PAMÉLA.

Mais, quand, hélas !

BONFIL.

Quand ? Quand ? Le plutôt que nous pourrons.

PAMÉLA (à part.)

Il s'emporte aisément ; et ce léger défaut me fait bien de la peine en lui.

BONFIL.

Disposez-vous à partir.

PAMÉLA.

Je serai prête quand vous l'exigerez.

BONFIL.

Dites à Jeffre qu'elle vienne ici.

PAMÉLA (avec soumission.)

Vous serez obéi.

BONFIL.

Se non siete contenta, non ci venite.

PAMELA.

Quando sono con voi, non posso essere che contenta.

BONFIL.

Volete, che facciamo venir con noi della compagnia?

PAMELA.

Per me non mi curo di aver nessuno.

BONFIL.

Facciamo venire milord Artur?

PAMELA.

Milord Artur mi dispiacerebbe meno d'ogni altro?

BONFIL.

Vi piace la compagnia di Milord?

PAMELA.

Non la desidero, ma se vi fosse, non mi recherebbe molestia.

BONFIL (*da se.*)

Parmi innocente. Non la mettiamo in sospetto. (*Alto.*) Per ora non verrà nessuno. Se vi annojerete ritorneremo in città.

PAMELA.

Mi stà sul cuore mio padre.

BONFIL.

Parlategli, afficuratela, che non perdo di vista le sue premure, e le vostre. Sollecitatevi alla partenza.

PAMELA.

Sarò pronta, quando vi piacerà di partire. (*Parte.*)

---

(1) Nous savons bien bon gré à l'auteur de la pièce française d'avoir traduit toute cette scène avec la plus scrupuleuse fidélité, et d'en avoir sur-tout conservé précieusement la simplicité originale. Il a senti avec raison, qu'ajouter un mot, c'était la gâter; et que s'il est des cas où l'on doive s'efforcer de surpasser son modèle,

BONFIL.
Si cela vous fait de la peine, ne venez pas.
PAMÉLA.
Je ne puis qu'être satisfaite, quand je suis auprès de vous.
BONFIL.
Voulez-vous que nous invitions de la compagnie?
PAMÉLA.
Mon goût particulier ne serait pas d'avoir du monde.
BONFIL.
Engageons-nous Artur à nous accompagner?
PAMÉLA.
Mylord Artur me déplairait moins qu'un autre.
BONFIL.
Vous aimez la société de Mylord?
PAMÉLA.
Je ne la désire point : mais je ne serais pas fâchée qu'il s'y trouvât.
BONFIL (*à part.*)
Oui, je la crois innocente. Écartons tout soupçon à son égard. (*Haut.*) Nous n'aurons personne pour l'instant: mais si vous vous ennuyez, nous reviendrons à Londres.
PAMÉLA.
Ah! je ne suis occupée que de mon père.
BONFIL.
Parlez-lui : assurez-le bien que ses intérêts, que les vôtres, ne s'éloignent pas un moment de ma pensée.... Songez au départ.
PAMÉLA.
Je serai prête, quand il vous plaira de partir.
(*Elle sort.*) (1).

---

précisément parce qu'on lui est, en général, très-inférieur, il en est d'autres aussi, où la gloire du traducteur peut et doit se borner à le suivre de très-près.

SCENA XII.

Milord BONFIL, poi M.^{ma} JEURE.

BONFIL.

Infelice quel cuore, in cui penetra il veleno della gelosia. Io non ho motivo di esser geloso; ma conosco, che se io fossi, sarei bestiale. Non impedirò mai a Pamela di conversare; ma non soffrirò, ch'ella conversi a testa a testa con uno solo. Eppure ci si è trovata con milord Artur. Eh un accidente non dee fare stato. Non l'avranno fatto a malizia. Ecco Jeure; sentiamo da lei comme accaduto sia un tal incontro; ma senza porla in sospetto, che non vo' scoprire la mia debolezza.

M.^{ma} JEURE.

Signore, che mi comandate?

BONFIL.

Dov'è la padrona?

M.^{ma} JEURE.

Nella sua camera.

BONFIL.

E' sola?

M.^{ma} JEURE.

Sola. Con chi ha da essere?

BONFIL.

Delle visite ne vengono continuamente.

M.^{ma} JEURE.

E' vero le riceve per forza. Tratta tutti con indifferenza, e si spiccia prestissimo.

SCÈNE XII.

Mylord BONFIL, ensuite Mme JEFFRE.

BONFIL.

MALHEUREUX le cœur accessible au poison de la jalousie ! je n'ai point sujet d'être jaloux : mais si je l'étais jamais, je ne serais, je le sens, je ne serais plus un homme.... Je n'empêcherai jamais Paméla de recevoir du monde ; mais je ne veux plus souffrir de ces tête-à-tête. Elle s'est cependant trouvée ici avec mylord Artur..... C'est un hasard, dont on ne peut rien conclure : ils n'ont eu ni l'un ni l'autre de mauvaises intentions. Voilà Jeffre : sachons d'elle comment tout cela s'est passé ; mais sans lui donner lieu de rien soupçonner : déguisons sur-tout ma faiblesse.

Mme JEFFRE.

Qu'ordonne Monsieur ?

BONFIL.

Où est votre maîtresse ?

Mme JEFFRE.

Dans sa chambre.

BONFIL.

Elle est seule ?

Mme JEFFRE.

Seule. Avec qui voulez-vous qu'elle soit ?

BONFIL.

Mais c'est un concours de visites....

Mme JEFFRE.

Oui, qu'elle reçoit par force. Son indifférence est égale pour tout le monde, et elle s'en débarrasse le plutôt possible.

BONFIL.

Basta, che non si trattenga da solo a sola.

M.^{ma} JEURE.

Oh! cosa dite! non vi è pericolo.

BONFIL.

Non si è mai trattenuta a testa a testa con qualcheduno?

M.^{ma} JEURE.

No certamente. (*Da se.*) Se gli dico di milord Artur, è capace d'ingelosirsi.

BONFIL.

Lo sapete voi per sicuro?

M.^{ma} JEURE.

Per sicurissimo.

BONFIL.

Jeure, non principiate a dirmi delle bugie.

M.^{ma} JEURE.

Non direi una bugia per tutto l'oro del mondo.

BONFIL.

Non lo sapete; che milord Artur è stato buona pezza da solo a solo con mia consorte?

M.^{ma} JEURE (*da se.*)

Spie indegne, subito glie l'hanno detto.

BONFIL.

Rispondetemi: non lo sapete?

M.^{ma} JEURE.

Io mi maraviglio, che vi dicano di queste cose, e che voi lo crediate.

---

(1) Ce petit artifice de Jeffre est-il bien réfléchi! Le motif qui le lui suggère est très-respectable, sans doute; mais n'est-il pas vraisemblable qu'il doit produire un effet bien différent de ce qu'elle s'était proposé? N'est-ce pas précisément parce qu'elle connaît le

BONFIL.
Fort bien, pourvu qu'il n'y ait point de tête-à-tête.
Mme JEFFRE.
Oh! que dites-vous? Pour cela, par exemple, il n'y a pas de danger.
BONFIL.
Elle ne s'est jamais trouvée tête-à-tête avec quelqu'un?
Mme JEFFRE.
Non certainement. (*A part.*) Si je lui parle de mylord Artur, il est homme à en concevoir de l'ombrage (1).
BONFIL.
Vous êtes bien sûre de ce que vous dites-là?
Mme JEFFRE.
Très-sûre, Monsieur, très-sûre.
BONFIL.
Jeffre, ne commencez point à me débiter des mensonges.
Mme JEFFRE.
Moi! je ne dirais pas une fausseté pour tout l'or du monde.
BONFIL.
Ainsi vous ignorez qu'Artur est resté assez long-temps tête-à-tête avec mon épouse?
Mme JEFFRE (*à part.*)
Maudits espions! ils lui ont déjà tout dit.
BONFIL.
Répondez-moi: vous l'ignorez donc?
Mme JEFFRE.
Je suis en vérité bien surprise que l'on vous dise de telles choses, et que vous les croyez.

---
penchant de Mylord à la jalousie, qu'elle doit craindre que s'il découvre la vérité, ce qui est aussi facile que probable, le mystère qu'on lui en a fait n'ajoute à ses soupçons et ne rende Paméla infiniment malheureuse?

BONFIL.

Non ci è stato milord Artur.

M.ma JEURE.

Sì, ci è stato.

BONFIL.

Dunque di che vi maravigliate?

M.ma JEURE.

Mi maraviglio di chi vi ha detto, che erano soli.

BONFIL.

E chi vi era con loro?

M.ma JEURE.

Io, Signore e sono stata sempre con tanti d'occhi, e colle orecchie attentissime.

BONFIL.

Sì? ditemi dunque di che cosa hanno fra di lor parlato.

M.ma JEURE (*da se.*)

Che diacine gli ho da dire? (*Alto.*) Hanno parlato di varie cose, delle quali ora non mi sovvengo.

BONFIL.

Dunque non avete ascoltato. Dunque siete bugiarda.

M.ma JEURE.

Eh, mi fareste venir la rabbia. Hanno parlato di cose indifferenti.

BONFIL.

Ma di che?

M.ma JEURE.

Che so io? Di mode, di scuffie, di abiti, di galanterie.

BONFIL.

Milord non è capace di simili ragionamenti.

COMÉDIE.

BONFIL.

Mylord Artur n'est pas venu ici?

Mme JEFFRE.

Pardonnez moi..... il est bien venu.....

BONFIL.

Eh bien ! pourquoi donc jouer d'étonnement ?

Mme JEFFRE.

C'est que je ne reviens pas qu'on vous aie dit qu'ils étaient seuls ensemble.

BONFIL.

Et qui donc était présent à leur entretien ?

Mme JEFFRE.

Moi, Monsieur : et j'étais tout yeux et toute oreille encore.

BONFIL.

Oui ? dites-moi donc, en ce cas là, ce dont-ils ont parlé ?

Mme JEFFRE (*à part.*)

Que diable lui dire à présent ? (*Haut.*) Ma foi, ils ont parlé de différentes choses, dont je ne me souviens pas.

BONFIL.

Donc vous n'avez point écouté ; donc vous mentez impudemment.

Mme JEFFRE.

Eh ! vous me feriez vingt fois donner au diable. Ils ont parlé de choses indifférentes.

BONFIL.

Mais de quoi, encore ?

Mme JEFFRE.

Que sais-je, moi ? de modes, de bonnets, d'habits, de galanterie.

BONFIL.

Ce ne sont point là les conversations de Mylord.

Mma JEURE.

Eppure....

BONFIL.

Andate.

Mma JEURE.

Non vorrei che credeste....

BONFIL.

Andate, vi dico.

Mma JEURE (*da se.*)

Oh questa volta mi son confusa davvero. (*Parte.*)

SCENA XIII.

Milord BONFIL, poi ISACCO.

BONFIL.

Costei mi mette in sospetto. Conosco, che non dice la verità. Se vuol coprir la padrona, vi dee essere del mistero. Pamela non me l'ha detto, di aver parlato a Milord colla governante presente. Costei è più maliziosa. Ma su questo punto mi vo' chiarire. (*Chiama.*) Chi è di là?

ISACCO.

Signore.

BONFIL.

Hai tu veduto stamane milord Artur?

---

(1) L'auteur français a senti combien cette espèce d'interrogatoire que Bonfil fait subir l'un après l'autre aux gens de sa maison, l'avilissait lui-même, et dégradait même Paméla aux yeux du spectateur. Il a suivi, en conséquence, une marche différente.

BONFIL.

Hola! quelqu'un! Isac!

ISAC.

Monsieur.

BONFIL (*à part.*)

Que vais-je faire!
Malheureux! compromettre une épouse si chère!

COMÉDIE.

Mme JEFFRE.

Cependant....

BONFIL.

Sortez.

Mme JEFFRE.

Je ne voudrais pas que vous crussiez....

BONFIL.

Sortez, vous dis-je.

Mme JEFFRE (*à part en s'en allant.*)

Oh! pour cette fois, je suis en vérité toute confuse.

SCÈNE XIII.

Mylord BONFIL, ensuite ISAC.

BONFIL.

CETTE femme réveille mes soupçons. Je sais qu'elle ne dit point la vérité.... Si elle veut, par-là, excuser sa Maîtresse, il y a donc du mystère? Paméla ne m'a point dit avoir parlé à Mylord en présence de la gouvernante.... Celle-ci y met plus d'artifice..... C'est un point qu'il faut éclaircir. (*Il appelle.*) Y a-t-il quelqu'un là?

ISAC.

Monsieur.

BONFIL (1).

As-tu vu mylord Artur ce matin?

La livrer au mépris de ses propres valets;
Et me déshonorer, m'avilir à jamais!
Non; quel que soit l'effort qu'il en coûte à mon ame,
Je dois me respecter, en respectant ma femme.
Je n'en saurais douter; son honneur est le mien,
Et je ne puis.....
  ISAC (*s'approchant.*)
 Monsieur, que désirez-vous!
  BONFIL.
      Rien. (*Il sort.*)
 (*Acte II, Sc. VIII.*)

ISACCO.
L'ho veduto.

BONFIL.
Dove?

ISACCO.
Quì.

BONFIL.
Con chi ha parlato?

ISACCO.
Colla padrona.

BONFIL.
Nella sua camera?

ISACCO.
Nella sua camera.

BONFIL.
Vi era madama Jeure?

ISACCO.
Non ho veduto madama Jeure.

BONFIL.
Fosti in camera?

ISACCO.
Sì, Signore.

BONFIL.
E non vi era madama Jeure?

ISACCO.
Non, Signore.

BONFIL (*da se.*)
Ah sì, m'ingannano tutti due. Sono d'accordo. M'ingannano assolutamente. Ecco Pamela. Son fuor di me. Non mi fido de' miei trasporti. (*Parte.*)

COMÉDIE 65

ISAC.

Oui, Monsieur; je l'ai vu.

BONFIL.

Où?

ISAC.

Ici.

BONFIL.

A qui a-t-il parlé?

ISAC.

A Madame.

BONFIL.

Dans sa chambre?

ISAC.

Dans sa chambre.

BONFIL.

Et madame Jeffre y était?

ISAC.

Non; je n'ai point vu madame Jeffre.

BONFIL.

Etais-tu dans la chambre?

ISAC.

Oui, Monsieur.

BONFIL.

Et madame Jeffre n'y était pas?

ISAC.

Non, Monsieur.

BONFIL (*à part.*)

Oui, elles me trompent toutes les deux; elles s'entendent pour me tromper, je n'en puis plus douter.... Je vois Pamela! Je ne me connais plus... méfions-nous d'un premier transport. (*Il sort.*)

SCENA XIV.

Miledi PAMELA, poi ISACCO.

PAMELA.

Non credo mai, che se mio consorte venisse a risapere, che io ho scritto questo viglietto, potesse di me dolersi. Finalmente mio padre istesso mi ha consigliato a scriverlo, e a mandarlo. Tutto è all'ordine per la partenza, e se si allontana da Londra il mio sposo, Artur solamente può sollecitare la grazia per il povero mio Genitore. Dall'acquisto della sua libertà dipende la risoluzione di far venire mia madre. Muojo di volontà di vederla. Amo i genitori più di me stessa, e non sono mai di soverchio le diligenze amorose di una figliuola. Isacco.

ISACCO.
Miledi.

PAMELA.
Sai tu dove abiti milord Artur?

ISACCO.
Sì, Signora.

PAMELA.
Recagli questa lettera.

ISACCO.
Sì, Signora.

PAMELA.
Procura di dargliela cautamente.

ISACCO.
Ho capito.

PAMELA.
Secondate, o cieli, i miei giustissimi desiderj.
(*Parte.*)

SCÈNE XIV.

PAMÉLA, ISAC dans le fond.

PAMÉLA.

Non, je ne puis croire que si mon époux apprend jamais que j'ai écrit ce billet, il puisse m'en savoir mauvais gré. Mon père m'a conseillé lui-même de l'écrire et de l'envoyer. Tout se dispose pour notre départ ; et, mon époux une fois éloigné de Londres, mylord Artur peut seul solliciter la grace de mon père. De sa liberté, dépend le projet de faire venir ma mère. Je me meurs d'envie de la voir ; j'aime mes parens plus que moi-même, et une fille ne peut trop hâter l'époque heureuse qui les rendra à mon amour. Isac ?

ISAC.

Madame.

PAMÉLA.

Tu sais où demeure mylord Artur ?

ISAC.

Oui, Madame.

PAMÉLA.

Portes-lui cette lettre.

ISAC.

Oui, Madame.

PAMÉLA.

Tâches de la lui remettre avec précaution.

ISAC.

J'entends.

PAMÉLA.

Et toi, seconde, ô ciel ! les justes désirs de mon cœur ! (*Elle sort.*)

SCENA XV.

ISACCO, poi Milord BONFIL.

(*Isacco osserva la lettera, la pone in tasca, e s'incammina.*)

BONFIL.

A me questa lettera.

ISACCO (*dubbioso.*)

Signore....

BONFIL.

Quella lettera a me.

ISACCO.

Sì, Signore. (*Glie la dà.*)

BONFIL.

Vattene. (*Isacco parte.*)

SCENA XVI.

Milord BONFIL (*solo.*)

PAMELA scrive una lettera a milord Artur? Senza dirmelo? Per qual ragione? Aprasi questo foglio.

---

(1) Ciel! à mylord Artur, et c'est de Paméla!

(*Il va pour lire.*)

Je frémis, ma main tremble; et mon ame interdite,
Dans ce billet fatal, croit voir ma perte écrite.

(*Il lit.*)

« Mylord, je me vois forcée d'accompagner mon époux dans
» ses terres d'Yorck; ce voyage imprévu.....

SCÈNE XV.

ISAC, ensuite Mylord BONFIL.

(ISAC *regarde la lettre, la met dans sa poche et va pour sortir.*)

BONFIL.

Donne-moi cette lettre.

ISAC (*en hésitant.*)

Monsieur....

BONFIL.

Cette lettre, te dis-je.

ISAC.

Oui, Monsieur. (*Il la lui donne.*)

BONFIL.

Sors. (*Isac sort.*)

SCÈNE XVI.

Mylord BONFIL (*seul*) (1).

Paméla écrit à mylord Artur, sans m'en parler !
Pourquoi ? Ouvrons ce billet..... Ma main tremble :

Quelle nécessité, quel si grand intérêt
D'annoncer ce départ ! Sans doute il lui déplaît.
    (*Il continue.*)
» Vous n'ignorez pas que je laisse à Londres la plus chère partie
» de moi-même.
Ainsi donc, dans son cœur un autre me balance !
Ainsi l'amour, l'honneur et la reconnaissance,

E 3

Mi trema la mano ; mi bate il cuore. Proveggo la mia rovina. (*Appre, e legge.*)

Mylord.

Mio marito mi ordina improvvisamente portarmi con lui alla contea di Lincoln. E' necessario, che ella lo partecipi a milor Artur? che confidenza? che interessatezza con lui? Voi sapete, ch'io lascio in Londra la miglior parte di me medesima.... Come ! non sono la parte più tenera del di lei cuore? Chi mi usurpa quel posto, che per tanti titoli mi conviene? *E mi consola soltanto la vostra bontà, in cui unicamente confido.* Ah mi tradiscono i scellerati. *Non mi spiego più chiaramente, per non affidare alla carta un segreto sì rilevante....* No, non permette il cielo, che colpe simili stieno lungamente occulte. *Voi sapete il concerto nostro di questa mane.* (Ah ! perfida) *e spero che a tenor del medesimo, vi regolerete con calore, e prudenza. Se verrete alla contea di Lincoln a recarmi*

  Les droits les plus sacrés n'existent plus pour toi,
Femme ingrate !

   (*Il lit.*)

» Toute ma consolation, tout mon espoir sont désormais dans vos
» bontés. Je ne m'explique pas plus clairement : vous sentez
» l'imprudence qu'il y aurait à livrer de pareils secrets au papier.
» Nous nous entendons ; c'est tout ce qu'il en faut.

   Le Ciel est juste, tu le vois !
Le Ciel ne permet pas que tant de perfidie
Soit long-temps ignorée et demeure impunie.

   (*Il lit.*)

» Vous savez ce dont nous sommes convenus ce matin, et je
» compte sur votre prudence ordinaire. »

  Hélas ! c'est donc en vain que, prompt à l'excuser,
Moi-même, en sa faveur, j'aimais à m'abuser !
Que mes yeux, repoussant une triste lumière,
Refusaient de s'ouvrir au jour qui les éclaire !
 Parjure ! c'est ainsi que ta fausse douceur,
A mes yeux trop séduits déguisait ta noirceur !

mon cœur bat.... J'entrevois ma ruine. (*Il ouvre et lit.*)

Mylord,

Mon mari vient de m'ordonner tout-à-coup de le suivre dans le comté de Lincoln....

Est-il nécessaire qu'elle en fasse part à mylord Artur ? Pourquoi cette confidence ? En quoi cela peut-il l'intéresser ?

Vous savez que je laisse à Londres la plus chère partie de moi-même....

Hélas ! Je ne tiens donc plus le premier rang dans son cœur ! Qui m'ose usurper une place qui m'est due à tant de titres !

Votre bonté seule me console ; c'est en elle que j'ai mis toute ma confiance.

Ah ! les perfides me trahissent !

Je ne m'explique pas plus clairement, pour ne pas confier au papier un secret aussi important...

Non, le ciel ne permet pas que de pareils forfaits restent long-temps cachés.

Vous savez ce dont nous sommes convenus ce matin....

Perfide !

Et je me flatte qu'en conséquence, vous vous conduirez avec chaleur et prudence. Si vous venez au comté

J'en atteste l'amour, dont tes perfides charmes
Enivrent tous mes sens ; j'en atteste les larmes
Que m'arrache, aujourd'hui, le plus grand des forfaits :
Ma rage égalera ton crime et mes bienfaits.
Et toi, vil imposteur, dont la flamme odieuse
Empoisonne mes jours d'une amertume affreuse,
Tu te dis mon ami ! tu ne le fus jamais.
Indignement trahi par tout ce que j'aimais,
Je vais, puisqu'il le faut, confondre la parjure,
Poursuivre mon rival, et venger mon injure.

Fin du second Acte.

qualche consolazione, terminerò di penare. Mi sento ardere; non posso più. *Mio marito vi vedrà volentieri.* Sì, perfida, il mio buon core, non mi farà conoscere un mio rivale. Ma che dico un rivale? Un impio profanatore del decoro, e dell' amicizia. Ingratissima donna.... e sarà possibile, che la mia Pamela sia ingrata? sì, pur troppo, non vi è più ragione per dubitare. Non ho voluto credere al Cavaliere, non ho voluto credere a mia sorella; Jeure è d'accordo; Artur è mendace, Pamela è infida. Ma quei tremori, quei pianti quel dolci parole?.... Eh simili inganni non sono insoliti in una donna. Quella è più brava, che sa più fingere; ma io saprò smascherar la menzogna, punir la frode, e vendicare l'infedeltà. Sì la farò morire.... Chi? Pamela? Pamela? Morirà Pamela? Morirò nel dirlo, e sentomi morir nel pensarlo.

Fine dell' Atto primo.

de Lincoln m'apporter quelque consolation, je verrai le terme de mes ennuis.

Quel feu me dévore...! Je n'en puis plus !

Mon mari vous verra avec plaisir.

Non, perfide, non ; l'excès de ma complaisance ne me fera pas connaître un rival.... Que dis-je ! un rival ? Artur est un profanateur impie des lois de l'honneur et des droits de l'amitié. Femme ingrate..! Il était donc possible que Paméla fût ingrate ! Hélas ! il n'est que trop vrai : il ne me reste plus de moyen d'en douter. Je n'ai point voulu croire Ernold ; j'ai refusé d'écouter ma sœur..... Jeffre est d'accord avec eux : Artur est un imposteur, Paméla une infidelle.... Mais ces frayeurs, ces larmes, ces douces paroles.... Ah ! tous ces piéges sont familiers aux femmes ; et la meilleure est celle qui trompe le plus habilement. Mais je saurai démasquer l'imposture, punir la perfidie, et me venger de l'infidélité ! Elle mourra.... Qui ? grand dieu ! Paméla ! Paméla mourra ! Fatal arrêt ! ah ! je mourrai moi-même en le prononçant, et la seule pensée m'en assassine d'avance !

Fin du premier Acte.

ATTO II.

SCENA PRIMA.

Milord BONFIL, poi ISACCO.

BONFIL (*passeggia alquanto sospeso, poi chiama.*)
Ehi.

ISACCO.
Signore.

BONFIL (*da se.*)
Non vorrei precipitar la risoluzione. (*Passeggiando.*) Andrò cauto nel risolvere; ma Pamela non mi vedrà prima, ch'io non sia sincerato. I di lei occhi mi potrebbero facilmente sedurre. (*Chiamando, e passeggiando.*) Ehi.

ISACCO (*senza moversi.*)
Signore.

BONFIL (*da se, passeggiando.*)
L'amore mi parla ancora in favore di quest'ingrata. Sì, così si faccia. Parlisi con milord Artur. Mi parve sempre un cavaliere sincero. Proverò a meglio sperimentarlo. (*Alto.*) Ehi.

ISACCO.
Signore.

ACTE II.

SCÈNE PREMIÈRE.

Mylord BONFIL, ensuite ISAC.

BONFIL (*marche à grands pas, d'un air pensif; il appelle.*)

Hola !

ISAC.

Monsieur.

BONFIL (*à part.*)

Je ne voudrais point trop hâter l'exécution de mon projet. (*Il marche.*) Je mettrai dans ma résolution toute la prudence possible : mais Paméla ne me reverra point, que mes doutes ne soient éclaircis. Un seul de ses regards me séduirait trop facilement. (*Il appelle en marchant.*) Hola !

ISAC (*toujours immobile à sa place.*)

Monsieur.

BONFIL (*à part en marchant.*)

L'amour me parle encore en faveur de la perfide ! oui, arrêtons-nous à ce projet. Voyons Artur : je l'ai toujours cru homme d'honneur ; l'expérience me prouvera si je me suis trompé. (*Haut.*) Hola !

ISAC.

Monsieur.

BONFIL.

Va in traccia di milord Artur. Digli, che ho necessità di parlargli. S' egli vuole venir da me; s'io deggio passar da lui, o dove vuole, che ci troviamo.

ISACCO.

Sì Signore.

BONFIL.

Portami la risposta.

ISACCO (*in atto di partire.*)

Sarete servito.

BONFIL.

Fa presto.

ISACCO.

Subito. (*S'incammina colla solita flemma.*)

BONFIL.

Spicciati, cammina, sollecita il passo.

ISACCO.

Perdonate. (*Parte.*)

SCENA II.

Milord BONFIL, poi Madama JEURE.

BONFIL.

La flemma di costui è insofribile. Ma è fedele. Mi convien tollerarlo in grazia della fedeltà.

M.ma JEURE.

Signore....

BONFIL.

Non vi ho chiamato.

BONFIL.

Cours sur les traces de mylord Artur. Dis-lui qu'il faut que je lui parle nécessairement. Qu'il me fasse savoir s'il peut se rendre ici, ou si je dois l'aller trouver; où il veut enfin que nous nous rencontrions ensemble.

ISAC.

Oui, Monsieur.

BONFIL.

Apportes-moi la réponse.

ISAC (*en attitude de partir.*)

Vous serez obéi.

BONFIL.

Hâtes-toi.

ISAC.

Je suis à vous dans la minute. (*Il s'achemine avec sa lenteur ordinaire.*)

BONFIL.

Cours, vole et presse ton retour.

ISAC.

Pardon, pardon. (*Il sort.*)

SCÈNE II.

Mylord BONFIL, ensuite Mme JEFFRE.

BONFIL.

Que sa lenteur est insupportable! mais il est fidelle; je dois le tolérer en faveur de cette bonne qualité.

Mme JEFFRE.

Monsieur....

BONFIL.

Je ne vous ai point appelée.

M.ma JEURE.
E non potrò venire senza esser chiamata.
BONFIL.
No; non potete venire.
M.ma JEURE.
Fin ora ci son venuta.
BONFIL.
Da qui in avanti non ci verrete più.
M.ma JEURE.
Perchè?
BONFIL.
Il perchè lo sapete voi.
M.ma JEURE.
Siete in collera per una bugia, che vi ho detto.
BONFIL.
Dite che ne ho scoperta una sola; ma sa il cielo quanto ne avrete dette.
M.ma JEURE.
In verità, Signore, non ho detto che questa sola, e l'ho fatto per bene.
BONFIL.
Perchè tenermi nascosto il colloquio di Pamela con milord Artur.
M.ma JEURE.
Perchè conosco il vostro temperamento. So che siete assai sospettoso, e dubitava, che poteste prenderlo in mala parte.
BONFIL.
Io non sospetto senza ragione. La gelosia non mi accieca. Ho fondamento bastante per diffidare della onestà di Pamela.

COMÉDIE.

Mme JEFFRE.
Et ne puis-je venir sans être appelée ?

BONFIL.
Non, vous ne le pouvez pas.

Mme JEFFRE.
Jusqu'ici cependant, je suis toujours entrée ainsi.

BONFIL.
Il n'en sera plus de même dorénavant.

Mme JEFFRE.
La raison ?

BONFIL.
Vous devez la savoir.

Mme JEFFRE.
Quoi ! vous êtes encore en colère pour un léger mensonge que je vous ai conté ?

BONFIL.
Dites que j'en ai découvert un : mais le ciel sait combien vous en avez débités.

Mme JEFFRE.
Foi d'honnête femme ; je ne vous en ai dit qu'un, et encore l'ai-je fait pour le mieux.

BONFIL.
Pourquoi me faire un mystère de l'entretien de Paméla avec mylord Artur ?

Mme JEFFRE.
Parce que je connais votre caractère. Je sais que vous êtes naturellement soupçonneux, et je craignais que vous ne prissiez la chose tout de travers.

BONFIL.
Mes soupçons ne sont point dénués de motifs. La jalousie ne m'aveugle pas ; et je n'ai que trop de raisons de soupçonner l'honnêteté de Paméla.

Mma JEURE.

Oh cosa dite mai! Diffidar di Pamela è lo stesso, che dubitare della luce del Sole.

BONFIL.

Sapete voi i ragionamenti di Pamela con milord Artur.

Mma JEURE.

Li so benissimo.

BONFIL.

Come li sapete, se non vi foste presente?

Mma JEURE.

Li so, perchè ella me li ha confidati.

BONFIL.

Io li so molto meglio di voi.

Mma JEURE.

Avete parlato colla vostra sposa?

BONFIL.

Nò.

Mma JEURE.

Parlatele.

BONFIL.

Non le voglio parlare.

Mma JEURE.

Or ora verrà quì da voi.

BONFIL.

Se ella verrà, me ne andrò io.

Mma JEURE.

Non dovete partire infieme per la contea di Lincoln?

BONFIL

Nò, non si parte più.

Mma JEURE.

Ella ha preparato ogni cosa.

Mme JEFFRE.

COMÉDIE.

Mme JEFFRE.
Que dites-vous ? ô ciel ! soupçonner Paméla ! mais c'est absolument douter de la lumière du soleil.

BONFIL.
Vous connaissez la conversation de Paméla avec Mylord ?

Mme JEFFRE.
Je la connais parfaitement.

BONFIL.
Comment cela donc, puisque vous ne vous y êtes point trouvée ?

Mme JEFFRE.
Je la sais, parce qu'elle m'en a fait part.

BONFIL.
Et je la connais, moi, beaucoup mieux que vous.

Mme JEFFRE.
Avez-vous parlé à votre épouse ?

BONFIL.
Non.

Mme JEFFRE.
Parlez lui.

BONFIL.
Je ne veux point lui parler.

Mme JEFFRE.
Elle va venir vous trouver.

BONFIL.
Si elle paraît, je sortirai.

Mme JEFFRE.
Ne devez-vous pas aller ensemble au comté de Lincoln ?

BONFIL.
On ne part plus.

Mme JEFFRE.
Elle a fait tous ses préparatifs.

Tome II. F

BONFIL (*ironicamente.*)

Mi dispiace dell' inutile sua fatica.

M.me JEURE (*da se.*)

Che uomo volubile ! e poi dicono di noi altre donne.

BONFIL.

Se non avete altro da dirmi, potete andare.

M.ma JEURE.

Non volete venire dalla vostra sposa ?

BONFIL.

Non ci voglio venire.

M.ma JEURE.

E non volete permettere, ch' ella venga qui ?

BONFIL.

Nò, non la vo' vedere.

M.ma JEURE.

E come ha da finire questa faccenda ?

BONFIL.

In queste cose voi non vi dovete impacciare.

M.ma JEURE.

In verità, Signore, siete una bella testa.

BONFIL.

Sono il diavolo, che vi porti.

M.ma JEURE.

Con voi non si può più vivere.

BONFIL.

Io non vi prego perchè restiate.

M.ma JEURE.

Se fosse viva la vostra povera Madre !...

COMÉDIE.

BONFIL (*ironiquement.*)
Ah ! je suis vraiement mortifié de la peine qu'elle a prise.

Mme JEFFRE (*à part.*)
Quel caractère inconstant ! Et ils osent après cela parler des femmes !

BONFIL.
Si vous n'avez rien de plus à me dire, vous pouvez vous retirer.

Mme JEFFRE.
Vous ne voulez point venir auprès de votre épouse ?

BONFIL.
Non ; je n'y veux point aller.

Mme JEFFRE.
Ni permettre qu'elle vienne ici ?

BONFIL.
Non : non, je ne la veux plus voir.

Mme JEFFRE.
Et comment tout cela finira-t-il ?

BONFIL.
Vous ne devez point vous mêler de ces sortes de choses.

Mme JEFFRE.
En vérité, Monsieur, vous êtes une pauvre tête.

BONFIL.
Je suis... je suis le diable qui vous emporte.

Mme JEFFRE.
Il n'est plus possible de vivre avec vous.

BONFIL.
Je ne vous prie pas d'y rester.

Mme JEFFRE.
Ah ! si votre pauvre mère vivait encore !

BONFIL.

Vorrei, che fosse viva mia Madre, e che foste crepata voi.

M.me JEURE.

Obbligatissima alle di lei grazie.

BONFIL.

Sciocca.

M.me JEURE (*da se.*)

E' insofribile.

BONFIL.

Andate.

M.me JEURE.

Sì, vado. (*Da se.*) Ci scommetto, che ora è pentito d'avere sposata Pamela. Fanno così questi uomini. Fin che sono amanti, oimei, pianti, sospiri, disperazioni; quando sono mariti, diventano diavoli, basilischi. (*Parte.*)

SCENA III.

Milord BONFIL (*solo.*)

Non sarebbe cosa fuor di natura, che Jeure tenesse più dalla parte di Pamela, che dalla mia. Le donne hanno fra di loro un interesse comune, quando trattasi di mantenersi in concetto presso di noi. Oltre di ciò, Jeure ha sempre amato Pamela; e se meco è attaccata per interesse, lo sarà molto più seco lei per amore. Tutto ciò mi fa diffidar di costei, e diffidando di Jeure, posso dubitare ancor di Pamela. Se esamino la condotta, ch'ella ha tenuto meco, non dovrei crederla menzognera; ma le donne hanno l'abilità di saper fingere perfettamente. Potrei lusingarmi,

BONFIL.

Plût au ciel qu'elle vécût, et que vous fussiez à cent pieds sous la terre !

Mme JEFFRE.

Bien sensible à ce souhait obligeant !

BONFIL.

Imbécille !

Mme JEFFRE (*à part.*)

Il est insoutenable.

BONFIL.

Sortez.

Mme JEFFRE.

Oui, je sors. (*A part.*) Je gagerais qu'il se repend d'avoir épousé Paméla. Voilà bien les hommes ! Tant qu'ils sont amans, ce sont des hélas ! des pleurs, des soupirs, du désespoir ! deviennent-ils époux ? ils sont pires cent fois que des diables et des basilics.

(*Elle sort.*)

SCÈNE III.

Mylord BONFIL (*seul.*)

Il n'y aurait rien de fort extraordinaire à ce que Jeffre prît les intérêts de Paméla avec plus de chaleur que les miens. Les femmes n'ont plus qu'un seul et même intérêt, lorsqu'il s'agit d'abuser notre crédulité. Jeffre, d'ailleurs, a toujours aimé Paméla ; et si l'intérêt seul l'attache à ma personne, c'est l'amitié qui la rapproche de Paméla. Tant de motifs réunis justifient mes soupçons à son égard ; et je ne puis me méfier d'elle, sans me méfier en même-temps de Paméla. En examinant la conduite qu'elle a tenue avec moi, je ne devrais point la croire perfide : mais les femmes possèdent l'art de feindre à un si haut degré de perfection ! Peut-être pouvais-je

che riconoscendosi nata di nobil sangue, si trovasse in maggior impegno di coltivare le massime dell'onestà, e del contegno; ma posso anche temere, ch'ella abbia perduta quella soggezione, che le inspirava la sua creduta viltà; e che la scienza del proprio essere l'invanisca a segno di superare i rimorsi, e non abbia per me quella gratitudine, che a' miei benefizj si converrebbe. Questi miei argomenti sono per mia disgrazia sulla ragione fondati. Ma quella stessa ragione, che cerca d'illuminarmi, avrà forza per animarmi. Ho amata Pamela, perchè mi parve degna d'amore; saprò abborrirla, quando lo meriti. Ero disposto a sposarla, quando la credevo una serva: avrò il coraggio di ripudiarla, benchè riconosciuta per dama; sì, la buona filosofia m'insegna, che chi non sa vincere la passione, non merita di esser uomo, e che si acquista lo stesso merito, amando la virtù, e detestando la scelleraggine. (*Parte.*)

SCENA IV.

Miledi PAMELA, e Madama JEURE.

M.ma JEURE.

Poc' anzi il padrone era qui. Potrà essere poco lontano. Trattenetevi, che lo andrò a ricercare.

PAMELA.

No, no, fermatevi. Dovreste conoscerlo meglio di me. Guai a chi lo importuna soverchiamente. Desidero di vederlo, desidero di parlargli, ma vo' aspettare, per farlo un momento opportuno. Il cielo vede la mia innocenza, ed i suoi falsi sospetti. Mi vergogno a dovermi

me flatter que la connaissance du sang qui lui a donné le jour, devait être pour elle une nouvelle obligation de cultiver les maximes de l'honneur et de la bienséance. Mais je puis craindre aussi qu'elle ait perdu cette soumission que lui inspirait nécessairement la bassesse prétendue de son origine : que la certitude de ce qu'elle est l'éblouisse au point de triompher des remords même, et d'étouffer dans son cœur les sentimens de la reconnaissance due à mes bienfaits. Ces tristes raisonnemens ne sont, hélas ! que trop fondés : mais cette même raison qui dessille aujourd'hui mes yeux, saura fortifier mon courage. J'ai chéri Paméla, parce qu'elle m'a paru digne de mon amour : je saurai la haïr, puisqu'elle le mérite. J'étais tout prêt à l'épouser, dans le temps même où elle n'était encore à mes yeux qu'une simple servante ; j'aurai le courage de la répudier, malgré sa qualité bien reconnue. Oui, la vraie, la bonne philosophie m'apprend que celui-là n'est pas un homme, qui ne sait point triompher de ses passions, et qu'il y a un égal mérite à aimer la vertu, et à détester le crime.

(*Il sort.*)

SCÈNE IV.

Myladi PAMÉLA, Mme JEFFRE.

Mme JEFFRE.

Il n'y a qu'un moment que Monsieur était là : il est impossible qu'il soit bien loin. Attendez, je vais le chercher.

PAMÉLA.

Non, non, demeurez. Vous le devriez connaître mieux que moi : malheur à qui l'importune inutilement. Je désire de le voir et de lui parler ; mais je veux attendre, pour cela, un moment favorable.

giustificare; pure l'umiltà non è mai soverchia, ed un marito che mi ha a tal segno beneficata, merita, che innocente ancora, mi getti a' suoi piedi a supplicarlo, perchè mi ascolti.

M.^{ma} JEURE.

Non so, che dire, s'io fossi nel caso vostro, non sarei così buona; ma forse farei peggio di voi, e può darsi, che colla dolcezza vi riesca d'illuminarlo.

PAMELA.

Chi sa mai, se mio padre abbia penetrato niente di questo fatto?

M.^{ma} JEURE.

Non l'ho veduto, Signora, e non ve lo saprei dire.

PAMELA.

Voglio andar ad assicurarmene. (*In atto di partire.*)

M.^{ma} JEURE.

Nò, trattenetevi, non trascurate di vedere Milord, prima ch'egli esca di casa.

PAMELA.

Andate voi da mio padre. Sappiatemi dire, se ha penetrato nulla di questo mio novello travaglio.

M.^{ma} JEURE.

Sì Signora, restate qui, e prego il cielo, che vi consoli. (*Parte.*)

Le ciel connaît mon innocence, et l'injustice de ses soupçons. Je rougis de la nécessité où je suis de me justifier. La soumission cependant n'est jamais inutile ; et un époux qui m'a comblée de tant de bienfaits, mérite bien que je me jette à ses pieds, quoique innocente, pour le supplier de m'entendre.

Mme JEFFRE.

Je ne sais qu'en dire : mais, à votre place, je ne serais ma foi pas aussi bonne. Peut-être ferais-je plus mal que vous, et il est possible qu'avec de la douceur, vous parveniez à l'éclairer.

PAMÉLA.

Qui sait si mon père n'a rien appris encore de ce triste événement ?

Mme JEFFRE.

Je ne l'ai point vu, et je ne saurais vous le dire.

PAMÉLA.

Je veux aller m'en assurer. (*Elle va pour sortir.*)

Mme JEFFRE.

Non ; restez, et ne perdez point l'occasion de voir Mylord, avant qu'il sorte de chez lui.

PAMÉLA.

Eh bien ! allez donc trouver mon père, et sachez me dire s'il n'a rien appris encore de ce qui se passe aujourd'hui.

Mme JEFFRE.

Oui, soyez tranquille, restez ici ; et puisse le ciel appaiser le trouble de votre cœur. (*Elle sort.*)

SCENA V.

Miledi **PAMELA**, poi Milord **ARTUR**.

PAMELA.

E' grande veramente il bene, che ho conseguito dal cielo, e conviene, ch'io me lo meriti colla sofferenza. Ma in due cose son io colpita, che interessano troppo la mia tenerezza. Il Padre, e lo sposo sono i due cari oggetti dell' amor mio, e sono al punto di perder uno, e di essere abbandonata dall' altro. Ah! nata son per penare; e non so quando avran termine i miei martori.

ARTUR (*salutandola.*)

Miledi.....

PAMELA.

Voi qui, Signore? Non sapete i disordini di questa casa?

ARTUR.

Non vi rechi pena la mia presenza; son qui venuto per ordine di Milord vostro sposo.

PAMELA.

Compatitemi, s'io mi ritiro; non vorrei, che mi ritrovasse con voi. (*In atto di partire.*)

ARTUR.

Accomodatevi, come vi aggrada.

PAMELA.

Milord, avete novità alcuna in proposito di mio padre?

ARTUR.

Ho un viglietto del segretario di stato. (*Accostandosi un poco.*)

SCÈNE V.

Myladi PAMÉLA, ensuite Mylord ARTUR.

PAMÉLA.

Le bonheur dont le ciel m'a comblée est si grand en effet, que je dois bien le payer de quelques souffrances ! Mais que je suis cruellement frappée dans les deux objets qui intéressent le plus ma tendresse, mon père et mon époux ! Je me vois au moment de perdre l'un, et d'être abandonnée par l'autre..... Ah ! je suis née pour souffrir, et je ne prévois pas le terme de mes tourmens !

ARTUR (*en saluant Paméla.*)
Madame....

PAMÉLA.
Vous ici, Mylord ! ignorez-vous le désordre qui règne dans cette maison ?

ARTUR.
Que ma présence ne vous fatigue point, c'est Mylord votre époux qui m'a fait dire de venir.

PAMÉLA.
Permettez que je me retire ; je ne voudrais pas qu'il me trouvât une seconde fois avec vous. (*Elle va pour sortir.*)

ARTUR.
Je serais au désespoir de vous gêner.

PAMÉLA.
Mylord, vous ne savez rien de nouveau relativement à mon père ?

ARTUR.
J'ai reçu un billet du Sécrétaire d'état. (*Il s'approche un peu d'elle.*)

PAMELA.
Ci dà buone speranze?

ARTUR.
Mi pare equivoco; non l'intendo bene.

PAMELA.
Oh cieli! lasciatemi un po' vedere.

ARTUR.
Volentieri. (*Caccia di tasca un viglietto.*)

PAMELA.
Presto, presto, Mylord.

ARTUR.
Eccolo qui Madama.
(*Nell' atto che dà il viglietto a Pamela, esce milord Bonfil.*)

SCENA VI.

DETTI, Milord BONFIL.

BONFIL.
Perfidi, sugli occhi miei?

ARTUR.
A che vi trasporta la gelosia?

BONFIL (*ad Artur.*)
Che cosa v'interessa per lei?

ARTUR.
Un cavaliere d'onore dee difendere l'innocenza.

BONFIL.
Siete due mancatori.

PAMÉLA.
Eh bien ! y a-t-il quelque chose à espérer ?
ARTUR.
Il me paraît équivoque ; je ne l'entends pas bien.
PAMÉLA.
Oh, ciel ! permettez que je voie un peu....
ARTUR.
Volontiers. (*Il tire le billet de sa poche.*)
PAMÉLA.
Vîte, vîte, Mylord.
ARTUR.
Le voilà, Madame.
(*Dans le moment où il donne le billet à Paméla, Bonfil paraît.*)

SCÈNE VI.

LES PRÉCÉDENS ; Mylord BONFIL.

BONFIL.
PERFIDES ! sous mes yeux !
ARTUR.
A quel excès vous égare la jalousie !
BONFIL (*à Artur.*)
Quel intérêt si puissant vous parle en sa faveur ?
ARTUR.
Un homme d'honneur doit défendre l'innocence.
BONFIL.
Vous êtes deux traîtres.

ARTUR.

Voi non sapete quel, che vi dite.

PAMELA.

Pemettetemi, ch'io possa almeno parlare.

BONFIL.

Non ascolto le voci di una femmina menzognera.

PAMELA.

In che ho mancato, Signore?

BONFIL.

Questo nuovo colloquio giustifica le vostre male intenzioni.

PAMELA.

Potrete riconoscere da questo foglio. (*Presenta a Bonfil il viglietto avuto da Artur.*)

BONFIL (*prende il viglietto, e lo straccia.*)

Non vo' leggere altri viglietti; ne ho letto uno, che basta. Così non l'avessi letto; così non vi avessi mai conosciuta!

PAMELA.

Ma questa poi, compatitemi, e una crudeltà.

ARTUR.

E' un procedere senza ragione.

BONFIL.

Come! non ho ragione di risentirmi, trovandovi soli in questa camera per la seconda volta in un sospettoso colloquio?

---

(1) On a tout lieu d'être surpris que Paméla ne demande point ici à Bonfil quel est ce billet, et de quoi il veut lui parler; qu'elle ne soupçonne pas même qu'il est possible que ce soit la lettre adressée à mylord Artur. Il est vrai qu'un mot d'explication terminait tout, et que la pièce était finie. Mais est-ce un motif suffisant pour excuser, d'un côté, la conduite de Bonfil qui, bien loin de chercher à s'éclairer, en élude au contraire toutes les occasions, et celle de Paméla, qui ne cherche pas même à deviner

ARTUR.

Vous ne savez ce que vous dites.

PAMÉLA.

Souffrez, du moins, que je m'explique.

BONFIL.

Je n'ai rien à entendre d'une perfide.

PAMÉLA.

En quoi vous ai-je manqué, Monsieur ?

BONFIL.

Ce nouvel entretien prouve la perversité de vos intentions.

PAMÉLA.

Cet écrit vous fera connaître.... (*Elle lui donne le billet d'Artur.*)

BONFIL (*le prend et le déchire.*)

Je ne veux point lire d'autres billets ; j'en ai vu un, cela me suffit. (1). Puissé-je n'avoir rien lu ! Puissé-je ne vous avoir jamais connue !

PAMÉLA.

Pardon : mais c'est une cruauté que de me parler ainsi.

ARTUR.

C'est un procédé dépourvu de raison.

BONFIL.

Eh ! quoi ! c'est sans raison que je me livre à mon courroux, quand je vous trouve, pour la seconde fois, seuls dans cet appartement, et dans un entretien suspect ?

---

sur quoi peuvent être fondés les soupçons de son mari ? Peut-être nous dira-t-on que *Zaïre* n'aurait qu'un mot à dire aussi pour détromper *Orosmane*, et que ce mot, elle ne le dit point. Mais la situation est bien différente : *Zaïre* est liée par un serment : *Zaïre* a promis à son père expirant de ne point révéler le secret de sa naissance ; et c'est précisément parce qu'elle doit obéir à quelque prix que ce soit, c'est parce qu'elle est déchirée entre son père et son amant, que *Zaïre* est si intéressante et si théâtrale.

ARTUR.

Io ci venni da voi chiamato.

BONFIL (a *Pamela*.)

E voi perchè ci veniste.

PAMELA.

Per attendervi, per parlarvi, per supplicarvi di credermi, e di aver compassione di me.

BONFIL.

Non la meritate.

ARTUR.

Voi siete un cieco, che ricusa d'illuminarsi.

BONFIL.

Le vostre imposture non mi getteranno la polve negli occhi.

ARTUR.

Giuro al Cielo; l'onor mio non regge a simili ingiurie.

BONFIL.

Se vi chiamate offeso, ho la maniera di soddisfarvi.

PAMELA.

Deh ! per amor del Cielo....

BONFIL.

Partite.

PAMELA.

Caro sposo !

BONFIL.

Non ardite più di chiamarmi con questo nome.

PAMELA.

Che sarà di me sventurata ?

ARTUR.

ARTUR.

Je ne suis venu, que pour me rendre à votre invitation.

BONFIL (à Paméla.)

Et vous, pourquoi vous trouvez-vous ici ?

PAMÉLA.

Pour vous attendre ; pour vous parler, pour vous supplier enfin d'avoir pitié de moi.

BONFIL.

Vous ne le méritez pas.

ARTUR.

Vous êtes un aveugle qui refuse la lumière.

BONFIL.

Toutes vos impostures ne m'éblouiront plus.

ARTUR.

Qu'entends-je, ô ciel ! mon honneur révolté à de pareilles injures.....

BONFIL.

Vous trouvez-vous offensé ? J'ai le moyen de vous satisfaire.

PAMÉLA.

Au nom du ciel !

BONFIL.

Sortez.

PAMÉLA.

Cher époux !

BONFIL.

N'ayez plus, s'il vous plaît, l'audace de me nommer ainsi.

PAMÉLA.

Que deviendrai-je ? malheureuse !

BONFIL.

Preparatevi ad un vergognoso ripudio.

PAMELA.

No; dite piuttosto, ch'io mi prepari alla morte. Non sarà vero, ch'io soffra un insulto non meritato. Tre cose amo in questa vita: voi, mio padre, e il mio onore. Fra voi, e mio padre potreste disputare nel cuor mio il primo loco; ma l'onore vi supera tutti due, e se in grazia vostra sarei disposta a soffrir moltissimo, quando trattasi dell'onore non soffro niente. Condannatemi a qualunque pena, ricoscerò voi solo per mio giudice, per mio sovrano; ma se col ripudio tentate disonorarmi, saprò ricorere a chi può più di voi. Siete di me pentito? soddisfatevi colla mia morte; sì morirò se così vi aggrada, ma vo' morir vostra sposa; ma vo' morire onorata. (*Parte.*)

---

(1) BONFIL.

Un divorce formel, voilà votre partage.

PAMÉLA.

Le divorce ! Qu'entends-je ! Ai-je donc mérité
Ce comble de l'opprobre et de l'indignité !
Et c'est vous; vous, cruel, dont la voix me l'annonce
Cet arrêt flétrissant, votre cœur le prononce !
Et j'en pourrais subir l'inexprimable horreur !
Depuis quand avez-vous des droits sur mon honneur ?
Mes jours, mon rang, mes biens sont en votre puissance :
Je vous dois mon amour et ma reconnaissance,
Je le sais; je m'en fais une gloire, un plaisir,
Et je m'estime trop, pour jamais vous trahir.

BONFIL (1).
Préparez-vous à un honteux divorce.

PAMÉLA.

Ah ! dites plutôt, dites que je me prépare à la mort : non, je ne souffrirai jamais un outrage aussi peu mérité. Trois choses me font chérir la vie. Vous, mon père, et mon honneur. Vous pouvez disputer à mon père même la première place dans mon cœur : mais l'honneur l'emporte encore sur vous deux. Je puis tout souffrir pour vous, et rien quand il s'agit de l'honneur. Quelque soit la peine où vous me condamniez, je reconnaîtrai en vous mon juge, mon souverain. Mais si vous prétendez me flétrir par la honte d'un divorce, je saurai recourir à un pouvoir supérieur au vôtre. Avez-vous à vous plaindre de moi ? vengez-vous, frappez. Oui, je mourrai, si vous l'ordonnez ainsi : mais je veux mourir votre épouse ; mais je veux mourir avec mon honneur. (*Elle sort.*)

Si j'ai, sans le savoir, innocemment coupable,
Provoqué la rigueur d'un juge inexorable,
frappez ; punissez-moi ; je saurai tout souffrir.
Mais si publiquement vous pensez me flétrir,
Imprimer sur mon front le sceau de l'infamie,
Je saurai me soustraire à tant d'ignominie.
Aux traits des envieux, à leurs viles clameurs,
A vous-même, en un mot, j'opposerai mes mœurs.
S'il est des tribunaux qui punissent l'offense,
Il est des lois aussi qui vengent l'innocence.
Je les invoquerai, j'obtiendrai leur appui,
Et le ciel, entre nous, sera juge aujourd'hui.

(*Elle sort.*)

(*Paméla mariée*, acte III, Sc. VIII.)

SCENA VII.

Milord ARTUR, e Milord BONFIL.

BONFIL.

Sì, Pamela fu sempre mai lo specchio dell'onestà; voi avrete il merito di averla villanamente sedotta.

ARTUR.

Siete con essa ingiusto, quanto meco voi siete ingrato.

BONFIL.

La vostra falsa amicizia non tendeva, che ad ingannarmi.

ARTUR.

Le vostre indegne parole meritano di essere smentite col vostro sague.

BONFIL.

O il mio, od il vostro laverà la macchia dell'onor mio. (*Parte.*)

ARTUR.

Il Cielo farà giustizia alla verità. (*Parte.*)

SCENA VIII.

Miledi PAMELA, e Madama JEURE.

PAMELA.

Madama Jeure, consigliatemi voi nella mia estrema disperazione.

M.ma JEURE.

Per dire la verità, comincio a confondermi ancora

SCÈNE VII.

Mylord ARTUR, Mylord BONFIL.

BONFIL.

Oui, Paméla fut toujours le miroir de la vertu. C'est vous qui aurez le mérite de l'avoir bassement séduite.

ARTUR.

Vous êtes aussi injuste à son égard, qu'ingrat envers moi.

BONFIL.

Votre perfide amitié n'avait d'autre but que de me tromper.

ARTUR.

Ces indignes paroles méritent d'être effacées dans votre sang.

BONFIL.

Ou le vôtre, ou le mien lavera la tache faite à mon honneur. (*Il sort.*)

ARTUR.

Le ciel rendra justice à la vérité. (*Il sort.*)

SCÈNE VIII.

Myladi PAMÉLA, Mme JEFFRE.

PAMÉLA.

MADAME Jeffre, conseillez-moi donc ce qu'il faut faire dans l'excès de mon désespoir.

Mme JEFFRE.

Pour vous parler de bonne foi, je vous dirai que

io. Buona cosa, che vostro padre ancor non sa niente. Ma sarebbe forse meglio, ch' ei lo sapesse. Vi darebbe qualche consiglio.

PAMELA.

Qui non c'è più nessuno. Dove mai saranno eglino andati?

M.ma JEURE.

Sono andati giù; li ho sentiti scender le scale.

PAMELA.

Temo del precipizio di alcun di loro. Hanno tutti due al loro fianco la spada.

M.ma JEURE.

Eh, avranno considerato, che pena c'è in Londra a metter mano alla spada; i pugni sono le armi, con si fano in Inghilterra i duelli.

PAMELA.

Ma io sono così agitata, e confusa, che mi manca fino il respiro.

M.ma JEURE.

Parlate un poco con vostro padre, informatelo della vostra disgrazia, e sentite cosa vi sa dir quel buon vecchio.

PAMELA.

Non ho core di farlo. So la di lui delicatezza in materia d'onore, e so che ogni mia parola gli sarebbe una ferita al seno.

M.ma JEURE.

Volete, che gli dica io qualche cosa?

---

(1) Paméla tient le même langage dans la pièce française.

Quel moment pour mon père !
Ah ! combien va frémir son courage indigné,
Et de quels pleurs amers je le verrai baigné !
Le seul bruit du soupçon alarmait sa tendresse,
Révoltait son honneur et sa délicatesse. . . .

je commence moi-même à ne plus savoir où j'en suis. Il est heureux que votre père n'ait rien appris encore de tout cela ; peut-être vaudrait il mieux cependant qu'il le sût, il vous donnerait quelque conseil.

PAMÉLA.

Il n'y a plus personne ici. Où seront-ils allés?

Mme JEFFRE.

Ils sont en bas ; je les ai entendus descendre l'escalier.

PAMÉLA.

Je crains tout de leur emportement mutuel : ils on l'un et l'autre leur épée au côté.

Mme JEFFRE.

Ils réfléchiront quel crime c'est à Londres que de mettre l'épée à la main ; ils savent bien qu'on ne se bat en duel ici qu'à coup de poing.

PAMÉLA.

Je suis si troublée, si agitée, que je respire à peine.

Mme JEFFRE.

Allez trouver votre père, instruisez-le de votre disgrace, et vous verrez ce que vous dira ce respectable vieillard.

PAMÉLA (1).

Je n'ai pas le courage de le faire. Je connais sa délicatesse sur l'article de l'honneur, et je sais que chaque mot lui perceroit le cœur.

Mme JEFFRE.

Voulez-vous que je lui en touche quelque chose?

Lui pourrai-je annoncer ce projet plein d'horreur !
Non, jamais ! chaque mot lui percerait le cœur ;
Je n'en ai pas la force.

(*Paméla mariée*, acte IV, Sc. Ière.)

PAMELA.

Nò, è meglio ch' ei non lo sappia.

M.ma JEURE.

Che non lo venga a sapere è impossibile. E se lo sa per bocca d'altri, è peggio. Dubiterà che sieno vere le vostre mancanze, se voi non avete coraggio di confidarvi con lui; permettetemi, ch' io l' informi; lo farò con maniera.....

PAMELA.

Fate quel, che vi pare.

M.ma JEURE.

Poverina! vi ricordate quando il padrone vi voleva serrar in camera? Quando vi donò quell' anello? allora vi faceva paura il suo amore, ora vi fa paura il suo sdegno; ma quanto allora vi fu utile la modestia, ora è necessario l'ardire. Non abbiate timore. Dite le vostre ragioni dove si aspetta. Scommetto l'osso del collo, che se andate voi a trattare la vostra causa in un tribunal di giustizia, portate via la vittoria, ed è condannato il giudice nelle spese. (*Parte.*)

SCENA IX.

Miledi **PAMELA**, poi Miledi **DAURE**.

PAMELA.

JEURE procura in vano di sollevarmi. Sono troppo oppresso dal mio dolore.

---

(1)   Il n'est guère possible
Qu'il l'ignore; et ce coup lui sera plus sensible,
Plus douloureux cent fois, partant d'une autre main.
On vous peindra coupable, et rien n'est plus certain.
Prévenez les méchans; exposez-lui vous-même
Les chagrins, les tourmens d'une fille qu'il aime.
Au récit de vos maux, son cœur s'attendrira,
Les vengera peut-être, ou du moins les plaindra.
Il est toujours si doux de pleurer près d'un père!
Quand je vous ai paru d'un sentiment contraire,

COMÉDIE.

PAMÉLA.

Non ; il vaut mieux qu'il l'ignore.

Mme JEFFRE (1).

Il est impossible qu'il ne le sache pas à la fin, et infiniment plus dangereux qu'il l'apprenne d'une bouche étrangère. Il pourra croire fondés tous les reproches que l'on vous fait, si vous balancez à lui confier vos chagrins. Permettez que je l'en instruise, je le ferai de manière....

PAMÉLA.

Faites ce que vous jugerez à propos.

Mme JEFFRE.

Pauvre Paméla ! vous rappelez-vous le temps où Mylord voulait vous enfermer dans cette chambre ? quand il vous donna cet anneau ? Son amour vous effrayait alors ; aujourd'hui, vous redoutez son ressentiment ! Mais autant la douce modestie vous fut utile alors ; autant une noble audace vous devient maintenant indispensable. Ne craignez rien ; exposez vos raisons à qui de droit : et je gage ma tête, que si vous portez votre cause devant un tribunal, la victoire est à vous, et le juge condamné avec dépens. (*Elle sort.*)

SCÈNE IX.

Myladi PAMÉLA, ensuite Myladi DAURE.

PAMÉLA.

JEFFRE s'efforce en vain de ranimer mon courage ; accablée du poids de ma douleur.......

De quoi s'agissait-il ! d'un courroux, d'un dépit,
Qu'un instant a vu naître et qu'un autre assoupit,
Et qui ne devait pas avoir de conséquence.
Mais la chose, à présent, est d'une autre importance ;
Il s'agit de l'honneur : c'est notre premier bien ;
Nous devons le défendre.

(*Paméla mariée, Acte IV, Sc. Ire.*)

MILEDI.

Gran cose ho di voi sentite Signora.

PAMELA.

Deh! cognata mia dilettissima....

MILEDI.

Sospendete di darmi un titolo, che da voi non mi degno ricevere. L'avrei sofferto più volentieri da Pamela rustica, di quel ch' io lo soffra da Pamela impudica. La sorte vi aveva giustamente trattata colla condizione servile, e non vi fe ascendere al grado di nobiltà, che per maggiormente punire la vostra simulazione.

PAMELA.

Miledi, il vostro ragionamento non procede da una misurata giustizia; ma da quel mal animo, che avete contro di me concepito. Perchè mi trovaste restia a condiscendere ai vostri voleri, mi giuraste odio, e vendetta; e quell' abbraccio, che mi donaste nel cambiamento di mia fortuna, fu uno sforzo di politica interessata. Celaste il vostro sdegno fin che non vi è riuscito manifestarlo; ora per soddisfare al mal animo, vi prevalete delle mie disgrazie; et voi forse, unita all' imprudente Nipote, corrompeste l'animo

---

(1) De ce discours cruel, dicté par l'injustice,
Je démêle aisément le coupable artifice,
Madame; dès long-temps, je ne l'ignore pas,
Votre haine assidue environne mes pas,
Epie avidement l'instant de ma ruine.
   De cet ardent courroux quel est donc l'origine?
J'ai bravé, dans un temps, vos ordres; je l'ai dû,
Quand leur objet était de flétrir la vertu.
Votre imprudent neveu secondait votre ouvrage:
J'opposai constamment le mépris à l'outrage.
Voilà mes torts; j'en eus sans doute un bien plus grand,
Celui de vous confondre, et de plaire un moment.
Votre haine vaincue et réduite au silence,
Changea dès-lors sa marche et son plan de vengeance.
Vous parûtes m'aimer: mais votre aversion
Eclatait, malgré vous, dans la moindre action.

MYLADI.

J'apprends à l'instant de grandes choses de vous, Madame !

PAMÉLA.

Ah ! ma chère sœur !.....

MYLADI.

Dispensez-moi d'un titre que je ne daigne plus recevoir de vous. Il m'eût flattée davantage de la part de Paméla simple villageoise, que de celle de Paméla déshonorée par sa conduite. Le sort avait été juste à votre égard, en vous plaçant dans la classe servile, et ne vous a élevée au rang de la noblesse, que pour punir votre hypocrisie avec plus d'éclat.

PAMÉLA (1).

Ce n'est point l'équité, Madame, qui dicte ce discours, mais la malveillance que vous n'avez cessé de nourrir contre moi. Dès l'instant que vous m'avez trouvée rebelle à vos ordres, vous avez juré de me haïr, et de vous venger ; et le baiser que vous m'avez donné, quand le ciel a daigné changer mon sort, ne fut que le jeu méprisable d'une politique intéressée. Vous avez déguisé votre haine, parce qu'il ne vous a point réussi de la manifester : pour la satisfaire aujourd'hui, vous vous prévalez de mes disgraces ; et unie peut-être à votre imprudent neveu, vous dénaturez le cœur de mon époux, et conspirez ma ruine. Ne croyez point, malgré

―――――――――

Vous voyez si mes yeux vous ont toujours jugée.
  Aujourd'hui cependant vous vous croyez vengée.
Des revers imprévus et non pas mérités,
Vous ouvrent un champ libre, et vous en profitez.
Heureuse de mes pleurs, fière de ma disgrace,
Vous souscrivez d'avance au coup qui me menace.
Loin de fléchir un frère, et d'éclairer son cœur,
Vous venez lâchement insulter au malheur :
Que dis-je ! Vous venez jouir de votre ouvrage.
Oui, vos perfides soins ont excité l'orage,
D'une ame trop sensible allumé le courroux ;
Et de mes maux enfin, je n'accuse que vous.

(*Paméla mariée*, Acte IV, Sc. III.)

del mio sposo, e macchinaste la mia rovina. Con tutto ciò, non crediate, ch'io vi odj, come voi mi odiate. Mi preme salvar l'onore, spero di farlo; ma se potessi contro di voi vendicarmi, credetemi, non lo farei. Lo sapete; se vi sono stata amica una volta, e malgrado all' ingratitudine, lo sarei ancora nell' avvenire.

MILEDI.

Vi ascolto per ammirare fin dove giunge l'ardire di una rea convinta.

PAMELA.

Chi rea mi crede, mentisce.

MILEDI.

A me una mentita?

PAMELA.

Perdonatemi, non intendo di darla a voi, ma a chi ingiustamente mi accusa.

SCENA X.

I Suddette, ISACCO.

ISACCO.

(*a Pamela.*)   (*a Miledi.*)
Miledi....... Miledi......

MILEDI.

Che cosa c'è?

ISACCO.

Il padrone, milord Artur, e il cavaliere Ernold si battono colla pistola.

cela, que je vous haïsse, comme vous me haïssez. Un seul soin m'occupe toute entière, celui de sauver mon honneur ; j'ose me flatter d'y parvenir. Mais, fût-il en mon pouvoir de me venger de vous, croyez-moi, je suis incapable de le faire. Vous le savez, j'ai été votre amie, malgré tant d'ingratitude de votre part ; je le serai encore à l'avenir.

MYLADI.

Je vous écoute, pour voir jusqu'à quel point se peut oublier une accusée déjà convaincue.

PAMÉLA.

C'est mentir effrontément, que de me croire coupable.

MYLADI.

Qui, moi mentir effrontément ?

PAMÉLA.

Pardon, Madame : je ne parle point pour vous, mais pour quiconque m'accuse injustement.

SCÈNE X.

LES MÊMES; ISAC.

ISAC.

MADAME....... (*A Paméla.*) Madame..... (*A Myladi.*)

MYLADI.

De quoi s'agit-il ?

ISAC.

Monsieur, mylord Artur, le chevalier Ernold se battent au pistolet.

PAMÉLA MARIÉE,

PAMELA.

Il mio sposo?

MILEDI.

Mio nipote?

SCENA XI.

Miledi DAURE, Miledi PAMELA, poi Monsieur LONGMAN.

PAMELA.

Oh Numi! soccorrete il mio sposo.

MILEDI.

Vo' cercar d' impedire, se fia possibile...

LONGMAN (*nell' intrare.*)

Dove andate, Signore?

PAMELA.

Milord e in pericolo.

LONGMAN.

Trattenetevi, che l' affare è finito.

PAMELA.

Il mio sposo.

LONGMAN.

E' Salvo.

MILEDI.

Mio nipote?

LONGMAN.

E' sanissimo.

PAMELA.

Milord Artur?

COMÉDIE.

PAMÉLA.

Mon époux !

MYLADI.

Mon neveu !

SCÈNE XI.

LES MÊMES ; Monsieur LONGMAN.

PAMÉLA.

O ciel ! protége mon époux.

MYLADI.

Je veux empêcher, s'il est possible.....

LONGMAN (*en entrant.*)

Où courez-vous, Mesdames ?

PAMÉLA.

Mon époux est en danger.

LONGMAN.

Arrêtez ; c'est une affaire finie à présent.

PAMÉLA.

Mon époux ?....

LONGMAN.

Se porte à merveille.

MYLADI.

Mon neveu ?....

LONGMAN.

Se porte très-bien aussi.

PAMÉLA.

Mylord Artur ?....

PAMÉLA MARIÉE,

LONGMAN.
L'ha passata bene.
MILEDI.
Come andò la faccenda?
LONGMAN.
Uditela; che è da commedia.

Altercavano fra di loro il padrone, e milord Artur; entrò il cavaliere per terzo, e si è riscaldata la rissa. I due primi avrebbero voluto venire all'armi; ma temevano i rigorosi divieti di questo regno. L'imprudentissimo cavaliere, che ne' suoi viaggi ha imparato le costumanze peggiori, promosse in terzo la sfida della pistola. Toccò a lui il battersi primo con milord Artur. Si posero in certa distanza. Il cavaliere tirò, e la pistola non prese foco. Milord Artur corse avanti, egli presentò la pistola al petto. Il cavaliere se la vide brutta. Pretendeva di poter prendere un'altra pistola. Milord Artur sosteneva esser padrone della di lui vita; e milord Bonfil, cavaliere onorato quantunque nemico di milord Artur, diede ragione

---

(1) L'auteur français met ce récit dans la bouche de madame Jeffre, et y change quelques circonstances.

    Mon maître et lord Artur, respirant la vengeance,
    S'éloignaient de ces lieux dans un morne silence,
    Quand sir Ernold les joint, et, d'un ton courroucé,
    Réclame hautement le droit de l'offensé,
    Reproche à lord Artur son attente trompée;
    Lui propose à l'instant le pistolet, l'épée,
    Ou telle arme, en un mot, qu'il lui plaira choisir.
      Mylord, sans balancer, se rend à son désir:
    La distance est marquée, on s'éloigne; Ernold tire:
    Mais son bras tremble, hésite, et sa bravoure expire,
    Et le coup, au hasard, s'égare dans les airs.
    Lord Artur fond sur lui, plus prompt que les éclairs:
    Je suis, vous le voyez, maître de votre vie,
    Dit-il; mais je pardonne à votre étourderie:
    Mon honneur est vengé, c'est tout ce qu'il fallait.
    Il dit, et lâche en l'air son coup de pistolet.
    Cependant sir Ernold, qui sans doute en voyage,
    A fait preuve de tout, excepté de courage,
    Humilié, confus, et d'effroi tout tremblant,
    Ne sait pas bien encor s'il est mort ou vivant.

LONGMAN.

COMÉDIE.

LONGMAN.

S'en est tiré à ravir.

MYLADI.

Comment cela s'est-il donc passé ?

LONGMAN (1).

Ecoutez : c'est une vraie comédie.

Monsieur et mylord Artur avaient ensemble une petite altercation : le chevalier Ernold se présente en troisième, et la querelle s'échauffe de nouveau. Les deux premiers en seraient volontiers venus aux mains ; mais ils craignaient de braver les défenses rigoureuses qui existent dans ce royaume. L'imprudent chevalier qui n'a recueilli, dans ses voyages, que les coutumes les plus mauvaises, les défie au pistolet. Le sort le désigne pour se battre le premier avec mylord Artur ; ils se placent à la distance convenue : Ernold tire ; mais son arme le trahit. Mylord Artur court sur lui, et lui met le pistolet sur la poitrine. Un tant soit peu déconcerté, le chevalier prétendait avoir le droit de prendre un autre pistolet : mylord Artur soutenait, de son côté, qu'il était maître de sa vie ; et mylord Bonfil, quoiqu'en différend avec Artur, lui donna gain

---

C'est à moi maintenant que vous avez affaire,
Dit votre époux alors ; et déjà la colère
Fait briller dans ses mains un homicide acier ;
Et tout plein d'un courroux qu'il veut justifier,
Il n'écoute, il ne suit rien qu'une aveugle rage :
Tandis que, maîtrisant son tranquille courage,
Et d'un coup-d'œil plus sûr dirigeant tous ses coups,
Mylord, du premier choc, désarme votre époux.
Son épée, en éclats, vole au loin sur l'arêne.
Soudain mylord Artur lui présente la sienne,
Et d'un ton noble et fier qui n'appartient qu'à lui ;
Percez, si vous l'osez, le sein de votre ami,
Dit-il. A ce discours, bien fait pour le confondre,
Bonfil anéanti cherche en vain à répondre.
Sans ajouter un mot, Mylord s'est retiré ;
Et votre époux, après avoir pesté, juré,
Maudit vingt fois le jour, rentre dans l'instant même.

(*Paméla mariée*, Acte IV, Sc. V.)

a lui; diede il torto al cavaliere, e questi con tutto lo spirito di viaggiatore principiava a tremare dalla paura. Milord Artur fece allora un' azione eroica; disse al cavaliere. Io son padrone della vostra vita, ve la dono, e sparò la pistola in aria. Il cavaliere non sapeva di essere vivo, o morto. Stette un pezzo sospeso, e poi disse a milord Artur. Milord, io, che ho viaggiato, non ho trovato un galant' uomo maggior di voi. Il padrone si disponeva colla pistola a battersi con milord Artur. Il cavaliere glie la tolse di mano, e la scaricò contro un arbore, fece un salto per l'allegrezza, e tirò fuori il suo taccuino per registrar questo fatto. Milord Artur se n'è andato senza dir niente. Il padrone partì bestemmiando, e il Cavaliere restò in Giardino, cantando delle canzonette francesi.

PAMELA.

Sia ringraziato il Cielo. Niuno è pericolato.

MILEDI.

Dove andò mio fratello?

LONGMAN.

Nell' appartamento terreno.

MILEDI.

Andrò a ritrovarlo. (*In atto di partire.*)

PAMELA.

Non andrete senza di me. (*Volendola seguitare.*)

MILEDI.

Fermatevi; a voi non è lecito di vederlo.

PAMELA.

Non potrò vedere il mio sposo?

MILEDI.

Nò; vi ha ripiudiata nel cuore, e vi ripudierà legalmente. (*Parte.*)

de cause, et condamna le chevalier, que tout son esprit de voyageur n'empêchait pas de trembler déjà de tous ses membres. Mylord Artur fit alors un trait vraiment héroïque : Je suis maître de votre vie, dit-il à Ernold ; je vous la donne, et il tire en même temps son pistolet en l'air. Le chevalier ne savait pas au juste s'il était mort ou vivant. Il reste un moment sans parler ; et s'adressant ensuite à mylord Artur : ma foi, dit il, moi qui ai voyagé, je n'ai vu nulle part encore un plus galant homme que vous. Monsieur se disposoit déjà à se battre avec mylord Artur ; mais le chevalier Ernold lui arrache le pistolet de la main, le tire contre un arbre, fait un saut d'alégresse, et tire ses tablettes de sa poche pour y consigner ce fait mémorable.

Mylord Artur s'est retiré en silence, mylord Bonfil, en pestant bien fort ; et le chevalier est resté au jardin, où il fredonne des airs français.

PAMÉLA.
Grâce au ciel, personne n'a couru de danger.
MYLADI.
Où est allé mon frère ?
LONGMAN.
Dans son appartement du rez-de-chaussée.
MYLADI.
Je vais le retrouver. (*En attitude de partir.*)
PAMÉLA.
Vous n'irez pas sans moi. (*Elle veut la suivre.*)
MYLADI.
Arrêtez ; il ne vous est plus permis de le voir.
PAMÉLA.
Je ne verrai plus mon époux ?
MYLADI.
Non ; son cœur vous a déjà répudiée, et la loi va bientôt confirmer cet arrêt. (*Elle sort.*)

SCENA XII.

Miledi PAMELA, Monsieur LONGMAN.

PAMELA.

Non impedirà, ch'io gli parli. (*In atto di partire.*)

LONGMAN.

Ah, Signora, fermatevi. Il padrone è troppo adirato contro di voi. Ora ha più che mai il sangue caldo. Non vi esponete a un insulto.

PAMELA.

Monsieur Longman, che cosa mi consigliate di fare?

LONGMAN.

Non saprei. Sono afflitto al pari di voi.

PAMELA.

Credete voi, ch'io sia rea della colpa, che mi viene apposta?

LONGMAN.

Oibò; vi credo innocentissima.

PAMELA.

E ho da soffrire di essere calunniata?

LONGMAN.

Abbiate pazienza. Il tempo farà scoprire la verità. Il padrone è geloso. Non vi ricordate, che fu geloso di me? Non vi ricordate, che paura mi ha fatto?

PAMELA.

Parla di ripudiarmi! la minaccia è terribile.

SCÈNE XII.

Myladi PAMÉLA, Monsieur LONGMAN.

PAMÉLA.

Rien ne m'empêchera de lui parler. (*Elle va pour sortir.*)

LONGMAN.

Ah ! de grâce, arrêtez, Madame. Monsieur est trop en colère contre vous. Il est plus irrité que jamais : ne vous exposez point à un nouvel outrage.

PAMÉLA.

Monsieur Longman, que me conseillez-vous de faire ?

LONGMAN.

Hélas ! je ne sais...... Je suis aussi affligé que vous.

PAMÉLA.

Me croyez-vous coupable de ce dont on m'accuse ?

LONGMAN.

Ah ! je vous crois très-innocente.

PAMÉLA.

Et il faut me voir en butte à la calomnie !

LONGMAN.

Prenez patience : le temps fera connaître la vérité. Monsieur est jaloux..... Ne vous rappelez-vous pas qu'il fut jaloux de moi ? Avez-vous oublié la peur qu'il m'a faite ?

PAMÉLA.

Il parle de me répudier ! La menace est terrible !

LONGMAN.

Non lo farà; ma quando mai lo facesse.... Pamela, ancora vi amo. Oh povero me! non mi ricordava che siete nata Contessa. Compatitemi per carità, vi ho voluto bene, e ve ne vorrò sempre. Oh! se mi sentisse il Padrone! Vado via. Dove posso, fate capitale di me. (*Parte.*)

SCENA XIII.

Miledi PAMELA, e poi il Conte d'AUSPINGH.

PAMELA (*sola.*)

Tutti mi amano, ed il mio caro sposo mi odia. Numi! per qual mia colpa mi punite a tal segno? Ho io forse con troppa vanità di me stessa ricevuta la grazia, che mi ha offerta la provvidenza? Non mi pare. Sono io stata ingrata ai benefizj del Cielo? Ho mal corrisposto alla mia fortuna? Eh che vado io rintracciando i motivi delle mie sventure? Questi sono palesi soltanto a chi regola il destin de' Mortali; a noi non lice penetrare i superni arcani. Sì, son sicurissima, che il Nume eterno affliggendomi in cotal modo, o mi punisce per le mie colpe, o mi offre una fortunata occasione, per meritare una recompensa maggiore.

IL CONTE.

Figlia!... oimè sostenetemi, il dolore mi opprime.

---

(1) AUSPINGH.
Ma chère Paméla,
Que vient-on de m'apprendre! Ah! j'en frémis encore.
Fuyons; éloignons-nous d'un séjour que j'abhorre,
Depuis que ta vertu que l'on ose insulter,
S'y voit......

PAMÉLA.
C'est pour cela que je veux y rester.

LONGMAN.

Il n'en fera rien : mais, en supposant qu'il le fît.... Paméla ! je vous aime encore... Malheureux ! J'oubliais que vous étiez comtesse. Pardonnez ; mais je vous ai voulu, et je vous voudrai toujours du bien.... Mon Dieu ! si Mylord me trouvait ici ! Je m'en vais... Dans le peu que je puis, comptez toujours sur moi. (*Il sort.*)

SCÈNE XIII.

Myladi PAMÉLA, ensuite le Comte d'AUSPINGH.

PAMÉLA (*seule.*)

Hélas ! ils m'aiment tous ; mon époux seul me hait ! Pour quelle faute, grand Dieu, me punissez-vous donc si sévèrement ? Peut-être ai-je reçu avec trop d'orgueil la faveur que m'a offerte la Providence..... Je ne le crois cependant pas. Ai-je été ingrate envers le Ciel pour tant de bienfaits ? ai-je mal répondu à ma fortune ?... Où vais-je chercher, hélas ! les causes de mon malheur ! Celui qui préside au destin du monde les connaît seul, et il ne nous est pas permis de pénétrer dans les secrets d'en haut. Oui, j'en suis bien sure ; l'Éternel en m'affligeant de la sorte, ou me punit de mes fautes, ou m'offre une occasion heureuse de mériter une récompense plus grande.

LE COMTE (1).

O ma fille ! soutiens moi.... La douleur m'accable...

C'est ici que je dois vaincre la calomnie ;
Et je n'en puis sortir, que vengée, ou punie.
    AUSPINGH.
Quel affront !
    PAMÉLA.
  Le malheur s'attache sur mes pas :
Mais on me persécute ; on ne m'avilit pas.

non ho forza per reggermi, non ho fiato per isfogar la mia pena.

PAMELA.

Deh caro Padre, non vi affliggete. Sono innocente, e l'innocenza non è abbandonata dal Cielo.

La haine des méchans n'a rien que je redoute :
Mon cœur est innocent.

AUSPINGH.

Eh ! crois-tu que j'en doute !
Je te connais trop bien, pour que j'ajoute foi
Aux bruits calomnieux parvenus jusqu'à moi.
Mais, avant que l'on fasse éclater l'innocence,
Le public abusé, juge sur l'apparence,
Condamne sans motif, et proscrit sans retour.
Blanchi dans les revers jusqu'à ce triste jour,
J'ai pu voir, sans pâlir, la haine et la vengeance
Unir tous leurs efforts contre mon existence :
Pour dérober ma tête à leur lâche fureur,
J'ai pu, jusqu'à la fuite, humilier mon cœur ;
Dans l'horreur des déserts ensevelir ma vie,
Supporter tout enfin, excepté l'infamie.

PAMÉLA.

Eh ! qui pourrait survivre à l'honneur ! Non, jamais.

AUSPINGH.

La honte, je le sais, n'est que dans les forfaits,
Et non pas dans ce bruit frivole ou téméraire,
Qui fait l'opinion d'un stupide vulgaire.
Mais, une fois flétri par ce juge insensé,
L'on n'examine plus ; l'arrêt est prononcé.....
Il faut le prévenir, et que la calomnie
Tombe aux pieds des vertus, écrasée et punie.

PAMÉLA.

Aux volontés du Ciel il faut se résigner.

AUSPINGH.

Le Ciel même nous dit de ne point épargner
Les méchans ; et voilà sa volonté suprême.

PAMÉLA.

Que résoudre ! que faire en ce désordre extrême !

AUSPINGH.

Tenter tous les moyens que nous laissent les lois,
Pour soutenir l'honneur, et pour venger ses droits.

PAMÉLA.

Et qui peut désormais embrasser ma défense !
Mon époux m'interdit jusques à sa présence ;

Je n'ai pas la force de me conduire.... La voix me manque, pour exhaler ma peine !
PAMÉLA.
Père chéri ! ne vous affligez point ; je suis innocente, et le Ciel n'abandonne pas l'innocence.

Mylord Artur gémit sous le poids du soupçon,
Et le trouble et l'effroi règnent dans ma maison !
Quel ami reste encor à ma douleur mortelle !
Qui parlera pour moi ? Qui sont ceux dont le zèle....?
AUSPINGH.
Qui ! moi, ma fille, moi. Je cours me présenter
Au prince ; à ses genoux j'oserai me jeter :
Mes prières, mes pleurs, le désespoir d'un père....
PAMÉLA.
Et vous ajouteriez ce comble à ma misère !
Vous, dont les jours proscrits.... n'ai-je donc point assez
Des affronts, des périls, sur ma tête amassés !
Par ces genoux sacrés que ma douleur embrasse,
Ne vous exposez point...! Peut-être votre grâce.....
AUSPINGH.
Eh ! qu'importe, dis-moi, cette vaine faveur,
S'il la faut acheter aux dépens de l'honneur,
Si ma fille succombe ou respire avilie !
Vois ces cheveux : je touche aux bornes de ma vie :
Mais je prétends mourir, ainsi que j'ai vécu,
Sans souffrir, sans laisser de tache à ma vertu.
J'abandonne aux bourreaux une vie expirante :
Mais je sauve l'honneur d'une fille innocente ;
Et mon sang lavera l'insupportable affront,
Dont un soupçon honteux a fait rougir son front.
On ne confondra point l'innocence et le crime :
Et la loi satisfaite, en prenant sa victime....
PAMÉLA.
Ah ! que proposez-vous à mes sens révoltés !
AUSPINGH.
Ce qu'ordonne l'excès de nos calamités.
PAMÉLA.
Qui moi, je souffrirais qu'une tête si chère....!
AUSPINGH.
Ami, je le demande ; et je l'exige en père.
Si vous m'aimez encor, si vous êtes mon sang,
Et si vous partagez ce que mon cœur ressent,
Laissez un libre cours au transport qui m'anime.
Je vais à l'injustice arracher sa victime ;
Démasquer les méchans qui vous osent flétrir ;
Défendre la vertu, la venger, ou périr.

IL CONTE.

Sì, è vero; ma l'umanità si risente. Sono avvezzo a soffrire i disagi di questa vita, non le macchie dell'onor mio.

PAMELA.

Si smentirà la calunnia; sarà conosciuta la verità.

IL CONTE.

Ma intanto chi può soffrire questa maschera vergognosa?

PAMELA.

Soffrir conviene le disposizioni del Cielo.

IL CONTE.

Il Cielo ci vuol gelosi dell'onor nostro. Merita gl'insulti, chi li sopporta.

PAMELA.

Che possiam fare nello stato nostro?

IL CONTE.

Tentar ogni strada, per redimere la riputazione depressa; svelar gl'inganni, e domandare giustizia.

PAMELA.

Oimè! qual mezzo abbiamo per appoggiar le nostre querele? Il mio sposo è il nostro avversario. Milord Artur è in sospetto. Chi può parlare per noi, chi può trattare la nostra causa, chi può farci fare giustizia?

IL CONTE.

Io, figlia, io stesso, andrò a gettarmi ai piedi del Re; e colle mie lacrime, e colle mie preci...

PAMELA.

Voi ardireste di presentarvi al Monarca? Voi, che tuttavia siete oppresso dalla divisa di reo, vi arrischiereste di precipitare la grazia, di cui vi potete ancor lusingare?

COMÉDIE.
LE COMTE.
Non sans doute ; mais l'humanité souffre. J'ai appris à supporter toutes les disgraces de la vie, non les taches de l'honneur.
PAMÉLA.
On confondra la calomnie : la vérité sera connue.
LE COMTE.
Eh ! qui peut vivre cependant sous le poids honteux du soupçon ?
PAMÉLA.
Il faut se résigner aux volontés du Ciel.
LE COMTE.
Le Ciel veut que nous nous montrions jaloux de notre honneur, et c'est mériter l'affront que de le supporter.
PAMÉLA.
Que faire, hélas ! dans notre position ?
LE COMTE.
Tenter tous les moyens possibles, pour rétablir ta réputation compromise, pour dévoiler l'erreur et demander justice.
PAMÉLA.
Hélas ! et qui appuiera nos plaintes ? Mon époux est notre adversaire : mylord Artur est injustement soupçonné.... Qui peut parler pour nous, plaider notre cause, et nous faire obtenir justice ?
LE COMTE.
Moi, ma fille, moi ! J'irai me jeter aux pieds du Roi ; et mes larmes, mes prières.....
PAMÉLA.
Vous pourriez vous présenter au Monarque, vous qui êtes encore flétri du titre de coupable ! vous pourriez vous exposer à perdre pour jamais la grâce dont vous pouvez encore vous flatter ?

Il Conte.

Che giovami una tal grazia, se sia disonorato il mio sangue? Pochi giorni di vita mi rimangono ancora, e poco goder io posso del Reale rescritto. Sì, vo' morire, ma vo' morire onorato. Presenterò al Regal trono un Reo cadente; ma sosterrò la causa della mia figlia. Il Re non può confondere l'innocenza vostra colle mie colpe. A costo della mia morte, farò palesi gl'insulti, che a voi si fanno; e sarà un testimonio di verità manifesta mirar un tenero padre, che si sagrifica volontario per la propria figlia innocente.

Pamela.

Ah tolga il Cielo un sì tristo pensier dalla vostra mente.

Il Conte.

Figlia, se voi mi amate, non m'impedite un passo indispensabile al nostro decoro. Ve lo comando coll' autorità, che ho sopra di voi. Lasciatemi andare, e raccomandatemi ai Numi. Se più non ci vediamo qui in terra, ci rivedremo un giorno nel Cielo. La vostra povera madre sarà in viaggio per Londra. Abbracciatela in nome mio. Consolatela, se potete. Cara figlia; il Cielo vi benedica. (*Parte.*)

Pamela.

Ahi! mi sento morire.

Fine dell' Atto secondo.

LE COMTE.

Eh! que m'importe une telle grâce, si mon sang est déshonoré? J'ai peu de jours à vivre encore, peu de temps à jouir de la faveur d'un pardon. Oui, je veux mourir, mais mourir avec mon honneur. J'offrirai au trône offensé un coupable presqu'expirant : mais je soutiendrai la cause de ma fille. Le Roi ne confondra point votre innocence avec mon délit; et je ferai connaître, au prix de mon sang, l'outrage que l'on vous fait. Eh! quelle preuve plus complète de la vérité, que de voir un tendre père faire le sacrifice volontaire de ses jours à l'innocence de sa fille !

PAMÉLA.

Ah! puisse le Ciel vous détourner de ce funeste projet.

LE COMTE.

Si vous m'aimez, ma fille, ne vous opposez point à une démarche que notre honneur exige impérieusement. Je vous le commande, avec toute l'autorité que j'ai sur vous. Ne me retenez plus, et recommandez-moi au Ciel. Si nous ne nous revoyons plus sur la terre, nous nous retrouverons un jour dans le Ciel. Votre pauvre mère sera peut-être en route pour Londres.... Embrassez-la pour moi; consolez-la, si vous pouvez!... Ma chère fille!... Puisse le Ciel vous bénir à jamais. (*Il sort.*)

PAMÉLA.

Ah! je n'y survivrai pas.

Fin du deuxième acte.

ATTO III.

SCENA PRIMA.

Milord BONFIL, poi ISACCO.

BONFIL (*solo.*)

Non ho provato mai un' angustia d'animo, quale ora provo. Meglio per me sarebbe stato, che milord Artur mi avesse prevenuto nel colpo, e mi avesse tolta la vita. Mi sovviene de' teneri miei affetti con quest' ingrata, ricordomi gli amorosi trasporti, gli affanni, le dubbietà, i combattimenti dell' animo; ma niente di ciò può paragonarsi alle smanie, che

---

(1) Avec quelle douceur et quel enchantement
 Je me rappelle encor ce fortuné moment,
 Où sa bouche timide et pleine de sa flamme,
 M'apprenait, en tremblant, les secrets de son ame!
 De ses premiers discours la modeste candeur,
 Et son front, coloré d'une aimable pudeur,
 Se retracent encore à mon ame attendrie....!
(*) Et tout cela finit par une perfidie!
 Et je n'ai plus, du moins, la funeste douceur
 De pouvoir, un instant, douter de mon malheur!
 Oui; tout est avéré : cette lettre coupable,
 De leur lâche complot monument exécrable;
 Leurs entretiens secrets, leur dépit, leur courroux,
 Quand le hasard m'offrit à leurs regards jaloux,
 Tout prouve leur forfait, tout prouve mon offense,
 Tout sur sa tête enfin appelle ma vengeance.....

(*) Tout cela finirait par une perfidie!
(*Racine, dans Bajazet.*)

COMÉDIE.

ACTE III.

SCÈNE PREMIÈRE.

Mylord BONFIL, ensuite ISAC.

BONFIL (seul.)

Non, je n'ai jamais éprouvé les tourmens qui me déchirent aujourd'hui. Ah! qu'il eût mieux valu cent fois qu'Artur me prévînt, et m'arrachât la vie...! (1) Je me rappelle mes premières liaisons avec l'ingrate; je me retrace les transports amoureux, les ennuis inquiets, les combats de mon cœur : mais rien de tout cela ne se peut comparer aux fureurs qui m'agitent à présent. Il s'agissait alors de consoler mon cœur:

 Ingrate Paméla! tu l'as voulu! c'est toi
Qui romps tous nos sermens, qui dégages ta foi;
C'est toi qui, repoussant mon cœur et ma tendresse,
(*) Qui, fausse avec douceur, perfide avec bassesse,
As du plus saint des nœuds souillé la pureté,
Et provoqué l'arrêt que ma haine a porté....
La haine! mot affreux! quelle horreur il fait naître!
L'ai-je pu prononcer! devais-je le connaître!
Moi, qui, né pour aimer, avait cru rencontrer
Un cœur tel que le mien le devait espérer!
 Mais, c'est trop m'occuper d'une épouse infidelle.
Puisque ce jour enfin va me séparer d'elle,
Je la veux oublier; je veux que ses attraits
De ce cœur indigné s'effacent pour jamais, etc.

   (*Paméla mariée, Acte V, Sc. II.*)

(*) Tranquille dans le crime, et fausse avec douceur.
    (*Voltaire; Zaïre.*)

mi agitano presentemente. Trattavasi allora di consolar il mio cuore; ora trattasi di lacerarlo per sempre. Quell'onore, che argomentava contro la mia passione, mi porge ora la spada in mano per cancellarne gli oltraggi. Ma che? Potrò esser severo con colei, che ho amato teneramente? con colei, che a mio dispetto ancor amo? Ah sì, in grazia di questi teneri affetti, scemisi a me il cordoglio, ed a lei la vergogna. Le si risparmi la solennità del ripudio. Sappia il di lei padre le mie intenzioni. Non lascierò di procurare a questo buon vecchio la sua libertà, e s'ella si accomoda a non discostarsi dal suo genitore, sarò pronto anch'io a sagrificare la pace, l'amore, e la successione della famiglia a quell' astro, che mia seco lei sì barbaramente legato. (*Chiama.*) Ehi!

ISACCO.

Signore.

BONFIL.

Il conte d'Auspingh.

ISACCO.

Sì, Signore. (*Parte.*)

SCENA II.

Milord BONFIL, poi Miledi DAURE.

BONFIL.

PREVEGGO qual doloroso colpo sarà al cuore di questo padre onorato l'infelice destino della figliuola. Per questo appunto vuole l'umanità, ch'io cerchi di minorargli la pena. Quel, che potrebbe nuocergli più di tutto, sarebbe la pubblicità. A questa procurerò rimediare.

il faut aujourd'hui le déchirer à jamais ! Cet inflexible honneur qui raisonnait si bien contre ma passion, me met aujourd'hui l'épée à la main, pour venger l'affront que j'en ai reçu. Mais quoi ! me pourrai-je déterminer à un parti sévère contre celle que j'ai tant aimée, que j'aime encore malgré moi ! Eh bien ! que ces douces affections désarment mon ressentiment, et diminuent la honte dont je la voulais couvrir. Oui : épargnons-lui l'éclat d'un divorce, et que son père connaisse mes intentions. Je n'en ferai pas moins tous mes efforts, pour rendre à ce bon vieillard sa liberté ; et si Paméla se détermine à ne point s'éloigner de son père, je suis prêt à sacrifier encore la paix, l'amour, l'espoir d'une famille, à l'astre fatal qui a si cruellement uni mon sort au sien. (*Il appelle.*) Hola !

ISAC.

Monsieur.

BONFIL.

Le comte d'Auspingh.

ISAC.

Oui, Monsieur. (*Il sort.*)

SCÈNE II.

Mylord BONFIL, ensuite Myladi DAURE.

BONFIL.

JE prévois trop quel coup douloureux je vais porter au cœur de ce respectable père, en lui apprenant le destin malheureux de sa fille. Voilà pourquoi l'humanité exige que je cherche à lui en diminuer l'horreur : ce qui l'affligerait le plus, sans doute, ce serait la publicité.... Je m'occuperai des moyens d'obvier à cet inconvénient.

MILEDI.

Milord, mi consolo di cuore vedervi uscito felicemente di quel pericolo, in cui vi trovaste.

BONFIL.

Di qual pericolo favellate?

MILEDI.

Parlo di quello della pistola.

BONFIL.

Io non capisco quello, che vi diciate.

MILEDI.

Non occorre negarlo. So tutto.

BONFIL.

Voi non dovete saperlo.

MILEDI.

Ma se lo so?

BONFIL.

Se lo sapete, dovete persuadervi di non saperlo.

MILEDI.

Sarà difficile.

BONFIL.

Dov'è il Cavaliere vostro Nipote?

MILEDI.

Credo sia ancora in giardino. Non l'ho più veduto dopo il fatto della pistola.

BONFIL.

Di che pistola?

MILEDI.

Ah non l'ho da sapere!

BONFIL.

Dovete persuadervi di non saperlo.

COMÉDIE.

MYLADI.

Je suis vraiment enchantée, Mylord, de vous voir aussi heureusement sorti du danger où vous vous êtes trouvé.

BONFIL.

De quel danger parlez-vous?

MYLADI.

Mais je parle de ce combat au pistolet....

BONFIL.

Je ne sais ce que vous voulez dire.

MYLADI.

A quoi bon le nier? Je sais tout.

BONFIL.

Vous ne devez pas le savoir.

MYLADI.

Mais si je le sais cependant?

BONFIL.

Dans ce cas là même, vous devez vous persuader de ne rien savoir.

MYLADI.

Cela sera difficile.

BONFIL.

Où est le chevalier votre neveu?

MYLADI.

Je le crois encore dans le jardin : mais je ne l'ai pas vu depuis l'histoire du pistolet.

BONFIL.

Comment? quelle histoire de pistolet?

MYLADI.

Ah! pardon, j'oubliais que je ne dois rien savoir.

BONFIL.

Vous devez vous persuader de ne rien savoir.

MILEDI.
Ma perchè mai?
BONFIL.
Parliamo d' altro....
MILEDI.
Sì, parliamo d' altro. Qual risoluzione prenderete voi con questa Femmina, indegna di essere vostra sposa?
BONFIL.
Parlate di lei con un poco meno di libertà.
MILEDI.
Come? ad onta delle sue mancanze seguitate voi a difenderla?
BONFIL.
A me non lice difenderla, e a voi non conviene di maltrattarla.
MILEDI.
Il sangue m'interessa per l' onore di un mio fratello.
BONFIL.
Fareste bene, se il vostro sangue non fosse contaminato dall' odio.
MILEDI.
Non è forse vera l' intelligenza di Pamela con milord Artur?
BONFIL.
Potrebbe darsi, che non fosse vera.
MILEDI.
Perchè dunque sfidarlo colla pistola?
BONFIL.
Cosa parlate voi di pistola?
MILEDI (*da se.*)
Se non fosse mio fratello lo strapazzerei come un cane.

MYLADI.

Mais la raison enfin ?

BONFIL.

Changeons, s'il vous plaît, de conversation.

MYLADI.

Oui : parlons d'autre chose. A quoi vous déciderez-vous relativement à cette femme, indigne désormais du titre de votre épouse ?

BONFIL.

Parlez d'elle un peu moins librement.

MYLADI.

Qu'entends-je ! malgré tous ses torts à votre égard, vous persistez à la défendre ?

BONFIL.

Il ne m'est pas permis de la défendre, mais il ne vous convient pas de la maltraiter.

MYLADI.

Le sang m'intéresse à l'honneur d'un frère.

BONFIL.

Ce motif serait très-louable, si la haine n'y entrait pour rien.

MYLADI.

Il n'y a peut-être rien de vrai dans les intelligences de Paméla avec mylord Artur ?

BONFIL.

Il serait possible qu'elles fussent supposées.

MYLADI.

Pourquoi donc alors le provoquer au pistolet ?

BONFIL.

Que parlez-vous de pistolet ?

MYLADI (*à part.*)

Oui, s'il n'était pas mon frère, je l'étranglerais, je crois, sans pitié.

SCENA III.

DETTI, ISACCO.

ISACCO.

Signore, il Conte non si ritrova.
BONFIL.
Sciocco! ci deve essere.
ISACCO.
Eppure non c'è.
BONFIL.
Come! Il padre di Pamela non c'è?
ISACCO.
Sulla mia parola non c'è.
BONFIL.
Cercalo, e ci sarà.
ISACCO.
Sì, Signore. (*In atto di partire.*)
MILEDI.
Dimmi, hai veduto il cavaliere mio Nipote?
ISACCO.
Sì, Signora. E' in sala con un ministro di corte.
MILEDI.
Che vuole da lui questo ministro di corte?
BONFIL (*a Miledi.*)
Lasciate, ch' ei vada a ricercare del Conte.
ISACCO.
Vado. (*Da se.*) Ma non ci sarà. (*Parte.*)

SCÈNE III.

Les Mêmes, ISAC.

ISAC.

Monsieur, le Comte ne se trouve pas.
BONFIL.
Imbécille ! il doit y être.
ISAC.
Il n'y est cependant point.
BONFIL.
Comment ! le père de Paméla n'est point ici !
ISAC.
Non, sur ma parole, il n'y est point.
BONFIL.
Cherche-le, et il y sera.
ISAC.
Oui, Monsieur. (*Il va pour sortir.*)
MYLADI.
Dis-moi ; as-tu vu le chevalier mon neveu ?
ISAC.
Oui, Madame. Il est dans le salon, avec un Ministre de la cour.
MYLADI.
Et que lui veut ce ministre ?
BONFIL (*à Myladi.*)
Eh ! laissez-le, de grâce, aller chercher le Comte.
ISAC.
J'y vais. (*A part.*) Mais il n'y est pas, j'en suis bien sûr. (*Il sort.*)

SCENA IV.

Miledi DAURE, e Milord BONFIL.

MILEDI.

Sentiste? Un ministro di corte parla col Cavaliere.

BONFIL.

Che volete inferire per questo?

MILEDI

E che sì, che indovino perchè è venuto questo ministro?

BONFIL.

E perchè credete voi sia venuto?

MILEDI.

Per il fatto della pistola.

BONFIL (*alterato.*)

Voi mi volete far dire delle bestialità.

MILEDI.

Abbiate pazienza. Io non lo posso dissimulare.

SCENA V.

DETTI, ISACCO.

ISACCO.

Signore, il Conte non c'è

BONFIL.

Lo sai di certo?

SCÈNE IV.

Myladi DAURE, Mylord BONFIL.

MYLADI.

Avez-vous entendu ? un Ministre de la cour qui parle avec le Chevalier ?

BONFIL.

Eh bien ! qu'en voulez-vous conclure ?

MYLADI.

Je gagerais bien que je devine le motif qui l'amène.

BONFIL.

Et vous croyez donc qu'il est venu....?

MYLADI.

Pour cette maudite affaire du pistolet.

BONFIL (*hors de lui.*)

Vous voulez me faire dire des choses....

MYLADI.

Calmez-vous, calmez-vous : mais je ne puis le dissimuler.

SCÈNE V.

LES MÊMES, ISAC.

ISAC.

Monsieur, le Comte n'est point ici.

BONFIL.

Tu en es bien sûr ?

ISACCO.

Non c'è.

BONFIL.

Ne hai domandato a Pamela?

ISACCO.

Ne ho domandato.

BONFIL.

Che cosa ha detto?

ISACCO.

Si è messa a piangere, e non ha risposto.

BONFIL.

Ah sì, Pamela più di me non si fida : teme ch'io abbandoni suo padre. Lo tien nascosto. Sa il suo demerito, e mi fa il torto di credermi vendicativo. Andrò io medesimo a rintracciarlo. (*In atto di partire.*)

MILEDI.

Mirate il cavaliere, che viene a noi frettoloso; sentiamo, che novità lo conduce.

SCENA VI.

DETTI, il Cavaliere ERNOLD.

ERNOLD.

MILORD, la sapete la novità.

BONFIL.

Di qual novità v'intendete?

ERNOLD.

Il Conte d'Auspingh, padre della vostra Pamela, trasportato, cred'io, dalla disperazione, è andato

ISAC.
Il n'y est pas.
BONFIL.
L'as-tu demandé à Paméla ?
ISAC.
Oui, Monsieur.
BONFIL.
Qu'a-t-elle répondu ?
ISAC.
Elle s'est mise à pleurer, et n'a rien dit.
BONFIL.
Oui : Paméla se méfie de moi maintenant ; elle tremble que je n'abandonne son père ; elle le cache. Elle connaît son crime, et me fait l'injure de me croire vindicatif. J'irai le chercher moi-même. (*Il va pour sortir.*)
MYLADI.
Voyez le Chevalier qui vient à nous en courant. Sachons un peu ce qu'il a de nouveau à nous dire.

SCÈNE VI.

LES MÊMES, le Chevalier ERNOLD.

ERNOLD.

Mylord, savez-vous la nouvelle ?

BONFIL.

De quelle nouvelle parlez-vous ?

ERNOLD.

Le comte d'Auspingh, le père de Paméla, égaré, sans doute, par l'excès du désespoir, est allé lui-même se

egli stesso a manifestarsi alla Corte, e a domandar giustizia per la figliuola col sagrifizio della propria persona.

BONFIL.

E l' ha potuto far senza dirmelo? Così mal corrisponde all' amoroso interesse, che per lui mi presi? Confida forse in milord Artur? Sprezza così la mia protezione? Ah sì la figlia ingrata ha sedotto anche il padre. Questo novello insulto mi determina al risentimento. Vadasi a precipitar quest'indegni. (*In atto di partire.*)

MILEDI.

Dove andate, Milord?

BONFIL.

Alla regia corte.

MILEDI.

Non vi consiglio di andarvi.

BONFIL.

Perchè?

MILEDI.

Perchè, se si sapesse il fatto della pistola...

BONFIL.

Andate al diavolo ancora voi. Tutti congiunti ad inasprirmi. Son fuor di me. M' abbandonerò alla più violenta risoluzione. (*Parte.*)

SCENA VII.

Miledi DAURE, e il Cavaliere ERNOLD.

MILEDI.

Lo sentite l' uomo bestiale?

ERNOLD.

Che cosa dite voi di pistola?

présenter à la cour, et demander justice pour sa fille, au péril de sa propre vie.

BONFIL.

Et il a pu le faire sans m'en parler ! Est-ce ainsi qu'il répond au tendre intérêt qui me parlait en sa faveur ? S'en repose-t-il sur mylord Artur ? Dédaigne-t-il à ce point ma protection ? Oui, l'ingrate a séduit jusques à son père !.... Ah ! ce nouvel outrage me détermine à la vengeance ; allons hâter la perte des ingrats. (*Il va pour sortir.*)

MYLADI.

Où allez-vous, Mylord ?

BONFIL.

A la cour.

MYLADI.

Je ne vous conseillerais pas de vous y montrer.

BONFIL.

Et la raison ?

MYLADI.

C'est que si l'on y sait, par hasard, l'histoire du pistolet,....

BONFIL.

Allez-vous-en au diable aussi vous. Se réunissent-ils tous pour m'exaspérer ? Je ne me connais plus : je m'abandonnerai au parti le plus violent. (*Il sort.*)

SCÈNE VII.

Milady DAURE, le Chevalier ERNOLD.

MYLADI.

L'ENTENDEZ-VOUS ? Quel homme !

ERNOLD.

Que parlez-vous de pistolet ?

MILEDI.

Credete, ch'io non lo sappia quel, ch'è seguito in Giardino?

ERNOLD.

Male. Mi dispiace infinitamente, che lo sappiate?

MILEDI.

Che male è, ch'io lo sappia?

ERNOLD.

Cara Miledi, siete prudente, ma siete donna.

MILEDI.

E che vorreste dire per ciò?

ERNOLD.

Che non potrete tacere.

MILEDI.

Questo è un torto, che voi mi fate. Son nata inglese.

ERNOLD.

Non pretendo pregiudicarvi. Conosco la debolezza del sesso. Poco più, poco meno, le donne sono le medesime da per tutto. Io che ho viaggiato, le ho trovate simili in ogni clima.

SCENA VIII.

DETTI, M.ma JEURE.

M.ma JEURE.

Signori, per carità, movetevi a compassione di questa povera mia Padrona. Ella è in uno stato veramente da far pietà. Il marito non la vuol vedere. Il padre è andato non si sa dove; non ha un

COMÉDIE.

MYLADI.

Vous croyez donc que j'ignore ce qui s'est passé dans le jardin?

ERNOLD.

Tant pis. Je suis très-fâché que vous le sachiez.

MYLADI.

Quel mal y a-t-il à ce que je le sache?

ERNOLD.

Ma chère tante, vous êtes la prudence même; mais vous êtes femme.

MYLADI.

Que voulez-vous dire par-là?

ERNOLD.

Que vous ne pourrez pas vous taire.

MYLADI.

Allons, vous ne me rendez pas justice: je suis Anglaise.

ERNOLD.

Je ne prétends point vous faire injure. Mais je connais la faiblesse du sexe: un peu plus, un peu moins, les femmes sont les mêmes par-tout. Moi qui ai voyagé, j'ai trouvé qu'elles se ressemblaient dans tous les climats.

SCÈNE VIII.

LES MÊMES, Mme JEFFRE.

Mme JEFFRE.

Au nom du Ciel, laissez-vous attendrir en faveur de ma pauvre Maîtresse! Elle est dans un état vraiment à faire pitié! son mari ne veut plus la voir; son père est allé on ne sait où: elle n'a pas un parent,

parente, non ha un amico, che la consigli, che la soccorra. Vede in pericolo la riputazione, teme per la vita del suo genitore, piange la perdita del caro sposo; sa di non esser rea, e non ha il modo di giustificare la sua innocenza. Io non so, come viva; non so come possa resistere a tante disgrazie. Io mi sento per lei talmente afflitta, e angustiata, che propriamente mi manca il respiro; e quando la vedo, e quando ci penso, mi crepa il cuore, e non posso trattenere la lacrime. (*Piangendo.*)

ERNOLD.

Per dire la verità, mi sento a movere anch'io quando vedo una donna a piangere, mi sento subito intenerire (*si asciuga gli occhi.*) Chi mai lo crederebbe? un uomo, che ha tanto viaggiato, non sa essere superiore alla tenerezza.

M^{ma} JEURE (*da se.*)

Io non gli credo una maladetta.

MILEDI.

Pamela afflitta, Pamela abbandonata conserva però interamente la solita sua superbia.

M^{ma} JEURE.

Superba potete dire a Pamela.

MILEDI.

Se tal non fosse, verrebbe almeno a raccomandarsi. Sa ch'io sono sorella di suo marito; sa, che la mia protezione potria giovarle, e non si degna raccomandarsi?

M^{ma} JEURE.

Non lo farà, perchè avrà timore di non essere bene accolta; si ricorderà ancora dei spasimi, che le faceste passar da Fanciulla.

ERNOLD.

Via, ditele che venga qui. Ditele che si fidi di noi. Miledi mia zia è dama di buon carattere; ed

pas

pas un ami qui la conseille, qui la console. Elle voit sa réputation en danger, tremble pour les jours de son père, et pleure la perte d'un époux : elle est convaincue de son innocence, et n'a pas les moyens de la prouver. Je ne sais, en vérité, comment elle vit, comment elle peut résister à tant de disgrâces réunies. Je suis si affligée, si accablée de son état, que je respire à peine ; et quand je la vois, quand j'y pense seulement, mon cœur se gonfle, et je ne puis retenir mes larmes. (*Elle pleure.*)

ERNOLD.

A dire vrai, je ne suis pas maître de mon émotion, quand je vois une femme pleurer : l'attendrissement me gagne malgré moi sur le champ. (*Il essuye ses yeux.*) Qui le dirait ? un homme qui a tant voyagé, ne pas se montrer supérieur à cette faiblesse !

Mme JEFFRE (*à part.*)

Je ne lui crois pas un mauvais fond.

MYLADI.

Paméla affligée, Paméla abandonnée conserve cependant tout son orgueil.

Mme JEFFRE.

Pouvez-vous traiter Paméla d'orgueilleuse ?

MYLADI.

Si elle ne l'était pas, elle viendrait du moins réclamer mon appui. Elle sait que je suis la sœur de son époux ; que ma protection lui peut devenir très-utile, et elle ne vient pas la demander.

Mme JEFFRE.

La crainte d'être mal accueillie l'en empêche sans doute. Elle se rappelle peut-être les mauvais traitemens qu'elle a reçus de vous, quand elle était fille.

ERNOLD.

Allons, dites-lui qu'elle vienne ici. Dites-lui qu'elle ait un peu de confiance en nous. Myladi ma tante

io, quando trattasi di una bella donna, cospetto di bacco, mi batterei per essa fino all' utimo sangue.

M.^{ma} JEURE.

Che dite, Miledi? Se verrà da voi, l'accoglierete con carità?

MILEDI.

Io non ho un cuor barbaro, come ella si crede.

M.^{ma} JEURE.

E voi, Signore, l'assisterete?

ERNOLD.

Assicuratela della mia protezione.

M.^{ma} JEURE.

Ora la fo venire. Farò di tutto per persuaderla. (*Da se.*) Quando si ha di bisogno, conviene raccomandarsi ai nemici ancora. (*Parte.*)

SCENA IX.

Miledi DAURE, e il Cavaliere ERNOLD.

ERNOLD.

Che cosa si potrebbe fare per questa povera sventurata?

MILEDI.

Si può far molto, quand'ella accordi volontariamente lo scioglimento del matrimonio, e l'allontanamento da questa casa.

ERNOLD.

E perchè non si potrebbe riconciliare con suo marito?

MILEDI.

Sarebbe un perpetuar fra di loro il mal animo, e la discordia. Quando fra due congiunti principia

COMÉDIE.

est une Dame d'un bon caractère ; et moi, quand il s'agit d'une femme, je me battrais, morbleu, pour elle jusqu'à la dernière goutte de mon sang.

Mme JEFFRE.

Qu'en dites-vous, Madame ? Si Paméla vient vous trouver, la recevrez-vous avec bonté ?

MYLADI.

Je n'ai point le cœur aussi dur qu'elle le croit.

Mme JEFFRE.

Et vous, Monsieur, la protégerez-vous ?

ERNOLD.

Qu'elle soit sure de mon appui.

Mme JEFFRE.

Allons, elle va donc venir. Je ferai tout, du moins, pour l'y déterminer. (*A part.*) Dans les cas urgens, il faut savoir implorer jusqu'à ses ennemis. (*Elle sort.*)

SCÈNE IX.

Myladi DAURE, le Chevalier ERNOLD.

ERNOLD.

QUE pourrait-on faire pour cette pauvre malheureuse ?

MYLADI.

On peut faire beaucoup, pourvu qu'elle consente à la dissolution du mariage, et qu'elle sorte d'ici.

ERNOLD.

Et pourquoi ne la réconcilierait-on pas avec son mari ?

MYLADI.

Cela ne servirait qu'à éterniser entre eux la malveillance et la discorde. Quand la défiance règne

a regnare la diffidenza, non è possibile, che vi trionfi la pace. Tutti gli accomodamenti, che fra di loro si fanno, sono instabili rappezzatare; ad ogni menomo insulto si riscalda il sangue, si rinnovan le risse: è meglio troncare affatto il legame, e poichè dalle nostre leggi viene in caso tale favorito il divorzio, sarebbe imprudenza l'impedirne l'effettuazione.

ERNOLD.

Io, che ho viaggiato, vi potrei addurre cento esempi in contrario.

SCENA X.

DETTI, Miledi PAMELA, Madama JEURE.

PAMELA (*piano a Jeure.*)

No, Jeure, non ricuso umiliarmi a i miei stessi nemici; ma dubito, sarà inutile ancora questo passo.

M.ma JEURE (*piano a Pamela.*)

Lo stato miserabile, in cui vi trovate, vi obbliga a tentare ogni strada.

ERNOLD (*a Miledi.*)

Eccola, poverina!

MILEDI (*ad Ernold.*)

Pare, che si vergogni a raccomandarsi.

M.ma JEURE (*a Pamela.*)

Fatevi animo, e non dubitate.

ERNOLD (*a Pamela.*)

Via, Madama, venite innanzi; di che avete paura?

PAMELA.

La situazione, in cui mi ritrovo, mi avvilisce;

une fois entre deux époux, plus d'espoir d'y voir triompher la paix. Tout ce que l'on fait pour les rapprocher, n'est qu'un raccommodement passager; et à la plus légere insulte, le sang se rallume, et les querelles se renouvellent. Il vaut mieux trancher tout d'un coup le nœud qui les rassemble; et puisque nos lois favorisent le divorce dans un cas semblable, il y aurait de l'imprudence à en empêcher l'effet.

ERNOLD.

Moi qui ai voyagé, je vous pourrais produire cent exemples du contraire.

SCÈNE X.

LES MÊMES, Myladi PAMÉLA, Mme JEFFRE.

PAMÉLA, (*en entrant, à madame Jeffre.*)

Non, Jeffre, non; je ne refuse point de m'abaisser, même devant mes ennemis. Mais cette démarche sera encore inutile.

Mme JEFFRE (*bas à Paméla.*)

La situation malheureuse où vous vous trouvez, vous force de tenter tous les moyens.

ERNOLD (*à Myladi.*)

La voilà, la pauvre Paméla.

MYLADI (*à Ernold.*)

Elle semble rougir de se recommander à moi.

Mme JEFFRE (*à Paméla.*)

Courage! allons, ne craignez rien.

ERNOLD (*à Pamela.*)

Allons, Madame, approchez: de quoi avez-vous peur?

PAMÉLA.

Ma position affreuse m'avilit et me mortifie au

e mortifica al maggior segno. Se potessi lusingarmi di esser creduta innocente, mi getterei a' vostri piedi a domandarvi pietà; ma dubitando, che nell'animo vostro si nutrisca il sospetto della mia reità, non so, se più mi convenga il tacere, o il giustificarmi.

ERNOLD (*da se.*)

E' pur è vero; una bella donna languente comparisce ancor più bella.

MILEDI.

Pamela, quando si vuol ottenere una grazia, convien meritarla, principiando dal dire la verità. Confessate la vostra passione per milord Artur, e fidatevi di essere da me compatita.

PAMELA.

Ah nò, non sarà mai, ch'io voglia comprare ad un sì vil prezzo la mia fortuna. Amo unicamente il mio sposo, ho amato sempre lui solo; l'amerò sin ch'io viva; l'amerò, benchè mi voglia esser nemico. Sarà mio, benchè da sè mi discacci, sarò sua, benchè mi abbandoni; e morendo ancora, poterò constantemente al sepolcro quella dolce catena, che mi ha seco lui perpetuamente legata.

MILEDI.

La vostra ostinazione moltiplica le vostre colpe.

PAMELA.

La vostra diffidenza oltraggia la mia onestà.

MILEDI.

Siete venuta a contendere, o a raccomandarvi?

PAMELA.

Mi raccomando, se mi credete innocente. Mi difendo, se rea volete suppormi.

COMÉDIE.

dernier point. Si je me pouvais flatter que mon innocence sera reconnue, je me jetterais à vos pieds, pour réclamer votre pitié. Mais, convaincue que votre cœur nourrit toujours le soupçon de ma faute prétendue, je ne sais s'il vaut mieux pour moi de me taire ou de me justifier.

ERNOLD (*à part.*)

C'est cependant vrai : une belle femme paraît plus belle encore dans la douleur.

MYLADI.

Paméla, quand on veut obtenir ma grâce, il faut d'abord la mériter par un aveu formel de la vérité. Faites l'aveu de votre passion pour mylord Artur, et soyez sure, à ce prix, de ma protection.

PAMÉLA.

Ah ! jamais ; non, jamais je n'achèterai la fortune à ce vil prix. Je n'aime que mon époux, je n'ai jamais aimé que lui, je l'aimerai toujours, je l'aimerai, voulût-il être mon éternel ennemi. Il sera mon époux, quoiqu'il me chasse indignement d'auprès de lui : je serai sa femme, quoiqu'il m'abandonne ; et en mourant même, j'emporterai dans le tombeau la douce chaîne qui m'a pour jamais unie à lui.

MYLADI.

Votre obstination aggrave votre faute.

PAMÉLA.

Et votre défiance outrage mon honneur.

MYLADI.

Etes-vous venue pour disputer avec moi, ou pour implorer mes bontés ?

PAMÉLA.

Je les réclame, si vous me croyez innocente ; et je me défends, si vous persistez à me supposer coupable.

MILEDI.
Pensate meglio a voi stessa, e non irritate il vostro destino.
PAMELA.
Il destino mi può volere infelice; ma non potrà macchiare la purità del mio cuore.
MILEDI.
Il vostro cuore occulta l'infedeltà sotto la maschera dell' orgoglio.
PAMELA.
Ah! verrà un giorno, in cui queste vostre mal fondate espressioni vi faranno forse arrossire.
MILEDI.
Orsù non ho più animo per tollerarvi.
PAMELA.
Partirò, per non maggiormente irritarvi.
ERNOLD.
Nò, trattenetevi ancora un poco, Miledi; qualche cosa abbiamo da far per lei.
MILEDI.
Ella non merita che di essere abbandonata. Un errore si compatisce; l'ostinazion si condanna. (*Parte.*)

SCENA XI.

Miledi PAMELA, ed il Cavaliere ERNOLD.

PAMELA (*da se.*)
Ecco l'effetto delle insinuazioni di Jeure.
ERNOLD (*da se.*)
Non son chi sono, se non la riduco umile, come un' agnella.

MYLADI.

Prenez un peu mieux vos propres intérêts, et n'aigrissez point votre destin.

PAMÉLA.

Le destin peut vouloir mon malheur ; mais il ne souillera jamais la pureté de mon ame.

MYLADI.

Votre cœur couvre l'infidélité du masque de l'orgueil.

PAMÉLA.

Un jour viendra, Madame, où vous rougirez de ces reproches si peu fondés !

MYLADI.

Ah ! c'en est trop ! je ne puis plus vous entendre.

PAMÉLA.

Je sortirai, pour ne vous pas irriter davantage.

ERNOLD.

Non, restez encore un peu. Ma tante, nous pouvons faire quelque chose pour elle.

MYLADI.

Elle ne mérite que d'être abandonnée. On plaint l'erreur ; mais on condamne l'obstination. (*Elle sort.*)

SCÈNE XI.

Myladi PAMÉLA, et le Chevalier ERNOLD.

PAMÉLA (*à part.*)

Voila l'effet des conseils de Jeffre.

ERNOLD (*à part.*)

Je ne suis pas moi, si je ne la rends douce comme un agneau.

PAMELA (*da se.*)

Sarà meglio, ch'io mi ritiri, a piangere da me sola le mie sventure. (*In atto di partire.*)

ERNOLD.

Fermatevi; non partite.

PAMELA.

Che pretendete da me?

ERNOLD.

Desidero consolarvi.

PAMELA.

Sarà difficile.

ERNOLD.

Pare a voi, ch'io non sia capace di consolare una bella donna?

PAMELA.

Potreste farlo con altre; con me lo credo impossibile.

ERNOLD.

Eppure mi lusingo riuscirne. Io non sono un uomo di uno spirito limitato; non sono uno di quelli, che camminar non sanno, che per una sola strada. Ho viaggiato assai, e ho imparato molto. Nel caso, in cui vi trovate, non occorre disputare se è, o se non è quel, che si dice di voi. Di queste cose, meno che se ne parla, è meglio. Se anche non fosse vero, il mondo suol credere il peggio, e l'onore resta sempre pregiudicato. Io non vi consiglio insistere contro l'animo guasto di milord Bonfil. Chi non vi vuol, non vi merita. Se un marito vi lascia, pensate ad assicurarvene un altro. Se lo trovate, la riputazione è in sicuro.

PAMELA.

E chi credete voi, che in caso un tale si abbasserebbe a sposarmi?

COMÉDIE.

PAMÉLA (*à part.*)

Retirons-nous, pour pleurer mes malheurs dans la solitude. (*Elle va pour sortir.*)

ERNOLD.

Arrêtez ; ne sortez point.

PAMÉLA.

Que voulez-vous de moi ?

ERNOLD.

Je désire calmer vos chagrins.

PAMÉLA.

Hélas ! cela sera difficile.

ERNOLD.

Me croyez-vous incapable de consoler une jolie femme ?

PAMÉLA.

Vous le pourrez avec d'autres ; auprès de moi, je le crois impossible.

ERNOLD.

Et je me flatte cependant d'y parvenir. Je ne suis point un homme d'un esprit borné, et je ne ressemble point à ces gens qui n'ont qu'un chemin pour marcher. J'ai assez voyagé ; j'ai acquis beaucoup. Dans le cas où vous vous trouvez, la question n'est pas de savoir si ce que l'on vous reproche est ou n'est pas. Moins on parle de ces sortes d'affaires, et mieux on fait. Dans la supposition même que l'accusation soit fausse, le monde est malignement porté à croire ce qu'il y a de pire, et l'honneur reste toujours entaché. Je ne vous conseille point de vous opposer au projet insensé de mylord Bonfil : qui peut se résoudre à renoncer à vous, n'est plus digne de vous. Un mari vous abandonne ? songez à vous en procurer un autre. Si vous le trouvez, votre réputation ne court aucun danger.

PAMÉLA.

Et qui s'abaisserait, selon vous, à m'épouser dans une semblable conjoncture ?

ERNOLD.

Milord Artur probabilmente non saprebbe dire di nò!

PAMELA.

Pria di sposare milord Artur, mi darei la morte da me medesima.

ERNOLD.

E pure mi sento portato a credervi; e la fede, che principio avere di voi, mi desta a maggior compassione. Dalla compassione potrebbe nascer l'amore, e se quest'amore mi accendesse il petto per voi, e se vi esibissi di rimediare alle vostre disgrazie colla mia mano, ricusereste voi di accettarla?

PAMELA.

Volete, che vi risponda con libertà?

ERNOLD.

Sì, parlatemi schiettamente

PAMELA.

La ricuserei assolutamente.

ERNOLD.

Ricusereste voi la mia mano?

PAMELA.

Sì, certo.

ERNOLD.

Questa sciocca dichiarazione vi leva tutto il merito, che voi avete.

ERNOLD.

Mylord Artur ne dirait probablement pas non !

PAMÉLA.

Je me donnerais moi-même la mort, plutôt que d'épouser mylord Artur.

ERNOLD.

J'ai cependant quelque penchant à vous croire ; et la confiance que je commence à avoir en vous, ajoute à l'intérêt que vous m'inspirez. De la pitié pourrait naître l'amour ; et s'il m'enflammait bien sérieusement pour vous, et qu'il vous offrît, avec ma main, un moyen de réparer vos disgrâces, l'accepteriez-vous ?

PAMÉLA.

Voulez-vous, Monsieur, que je vous parle franchement ?

ERNOLD.

Oui, expliquez-vous sans détour.

PAMÉLA.

Je la refuserais absolument.

ERNOLD.

Vous refuseriez ma main ?

PAMÉLA.

Oui, Monsieur.

ERNOLD.

Cette impertinente déclaration vous ôte tout le mérite que vous pouviez avoir à mes yeux.

SCENA XII.

DETTI, Milord BONFIL.

BONFIL.

OLA; che altercazioni son queste?

PAMELA.

Ah! Milord, toglietemi la vita; ma non mi lasciate ingiuriare. Tutti m'insultano; tutti villanamente mi trattano. Voi solo siete padrone di affliggermi, di mortificarmi; ma fin ch'io vanto lo specioso titolo di vostra moglie, fin che la bontà vostra mi soffre in questo tetto, non permettete, che uno sfacciato mi dica sul viso parole indegne, e mi esibisca amori novelli, per distaccarmi dal mio sposo, dal mio Signore, da voi, che siete, e sarete sempre l'anima mia. (*Piangendo.*)

BONFIL (*guarda bruscamente il Cavaliere.*)

ERNOLD.

Milord, mi guardate voi bruscamente?

BONFIL.

Cavaliere, vi prego di passare in un' altra camera.

ERNOLD.

E che sì, che la debolezza?...

BONFIL.

Vi ho detto con civiltà, che partite.

ERNOLD.

Non vorrei, che vi supponeste.....

SCÈNE XII.

Les Mêmes, Mylord BONFIL.

BONFIL.

Qu'entends-je ? Que signifie ces altercations ?

PAMÉLA.

Ah ! Mylord, ôtez moi la vie ; mais ne m'exposez point à de tels affronts. Tout le monde m'insulte ici, tout le monde m'y traite indignement. Vous seul avez le droit de m'affliger, de me mortifier : mais tant que je pourrai m'énorgueillir du titre de votre épouse, tant que votre bonté me souffrira dans cette maison, ne permettez point qu'un impudent me dise en face des choses affreuses, et me présente de nouvelles amours, pour me détacher de mon époux, de mon maître, de vous enfin ! qui êtes et serez à jamais la vie de Paméla. (*Elle pleure.*)

BONFIL (*regarde brusquement le Chevalier.*)

ERNOLD.

Mylord, vous me regardez bien brusquement !

BONFIL.

Chevalier, faites-moi le plaisir de passer dans un autre appartement.

ERNOLD.

Eh bien ! ne voilà-t-il pas.... La faiblesse....?

BONFIL.

Je vous ai prié honnêtement de sortir.

ERNOLD.

Je ne voudrais pas que vous supposassiez....

BONFIL.

Questa è un' insistenza insoffribile.

ERNOLD.

Scommetterei mille doppie....

BONFIL.

Ma, Signore....

ERNOLD.

Sì, vado. Non occorre, che me la vogliate dare ad intendere. Ho studiato il mondo. E ho imparato assai. (*Parte.*)

SCENA XIII.

Milord BONFIL, e Miledi PAMELA.

BONFIL (*da se.*)

HA imparato ad essere un importuno.

PAMELA (*da se*).

Oh Dio! tremo tutta.

BONFIL (*da se.*)

Pure in veder costei mi si rimescola il sangue.

PAMELA (*da se.*)

Vo' farmi animo. (*Alto.*) Signore....

BONFIL.

Andate.

PAMELA.

Oh Cieli! mi discacciate così?

BONFIL.

Andate in un' altra camera.

BONFIL.

COMÉDIE.

BONFIL.

Votre résistance devient insoutenable.

ERNOLD.

Oui ; je gagerais mille doubles.....

BONFIL.

Mais, Monsieur.....

ERNOLD.

Je sors, je sors. Ce n'est pas la peine que vous veuilliez me faire entendre..... Oh ! j'ai étudié le monde, et je puis me flatter d'avoir assez bien profité. (*Il sort.*)

SCÈNE XIII.

Mylord BONFIL, Myladi PAMÉLA.

BONFIL (*à part.*)

Oui, il a bien appris sur-tout l'art d'être importun.

PAMÉLA (*à part.*)

Oh ! Dieu ! je suis toute tremblante !

BONFIL (*à part.*)

Son seul aspect me trouble et m'agite.

PAMÉLA (*à part.*)

Je veux cependant m'enhardir. (*Haut.*) Monsieur.

BONFIL.

Sortez.

PAMÉLA.

Grand Dieu ! me chasser de la sorte !

BONFIL.

Passez dans un autre appartement.

Tome II.   L

PAMELA.
Permettetemi, che una cosa sola vi dica.
BONFIL.
Non ho tempo per ascoltarvi.
PAMELA.
Perdonatemi. Ora, non vi è nessuno.
BONFIL.
Sì, vi è gente nell' anticamera. Chi viene ora da me vuol favellarmi da solo a solo. Andate.
PAMELA.
Pazienza! (*Parte.*)
BONFIL (*verso Pamela.*)
Ingrata!
PAMELA (*voltandosi.*)
Dite a me, Signore?
BONFIL.
No; non ho parlato con voi.
PAMELA (*partendo.*)
In fatti, questo titolo non mi conviene.
BONFIL.
Sì, è poco al merito di un' infedele.
PAMELA (*si volta, e si avvicina a Milord.*)
Io infedele?
BONFIL.
Andate, vi dico.
PAMELA.
Perdonatemi. Avete detto infedele a me?
BONFIL.
Sì, a voi.
PAMELA (*teneramente mirandolo.*)
Non è vero.

PAMÉLA.
Permettez-moi de vous dire un mot seulement.
BONFIL.
Je n'ai pas le temps de vous écouter.
PAMÉLA.
Pardon : mais il n'y a personne pour le moment.
BONFIL.
Il y a quelqu'un dans l'antichambre qui vient pour m'entretenir en particulier. Allez.
PAMÉLA.
Hélas ! (*Elle s'en va.*)
BONFIL (*du côté de Paméla.*)
Ingrate !
PAMÉLA (*se retourne.*)
Me parlez-vous, Monsieur ?
BONFIL.
Non ; je ne vous ai rien dit.
PAMÉLA (*sortant.*)
En effet, ce titre-là ne peut me convenir.
BONFIL.
Ah ! c'est trop peu pour une infidelle.
PAMÉLA (*se retourne et s'approche de Bonfil.*)
Paméla infidelle !
BONFIL.
Sortez, vous dis-je.
PAMÉLA.
Pardon : est-ce bien moi que vous traitez d'infidelle ?
BONFIL.
Oui, c'est vous.
PAMÉLA (*le regardant tendrement.*)
Ah ! cela n'est pas vrai !

BONFIL (*da se.*)

Ah! quegli occhi mi fan tremare.

PAMELA.

Ma in che mai vi ho offeso, Signore?

BONFIL (*agitandosi.*)

Che tu sia maladetta.

PAMELA.

Posso farvi toccar con mano la mia innocenza.

BONFIL (*da se.*)

Volesse il Cielo, che fosse vero.

PAMELA.

Permettetemi, ch' io vi dica soltanto...

BONFIL.

Andate al Diavolo.

PAMELA (*ritirandosi con timore.*)

Per carità, non mi fate tremare.

BONFIL.

Costei è nata per precipitarmi. (*Si getta a sedere.*)

PAMELA.

Parto; vi ubbidisco.

BONFIL (*agitato si appoggia alle spalle della sedia, coprendosi colle mani il volto.*)

PAMELA (*di lontano.*)

Possibile, che non vogliate più rivedermi?

BONFIL (*continua come sopra.*)

PAMELA (*torna un passo indietro.*)

E pure, se mi permetteste parlare.

BONFIL (*come sopra.*)

PAMELA (*da se.*)

Pare che senta pietà di me. Oh Cielo! dammi corragio. Che può avvenirmi di peggio? Si tenti

COMÉDIE.

BONFIL (*à part.*)

Un seul de ses regards me fait trembler.

PAMÉLA.

Mais en quoi vous ai-je donc offensé ?

BONFIL (*en s'agitant.*)

Maudite femme !

PAMÉLA.

Je puis vous rendre mon innocence palpable.

BONFIL (*à part.*)

Plût au ciel qu'elle dît la vérité !

PAMÉLA.

Souffrez que je vous dise seulement....

BONFIL.

Sortez ; je ne veux rien entendre ; allez au diable.

PAMÉLA (*se retire toute tremblante.*)

Ah ! de grâce, ne me faites point trembler.

BONFIL.

Cette femme est née pour mon malheur. (*Il se jette sur un siége.*)

PAMÉLA.

Je sors ; je vous obéis.

BONFIL (*s'agite, se renverse sur le dossier de son fauteuil, et couvre sa tête de ses mains.*)

PAMÉLA (*de loin.*)

Est-il possible que vous ne veuilliez plus me voir ?

BONFIL (*de même.*)

PAMÉLA (*faisant un pas en arrière.*)

Et cependant si vous vouliez m'entendre !

BONFIL (*toujours de même.*)

PAMÉLA (*à part.*)

Il paraît avoir pitié de moi. Oh Ciel ! soutiens mon courage ! que peut-il m'arriver de plus funeste ? Oui ; essayons de le fléchir. (*Elle s'approche de Mylord,*

d' impietosirlo. (*Si accosta a Milord, e s' inginocchia vicino a lui, ed egli non se ne avvede.*) Signore.

BONFIL (*voltandosi, e vedendola.*)
Oimè.

PAMELA.

Caro Sposo....

BONFIL.

Andate via. Giuro al Cielo, mi volete provocare agli estremi. Sì, indegna dell' amor mio. Vattene, non voglio più rivederti.

PAMELA (*si alza, e s' incammina mortificata.*)

BONFIL (*da se.*)

Ah infelice!

PAMELA (*si volta verso Milord.*)

BONFIL.

Andate, vi dico.

PAMELA. (*Mortificata parte.*)

SCENA XIV.

Milord BONFIL, poi Monsieur LONGMAN.

BONFIL.

GUAI a me, se mi trattenessi a pensarvi. Costei ha lo stesso poter sul mio cuore. I suoi sguardi, le sue parole avrebbero forza di nuovamente incantarmi. Nò, nò, ho stabilito di ripudiarla. Ma troppo lungamente ho fatto aspettare nell' anticamera l' Uffiziale

---

(1) Nous regrettons sincèrement que l'auteur de la *Paméla mariée*, française, n'ait pas disposé son plan de manière à y faire entrer cette scène, d'un effet vraiment dramatique ; où le caractère de Paméla se déploie tout entier, et où les tourmens de l'amour

se jette à ses genoux à côté de lui, sans qu'il s'en aperçoive.) Monsieur.....

BONFIL (*se retourne et l'aperçoit.*)

Grand Dieu !

PAMÉLA.

Cher époux !

BONFIL.

Sortez ; au nom du Ciel, sortez. Vous voulez me porter à des extrémités..... Oui, femme indigne de mon amour.... va-t-en, je ne veux plus te revoir.

PAMÉLA (*se lève et se retire désolée.*)

BONFIL (*à part.*)

Ah ! malheureux !

PAMÉLA (*se retourne de son côté.*)

BONFIL.

Sortez ; encore une fois, sortez.

PAMÉLA. (*Elle sort désespérée.*) (1).

SCÈNE XIV.

Mylord BONFIL, Monsieur LONGMAN.

BONFIL.

Malheur à moi, si je m'arrêtais à cette pensée.... elle a toujours le même pouvoir sur mon cœur. Ses regards, un seul mot de sa bouche m'enchanteraient de nouveau. Oui, le parti en est pris ; je l'ai résolu ; je la repudierai.... Mais c'est trop faire attendre dans

---

et de la jalousie sont si énergiquement représentés dans la personne de Bonfil. Nous ne craignons pas d'assurer que, jouée comme elle le serait aujourd'hui au théâtre français, cette scène serait universellement applaudie.

del Segretario di stato. Non vorrei, che se ne offendesse. Ehi. Chi è di là?

LONGMAN (*viene da quella parte, dove è entrata Pamela, e viene asciugandosi gli occhi, mostrando di piangere.*)

Signore.

BONFIL.

Dite a quel Ministro, che passi.

LONGMAN.

A qual Ministro, Signore?

BONFIL.

Non vi è in anticamera un Uffiziale della Segretaria di Stato?

LONGMAN (*asciugandosi gli occhi.*)

Sì, Signore.

BONFIL.

Che avete, che par, che vi cadan le lacrime?

LONGMAN.

Niente.

BONFIL.

Voglio saperlo.

LONGMAN.

Ho veduto piangere la povera mia padrona compatitemi, non mi so trattenere.

BONFIL.

Andate. Introducete quell' Uffiziale.

LONGMAN.

Sì, Signore. (*Da se.*) Ha il cuore di marmo.

l'antichambre le Délégué du Secrétaire d'Etat. Je serais fâché qu'il s'en offensât. Hola ! quelqu'un.

LONGMAN. (*entre du côté par où est sorti Paméla ; il essuie ses yeux, et a l'air de pleurer.*)
Monsieur.

BONFIL.

Dites à ce Ministre qu'il entre.

LONGMAN.

A quel Ministre, Monsieur ?

BONFIL.

N'y a-t-il point dans l'antichambre un Envoyé du Secrétaire d'Etat ?

LONGMAN (*en essuyant ses yeux.*)
Oui, Monsieur.

BONFIL.

Qu'avez-vous ? Vous paraissez répandre des pleurs.

LONGMAN.

Rien, Monsieur, rien.

BONFIL.

Je prétends le savoir.

LONGMAN.

J'ai vu pleurer notre pauvre Maîtresse.... Pardonnez : je ne puis m'empêcher....

BONFIL.

Allez, et faites entrer cet Officier.

LONGMAN.

Oui, Monsieur. (*A part.*) Il faut qu'il ait un cœur de marbre.

SCENA XV.

Milord BONFIL, poi Monsieur MAJER, poi Monsieur LONGMAN.

BONFIL.

SE le lagrime di Pamela fossero veramente sincere... ma nò, sono troppo sospette.

MAJER (*salutandolo.*)

Milord...

BONFIL (*salutandolo.*)

Accomodatevi. (*Siedono.*)

MAJER.

A voi mi manda il Segretario di Stato.

BONFIL.

Io era appunto incamminato da lui. Trovai per istrada chi mi avvisò della vostra venuta. Tornai in dietro per aver l'onor di vedervi, e per udire i comandi di del Reale Ministro.

MAJER.

Egli mi ha qui diretto, per darvi un testimonio della sua stima, e della più sincera amicizia.

BONFIL.

Vi è qualche novità toccante l'affare del conte di Auspingh?

MAJER.

Non saprei dirvelo. (*Da se.*) conviemmi per ora dissimular di saperlo.

SCÈNE XV.

Milord BONFIL, ensuite Monsieur MAJER, et Monsieur LONGMAN.

BONFIL.

Si les larmes de Paméla étaient sincères!.... Mais non ; elles sont trop suspectes.

MAJER (*saluant.*)

Mylord...

BONFIL (*lui rend son salut.*)

Donnez-vous, Monsieur, la peine de vous asseoir. (*Ils s'asseyent.*)

MAJER.

Le Secrétaire d'Etat m'envoie auprès de vous.

BONFIL.

J'étais en chemin pour me rendre chez lui, lorsque j'ai trouvé dans la rue quelqu'un qui m'a prévenu de votre arrivée. Je suis alors revenu sur mes pas, pour avoir l'honneur de vous recevoir, et entendre les ordres du Ministre.

MAJER.

Il m'envoie ici, pour vous donner une preuve de son estime et de sa sincère amitié.

BONFIL.

Y aurait-il quelque chose de nouveau relativement à l'affaire du comte d'Auspingh ?

MAJER.

Je ne saurais vous dire. (*A part.*) Il faut feindre encore de l'ignorer.

BONFIL.

Sapete voi, che un vecchio Scozzese siasi presentato al ministro, o all'appartamento del re?

MAJER.

Parmi di averlo veduto. Ma non ve ne saprei render conto. (*Da se.*) Non è ancor tempo.

BONFIL.

Che avete a comandarmi in nome del segretario di stato?

MAJER.

Egli è informato di quel, che passa fra voi, e la vostra sposa.

BONFIL.

Da chi l'ha egli saputo?

MAJER.

Non saprei dirvelo. Sa che Miledi vostra consorte viene imputata d'infedeltà; sa che voi la credete rea; sa che volete intentare il ripudio, e sa che ella si protesta innocente. Il Ministro, che ama, e venera voi, e la vostra casa, e che sopratutto brama di tutelare il decoro vostro, vi consiglia a disaminare privatamente la causa, prima di farla pubblica, per evitare gli scandali, e le dicerie del Paese. A me ha conferita la facoltà di formarne sommariamente il processo verbale. Questo dee farsi tra le vostre pareti, col semplice detto delle persone informate, e col confronto degli accusatori, e degli accusati. Per ordine del Ministro medesimo, dee qui venire milord Artur. Fate voi venire la vostra sposa. Fate, che vengano miledi Daure, e il cavaliere Ernold, che si sa essere quelli, che hanno promosso il sospetto. Lasciate la cura a me di estrarre dalla confusion la chiarezza, e separar dell'inganno la verità. Se la Donna è rea, si renderà pubblica la di lei colpa,

BONFIL.

Est-il à votre connaissance qu'un vieillard Ecossais se soit présenté chez le Ministre ou même dans les appartemens du Roi ?

MAJER.

Je crois en effet l'avoir vu : mais je ne puis vous donner aucuns détails. (*A part.*) Il n'est pas temps encore.

BONFIL.

Qu'avez-vous à m'ordonner de la part du Secrétaire d'Etat ?

MAJER.

Il est informé de ce qui s'est passé entre vous et votre épouse.

BONFIL.

Et de qui l'a-t-il pu savoir ?

MAJER.

Je ne saurais vous le dire. Mais il sait que Myladi votre épouse est accusée d'infidélité ; il sait que vous la croyez coupable, que vous voulez intenter un divorce, et qu'elle proteste de son innocence. Le Ministre qui aime, qui respecte votre maison, et qui désire sur-tout de protéger votre honneur, vous conseille, par mon organe, de faire d'abord un examen particulier de cette affaire, avant de la rendre publique, pour éviter le scandale et les sots discours du pays. Il m'a conféré le pouvoir d'en dresser sommairement le procès-verbal. Cela doit se faire dans votre maison, sur le simple exposé des personnes informées, et par la confrontation des accusés et des accusateurs. En vertu d'un ordre du Ministre, mylord Artur doit se rendre ici. Faites venir votre épouse ; que myladi Daure, et le chevalier Ernold paraissent également : on sait qu'ils ont les premiers éveillé vos soupçons. Reposez-vous sur moi du soin de faire sortir la clarté du milieu même de la confusion, et de séparer l'erreur de la vérité. Si votre épouse est coupable,

e pubblica ne uscirà la sentenza; s'ella è innocente, riacquisterete la vostra pace, senza aver arrischiata la vostra riputazione. Così pensa un saggio Ministro, così deve accordare un Cavaliere onorato.

BONFIL (*chiama.*)

Ehi.

LONGMAN.

Signore.

BONFIL.

Fate che vengano miledi Daure, e il cavaliere Ernold; venga parimenti Pamela con madama Jeure. Se viene milord Artur, avvisate, che lo lascino immediatamente passare; e voi pure cogli altri trovatevi qui in questa camera, e non vi partite. (*Longman parte.*)

SCENA XVI.

Milord BONFIL, Monsieur MAJER, poi Miledi DAURE, il Cavaliere ERNOLD, poi Milord ARTUR, Miledi PAMELA, M.^{ma} JEURE, e Monsieur LONGMAN.

MAJER.

Milord, siete voi nemico di vostra moglie?

BONFIL.

L'amai teneramente, e l'amerei sempre più, se non avesse macchiato il cuore d'infedeltà.

---

(1) L'auteur de la pièce citée jusqu'ici dans nos notes, a suivi dans son cinquième acte en général, et sur-tout dans son dénouement, une marche si différente de *Goldoni*, que nous croyons devoir transcrire ici toute la fin de l'ouvrage, en laissant toutefois au lecteur le soin de prononcer sur ce changement.

sa faute deviendra publique, ainsi que l'arrêt qui la condamnera. Innocente, vous retrouverez la paix de votre ame, sans avoir hasardé votre réputation. Voilà ce que pense un sage Ministre, et ce que doit faire un honnête gentilhomme comme vous.

BONFIL (*appelle.*)

Hola !

LONGMAN.

Monsieur.

BONFIL.

Faites entrer myladi Daure et le chevalier Ernold; avertissez aussi Paméla et madame Jeffre : si mylord Artur se présente, dites qu'on le laisse entrer sur le champ. Trouvez-vous, ainsi que les autres, dans cet appartement, et n'en sortez pas. (*Longman sort.*)

SCÈNE XVI (1).

Mylord BONFIL, M. MAJER, et successivement Myladi DAURE, le Chevalier ERNOLD, Mylord ARTUR, Myladi PAMÉLA, Madame JEFFRE, Monsieur LONGMAN.

MAJER.

Mylord, vous n'êtes point l'ennemi de votre épouse ?

BONFIL.

Je l'aimai tendrement, je l'aimerais toujours davantage, si l'infidélité n'avait point dégradé son cœur.

SCÈNE VII.

BONFIL, Madame JEFFRE, ISAC : AUSPINGH (*sortant de l'appartement de Paméla, et s'efforçant de l'entraîner avec lui : Bonfil sur le devant de la scène.*)

AUSPINGH.

Viens, ma fille, suis-moi.

MILEDI.
Eccomi ; che mi comandate ?
BONFIL.
Miledi, accomodatevi. Cavaliere, sedete.

PAMÉLA.

Laissez-moi lui parler ;
Et peut-être ma voix......
AUSPINGH (*avec une fureur concentrée.*)

On m'accorde le reste
De ce jour, pour quitter cet asile funeste,
Pour fuir Londre à jamais ! J'en suis banni !
BONFIL (*frappé des derniers mots.*)

Grand Dieu !
Qu'entends-je ! Expliquez-moi.....
AUSPINGH.

Oui, j'abandonne un lieu
Où la vertu plaintive, où la simple innocence,
Sans pouvoir l'obtenir, ont demandé vengeance ;
Et je bénis l'arrêt qui, fixant mes destins,
M'affranchit pour toujours de l'aspect des humains.
BONFIL.

Eh ! pourquoi vous presser ? pourquoi ne pas attendre
Que mon zèle, mes soins.....
AUSPINGH (*avec indignation.*)

Vous pourriez me défendre,
Quand, par l'éclat honteux d'un divorce offensant,
Vous voulez profaner ma vieillesse et mon sang !
BONFIL.

Je donnerais le mien, pour que son innocence.....
AUSPINGH.

Avez-vous seulement entendu sa défense ?
Vous avez rebuté ses timides douleurs ;
Votre œil impitoyable a vu couler ses pleurs !
PAMÉLA (*à son père.*)

Ah ! ne l'accusez pas de mes peines cruelles.
Non, non... Ce n'est pas lui.... Des discours infidelles
Ont trouvé dans son cœur un trop facile accès.
Il aimait Paméla.... mais, sensible à l'excès,
MYLADI.

COMÉDIE.

MYLADI.

Mylord, me voilà; que me commandez-vous!

BONFIL.

Myladi, asseyez-vous. Sir Ernold, prenez place.

―――――――――――――――――――

Et, rebelle à la voix qui s'offrait à l'instruire,
Par de lâches conseils il s'est laissé séduire.

BONFIL.

Et vous osez encore....! Eh bien! détruisez donc
(*Il sort la lettre de sa poche.*) (*Avec sensibilité.*)
Cette preuve terrible....! et bientôt ton pardon....

PAMÉLA.

Quelle est-elle!

AUSPINGH.

Voyons.

BONFIL.

J'ai de quoi la confondre.

AUSPINGH (*à sa fille.*)

Qu'ai-je entendu!

BONFIL (*lui donnant la lettre.*)

Lisez; qu'elle puisse répondre,
C'est tout ce que j'attends, c'est tout ce que je veux.
Le Ciel m'en est témoin: le plus cher de mes vœux
Serait de n'avoir cru qu'une fausse apparence.

PAMÉLA (*avec un cri de joie, en reconnaissant sa lettre.*)

Je te rends grâce, ô ciel! appui de l'innocence!
Tu me rends et l'estime et le cœur d'un époux!
(*A Bonfil.*)
Connaissez votre erreur.

AUSPINGH.

Comment!

BONFIL.

Que dites-vous!

PAMÉLA (*à son père.*)

Vous savez l'intérêt et généreux et tendre
Qu'à votre triste sort lord Artur daignait prendre.
Votre grâce, mon père, éprouvait des délais:
Je confie à Mylord d'aussi chers intérêts;

Tome II. M

ERNOLD.

Di che cosa abbiamo noi da trattare ? Quel Signore chi è ?

BONFIL.

Questi è monsieur Majer, primo Uffiziale della Segreteria di stato.

Sur le point de partir, je retrace à son zèle
Mes craintes, mes ennuis et ma douleur mortelle.
Sa bonté, son crédit, tout me justifiait,
Et c'est le seul motif qui dicta ce billet.
Pouvais-je présumer que le sort qui m'outrage,
Dût en faire, aujourd'hui, l'instrument de sa rage !
J'écrivais à Mylord. (*Elle lit.*)

« Vous n'ignorez pas que je laisse à Londres la plus chère partie » de moi-même.

(*A Bonfil.*)
Pardonnez, cher époux,
Si, malgré tout l'amour qui m'enflamme pour vous,
Un autre sentiment vit encor dans mon ame :
N'en soyez point jaloux ; un père le réclame.

(*Elle reprend sa lecture.*)
» Tout mon espoir, toute ma consolation..... »

BONFIL (*l'interrompant.*)

C'est assez ; épargnez à mes sens déchirés
Le tourment des remords qui me sont préparés.
C'est moi qui suis un monstre, un ingrat, un parjure :
L'opprobre des humains, l'effroi de la nature !
Ah ! devais-je écouter des ennemis jaloux......
Que tu dois me haïr !

PAMÉLA (*avec douceur.*)

Moi, haïr mon époux !
Je l'aime, je le plains ; (*elle lui tend la main*) et voilà ma vengeance.

BONFIL (*hors de lui.*)

Eh bien ! moi, je m'abhorre ; et plus ton innocence
Eclate à tous les yeux et confond ma fureur,
Plus je dois me haïr, plus je me fais horreur.

PAMÉLA.

Ah ! cessez, cher époux, de tenir ce langage !
Il déchire mon cœur, il m'afflige, il m'outrage
Plus cent fois que l'erreur dont je vous vois gémir.
Ecartons l'un et l'autre un fâcheux souvenir :

ERNOLD.
Qu'avons-nous donc à faire ici ? Quel est ce Monsieur ?

BONFIL.
C'est monsieur Majer, le premier Officier du Secrétaire d'Etat.

Oubliez vos soupçons, j'oublierai ma disgrace :
L'amour a fait nos maux, que l'amour les efface.

BONFIL.
Et voilà donc le cœur que j'osai soupçonner !
Que mes lâches fureurs.... Tu peux me pardonner ?
Il n'est point de vertu, dont tu ne sois capable.

AUSPINGH.
Ce moment adoucit mon destin déplorable ;
Et je pars....

BONFIL.
Demeurez auprès de vos enfans ;
Espérez tout encore ; oui, nos efforts constans....

AUSPINGH.
J'ai souffert le mépris ! la pitié dédaigneuse !
On me laisse par grace une vie odieuse,
Dont mes mains à l'instant auraient tranché le cours....

PAMÉLA.
Ah ! mon père ! vivez ! j'ai besoin de vos jours !

BONFIL.
De nous poursuivre enfin la fortune est lassée,
Chère épouse ; et bientôt sa grâce.....

SCÈNE VIII.

LES MÊMES, Mylord ARTUR.

ARTUR.
Est prononcée :
La voilà.

AUSPINGH.
Juste Ciel !

PAMÉLA.
Mon père !

ERNOLD.

Majer, avete viaggiato?

MAJER.

Non sono mai uscito di questo regno.

BONFIL.
Jour heureux !
C'est à vous que je dois....!

AUSPINGH.
Ami trop généreux,
Comment avez-vous pu, quand tout m'était contraire....

ARTUR (*à Auspingh.*)

On avait contre vous aigri le Ministère.

(*A Bonfil.*)

Des ennemis cruels, et qui vous sont connus,
Avaient empoisonné les esprits prévenus,
De rapports odieux, d'impostures affreuses.
Mais j'ai su démêler leurs trames ténébreuses,
Exposer leur noirceur et leur atrocité :
J'ai fait, dans tout son jour, briller la vérité :
L'éclat d'un nom, jadis fameux dans l'Angleterre;
La majesté de l'âge et son grand caractère,
Et le Ciel, qui sans doute au gré de ses desseins,
Touche et fléchit le cœur des mobiles humains,
Tout répond à mes vœux, tout seconde mon zèle,
Et je viens apporter cette heureuse nouvelle.

AUSPINGH.

Ah ! nos cœurs pourront-ils reconnaître jamais......

ARTUR.

Le plaisir de bien faire est le prix des bienfaits.

BONFIL (*à Artur.*)

Digne ami ! jusqu'à vous puis-je élever ma vue
Désormais ! je rougis, et mon ame éperdue,
Si coupable envers vous.....

ARTUR.
Que tout soit oublié.

(*lui donnant sa main.*)

Ne vous souvenez plus que de mon amitié.

BONFIL.

Ah ! d'un semblable trait vous seul êtes capable.

COMÉDIE.

ERNOLD.

Majer, avez-vous voyagé?

MAJER.

Je ne suis jamais sorti de ce royaume.

SCÈNE IX et dernière.

LES MÊMES, Myladi DAURE.

MYLADI (à Paméla.)

J'APPRENDS avec plaisir que, loin d'être coupable,
Ma sœur.... mais j'avais peine à croire aussi.....

BONFIL.

Qui, vous!
Vous pouvez affecter des sentimens si doux;
Vous, dont la voix perfide accusait l'innocence!

PAMÉLA.

En sa faveur encore écoutez l'indulgence:
Que sa grace.....

BONFIL.

Sa grace! et c'est vous dont la voix.....

PAMÉLA.

Vous l'avez, à mes pleurs, accordée autrefois.
Je la demande encore.

MYLADI.

Et moi, je la refuse.
Cette indigne faveur, où ma fierté m'abuse,
Me serait un outrage à la tenir de vous.
Oui, j'ai voulu vous perdre auprès de votre époux;
Je m'en flattais..... Le sort a trahi ma vengeance!
Mais il me laisse, au moins, la flatteuse espérance
De voir tomber un coup si long-temps désiré,
Et qui n'est pas perdu, pour être différé.
Adieu. (Elle sort.)

BONFIL (à Paméla.)

Ne craignez point son impuissante rage.
Et le Ciel et mon cœur démentent ce présage.

PAMÉLA.

Que puis-je désormais craindre de son courroux,
Puisqu'il rend à mes vœux mon père et mon époux?

Fin du cinquième et dernier Acte.

ERNOLD.

Male.

MAJER.

E perchè?

ERNOLD.

Perchè un ministro dove sapere assai; e chi non ha viaggiato non può saper niente.

MAJER.

Alle proposizioni ridicole non rispondo.

ERNOLD.

Ah! il mondo è un gran libro.

PAMELA.

Eccomi a' cenni vostri.

BONFIL.

Sedete.

PAMELA.

Ubbidisco.

M.^{ma} JEURE.

Ha domandato me ancora?

BONFIL.

Sì, trattenetevi.

LONGMAN.

Signore, è venuto milord Artur.

BONFIL.

Che entri.

LONGMAN (*fa cenno, che sia introdotto.*)

ARTUR.

Eseguisco le commissioni del segretario di stato.

BONFIL.

Favorite d'accomodarvi. (*Artur siede.*)

MAJER.

Signori miei; la mia commissione m'incarica di

COMÉDIE.

ERNOLD.

Tant pis.

MAJER.

Pourquoi ?

ERNOLD.

C'est qu'un Ministre doit être instruit ; et qui n'a pas voyagé, ne peut rien savoir.

MAJER.

Je ne connais point de réponse aux propositions ridicules.

ERNOLD.

Ah ! le monde est un grand livre !

PAMÉLA.

Mylord, je me rends à vos ordres.

BONFIL.

Asseyez-vous.

PAMÉLA.

J'obéis.

Mme JEFFRE.

Ne m'avez-vous pas demandée aussi, moi ?

BONFIL.

Oui, restez là.

LONGMAN.

Monsieur, milord Artur est venu.

BONFIL.

Qu'il entre.

LONGMAN (*fait signe qu'on l'introduise.*)

ARTUR.

J'obéis aux ordres du Secrétaire d'Etat.

BONFIL.

Faites-moi le plaisir de vous asseoir. (*Artur s'assied.*)

MAJER.

Messieurs, je suis chargé par une Commission

dilucidare l' accusa di questa dama. (*acennando Pamela.*)

PAMELA.

Signore, sono calunniata; sono innocente.

MAJER.

Ancora non vi permetto giustificarvi.

ERNOLD.

Non prestate fede alle sue parole...

MAJER (*ad Ernold.*)

Voi parlerete quando vi toccherà di parlare. (*A Bonfil.*) Milord chi è la persona, cui sospettate complice con vostra moglie?

BONFIL.

Milord Artur.

ARTUR.

Un cavaliere onorato....

MAJER (*ad Artur.*)

Contèntatevi di tacere. (*A Bonfil.*) Quai fondamenti avete di crederlo?

BONFIL.

Ne ho moltissimi.

MAJER.

Additatemi il primo.

BONFIL.

Furono trovati da solo a sola.

MAJER.

Dove?

BONFIL.

In questa camera.

MAJER.

Il luogo non è ritirato. Una camera d'udienza non è sospetta. Chi li ha trovati?

spéciale, d'examiner l'accusation portée contre Madame. (*Il désigne Paméla.*)

PAMÉLA.

Monsieur, la calomnie m'attaque, mais je suis innocente.

MAJER.

Je ne puis vous permettre encore de vous justifier.

ERNOLD.

Gardez-vous d'ajouter foi à ses discours.

MAJER (*à Ernold.*)

Vous parlerez, Monsieur, quand votre tour sera venu de répondre. (*A mylord Bonfil.*) Mylord, quelle est la personne que vous soupçonnez de complicité avec votre épouse?

BONFIL.

Mylord Artur.

ARTUR.

Un homme d'honneur...!

MAJER (*à Artur.*)

Veuillez garder encore le silence. (*A Bonfil.*) Et sur quel fondement le croyez-vous?

BONFIL.

J'ai une foule de raisons.

MAJER.

Indiquez-moi la première.

BONFIL.

Ils ont été trouvés tête-à-tête.

MAJER.

Où cela?

BONFIL.

Ici.

MAJER.

Ce n'est point un endroit retiré; un salon de compagnie n'est pas suspect. Et qui les a surpris ensemble?

BONFIL.

Il cavaliere Ernold.

MAJER (*a Ernold*)

Che dicevano fra di loro?

ERNOLD.

Io non lo posso sapere. So, che mi ha fatto fare mezz'ora di anticamera; so che non mi voleva ricevere, e che vedendomi entrare a suo malgrado, si sdegnò la Dama, si adirò il Cavaliere, e i loro sdegni sono indizj fortissimi di reità.

MAJER.

Ve li può far credere tali l'impazienza dell'aspettare; la superbia di non essere bene accolto. (*Ad Artur.*) Milord, che facevate voi con Pamela?

ARTUR.

Tentavo di consolarla colla speranza di veder graziato il di lei Genitore. Milord Bonfil non può sospettare della mia onestà. Ha egli bastanti prove della mia amicizia.

MILEDI (*ironico.*)

L'amicizia di milord Artur poteva essere interessata, aspirando al possesso di quella rara bellezza.

MAJER.

Nelle vostre espressioni si riconosce il veleno; tutti questi sospetti non istabiliscono un principio di semiprova.

BONFIL.

Ve ne darò una io, se lo permettete, che basterà per convincere quella disleale. Compiacetevi di leggere questo foglio.

MAJER (*prende la lettera, e legge piano.*)

BONFIL.

Le chevalier Ernold.

MAJER (*à Ernold.*)

Que disaient-ils ?

ERNOLD.

Ma foi, je ne puis trop le savoir. Tout ce que je sais, c'est qu'on m'a fait faire une demi-heure d'antichambre, qu'on ne voulait pas me recevoir, et qu'en me voyant entrer, malgré la défense expresse, Madame s'est fâchée, Monsieur s'est emporté contre moi ; et je regarde leur colère comme de fortes indices du crime dont on les accuse.

MAJER.

L'impatience d'attendre, l'orgueil d'être mal reçu, tout cela peut vous les faire paraître tels. (*A Artur.*) Mylord, que faisiez-vous avec Madame ?

ARTUR.

Je m'efforçais de la consoler par l'espérance de voir bientôt son père réhabilité. Mylord Bonfil ne peut suspecter mon honnêteté ; il a assez de preuves de mon amitié pour lui.

MYLADI (*ironiquement.*)

L'amitié de Mylord pouvait être intéressée : il aspirait sans doute à la possession de cette rare beauté.

MAJER.

Le poison de la haine perce, Madame, dans ces expressions. Tous ces soupçons réunis n'établissent pas une semi-preuve.

BONFIL.

Si vous le permettez, Monsieur, je vais en fournir une qui suffit pour convaincre la perfide. Donnez-vous la peine de lire cet écrit.

MAJER (*prend la lettre, et lit tout bas.*)

MILEDI (*piano ad Ernold.*)

Mi pare, che quel Ministro sia inclinato assai per Pamela.

ERNOLD (*piano a Miledi*)

Eh niente; ha che fare con me, ha che far con un viaggiatore.

MAJER (*a Pamela.*)

Miledi, in questo foglio si rinchiudono dei forti argomenti contra di voi.

PAMELA.

Spero non sarà difficile lo scioglimento.

MAJER.

E chi può farlo?

PAMELA.

Io medesima, se il permettete.

MAJER.

Ecco l'accusa, difendetevi, se potete farlo.

PAMELA.

Signore, vagliami la vostra autorità, per poter parlare senza esser da veruno interrotta.

MAJER.

Lo comando a tutti in nome del reale Ministro.

MILEDI (*ad Ernold.*)

Pigliamoci questa seccatura.)

ERNOLD (*come sopra.*)

Già non farà niente.

PAMELA.

Signore, a tutti è nota la mia fortuna. Si sa, che di una povera serva, son diventata padrona, che di rustica, ch'io era creduta, si è scoperta nobile la

MYLADI (*bas à Ernold.*)

Il me semble que ce Ministre penche un peu pour Paméla.

ERNOLD (*bas à Myladi.*)

Ne craignez donc rien : il a affaire à moi, affaire à un voyageur.

MAJER (*à Paméla.*)

Madame, ce billet renferme de terribles preuves contre vous.

PAMÉLA.

Je me flatte qu'il ne sera pas difficile de les réfuter.

MAJER.

Et qui s'en chargera?

PAMÉLA.

Moi, Monsieur, si vous le permettez.

MAJER.

Voilà l'accusation ; défendez-vous, si vous le pouvez.

PAMÉLA.

Monsieur, que votre autorité m'obtienne du moins de pouvoir parler sans être interrompue par qui que ce soit.

MAJER.

J'en fais une loi à tout le monde, au nom du Ministre.

MYLADI (*à Ernold.*)

Il nous faut endurer cette ennuyeuse discussion.

ERNOLD (*à Myladi.*)

Cela ne servira de rien du tout.

PAMÉLA.

Monsieur ; mon sort est connu de tout le monde. On sait que de simple servante je suis devenue tout-à-coup une grande dame : que, long-temps supposée une pauvre paysanne, j'ai découvert la noblesse de mon origine ; et que Mylord qui m'aimait, est devenu

mia condizione, e che Milord, che mi amava, è divenuto il mio caro sposo. Si sa altresì, che quanto la mia creduta viltà eccitava in altri il dispetto, eccitò altrettanto la mia fortuna l'invidia; e che l'odio giuratomi da miledi Daure non si è che nascosto sotto le ceneri, per iscopiare a tempo più crudelmente. Il Cavaliere, che m'insultò da fanciulla, non ebbe riguardo a perseguitarmi da maritata. Avrei avuta la sua amicizia, se avessi condisceso alle sciocccherie; la mia serietà lo ha sdegnato, e il mal costume lo ha condotto a precipitare i sospetti. Mi trovò con milord Artur a ragionar di mio padre. Questo povero vecchio, sul punto di riaquistare la libertà, trova difficoltata la grazia. Io lo raccomando a milord Artur, egli mi promette la sua assistenza; deggio partir di Londra con mio marito; glie ne do parte con un viglietto. Ecco la lettera, che mi accusa, ecco il processo delle mie colpe, ecco il fondamento della mia reità; ma dirò meglio, ecco il fondamento della mia innocenza. Scrivo a milord Artur: *Voi sapete, ch'io lascio in Londra la miglior parte di me medesima.* Perdonimi il caro sposo, se preferisco un altro amore all'amor conjugale. Mio padre mi diè la vita; egli è la miglior parte di me medesima. Sì, dice bene la lettera: *E mi consola soltanto la vostra bontà, in cui unicamente confido.* Non ho altri da confidare che nel mio caro sposo, e in milord Artur; se il primo viene meco in campagna, resta l'altro in Londra per favorire mio padre. Il concerto di questa mane fu intorno alla sospirata grazia, che mi lusingò di ottenere. Desiderai, che mi portasse la lieta nuova alla contea di Lincoln, e mi lusingai, che l'amor del mio caro sposo avesse accolto con tenerezza l'apportatore della mia perfetta felicità. L'errore, che in questo foglio ho comesso, è averlo scritto senza parteciparlo al mio sposo. Da ciò nacquero i suoi sospetti. Ciò diè fomento alla maldicenza, e la com-

mon cher époux. On n'ignore pas non plus qu'autant la bassesse prétendue de mon origine inspirait de mépris pour moi à de certaines personnes, autant l'éclat imprévu de ma fortune a excité depuis de jalousie dans leur cœur. La haine que m'avait juré myladi Daure n'a paru assoupie un moment, que pour se ranimer avec plus de fureur encore. Le Chevalier qui avait osé insulter Paméla fille, ne s'est point fait un scrupule de persécuter Paméla mariée. J'aurais obtenu son amitié, sans doute, si j'avais pu me prêter à ses mauvaises plaisanteries : mon sérieux l'a irrité, et son mauvais ton l'a naturellement amené à hasarder des soupçons. Je me trouvai en effet avec mylord Artur ; nous parlions de mon père. Sur le point de recouvrer sa liberté, cet infortuné vieillard, trouve des difficultés à obtenir sa grace ; je le recommande à mylord Artur, qui me promet tous les secours de l'amitié. Au moment de quitter Londres avec mon époux, j'en instruis Mylord par un billet. La voilà cette lettre qui m'accuse ; voilà le motif de mes fautes, voilà la base de tous les soupçons. J'écris à mylord Artur.

Vous savez que je laisse à Londres la plus chère partie de moi-même.

Pardonnez cher époux, s'il est un amour qui l'emporte encore dans mon cœur sur l'amour d'un époux. Mon père me donna la vie ; il est la plus chère partie de moi-même.

Votre bonté seule me console, et j'y mets toute ma confiance.

Ma confiance ne repose que dans mon époux et dans mylord Artur : si le premier vient avec moi à la campagne, le second reste à Londres pour servir les intérêts de mon père. Notre entrevue de ce matin avait pour objet cette grâce désirée, qu'il se flattait de pouvoir obtenir. Je souhaitai qu'il m'apportât cette heureuse nouvelle au comté de *Lincoln*, bien convaincue que la tendresse de mon époux accueil-

binazione degli accidenti mi fe comparire in divisa di rea. Di quest'unica colpa mi confesso, mi pento, ed al mio caro sposo chiedo umilmente perdono. Deh! quell'Anima bella non mi creda indegna della sua tenerezza; non faccia un sì gran torto alla purità di quella fede, che gli ho giurata, e che gli serberò fin ch'io viva. Se sono indegna dell'amor suo, me lo ritolga a suo grado, mi privi ancor della vita; ma non del dolce nome di sposa. Questo carattere, che mi onora, è indelebile nel mio cuore, non ho demerito, che far lo possa arrossire d'avermelo un dì concesso. I Numi mi assicurano della loro assistenza. I Tribunali mi accertano della loro giustizia; deh mi consoli il mio caro sposo col primo amore, col liberale perdono, colla sua generosa pietà.

BONFIL (*resta ammutolito, coprendosi il volto colle mani, e mostrando dell'agitazione.*)

ERNOLD (*da se.*)

Questa perorazione è cosa degna del mio taccuino. (*Tira fuori il taccuino, e vi scrive sopra.*)

MILEDI (*da se.*)

Pagherei cento Doppie, a non mi ciesser trovata.

M.ma JEURE (*da se.*)

Se non si persuade, è peggio di un cane.

MAJER (*a Bonfil.*)

Signore, non dite niente? non siete ancor persuaso?

BONFIL.

Ah! sono fuor di me stesse. Troppo immagini in

lerait avec transport celui qui viendrait mettre par
là le comble à ma félicité. La seule faute que j'aie
commise en ceci, c'est d'avoir écrit cette lettre, sans
la communiquer à mon époux. Voilà la source de
ses soupçons ; voilà ce qui fournit des alimens à la
calomnie ; et le concours malheureux des circonstances m'a fait paraître coupable un moment. Je ne
reconnais que cette seule faute, je m'en repens,
et j'en demande humblement pardon à mon époux.
Ah ! que cette belle ame ne me croie pas indigne
de sa tendresse ; qu'il ne fasse pas ce cruel affront
à l'inaltérable pureté de la foi que je lui ai jurée,
et que je lui conserverai toute ma vie. Si je suis
indigne de son amour, qu'il me le retire au gré de
son envie ; qu'il me prive même de la vie, mais non
du titre chéri de son épouse. Ce titre qui m'honore
est ineffaçable dans mon cœur, et ma conduite ne
fera jamais rougir Mylord de me l'avoir accordé.
Le Ciel me promet son appui, les Tribunaux m'as-
surent de leur justice ; ah ! que mon cher époux
me rende son premier amour, me pardonne généreusement, et déploie pour moi sa bonté.

BONFIL (*hors de lui, se couvre le visage de ses mains, et montre la plus grande agitation.*)

ERNOLD (*à part.*)

Voilà une péroraison qui mérite une place dans
mes tablettes. (*Il les tire et écrit dessus.*)

MYLADI (*à part.*)

Je donnerais cent doubles, pour ne m'être pas
trouvée ici.

Mme JEFFRE (*à part.*)

S'il n'est pas convaincu à présent, il faut qu'il soit
pire qu'une bête brute.

MAJER (*à Bonfil.*)

Vous ne dites rien, Monsieur ? N'êtes-vous point
encore persuadé ?

BONFIL.

Ah ! je suis hors de moi. Trop d'images à la

una sol volta mi affollano in mente. L' amore, la compassione, m' intenerisce. (*Accennando Pamela.*) L' ira contro questi importuni mi accende. (*Accennando miledi Daure, ed il Cavaliere.*) La presenza di Artur mi mortifica, e mi fa arrossire; ma oimè, quel, che più mi agita, e mi confonde, e non mi fa sentir il piacere estremo della mia contentezza, è, cara sposa, il rimorso di avervi offesa, di avervi a torto perseguitata, e ingiustamente afflitta. Nò, l' ingrata mia diffidenza non merita l' amor vostro. Quanto siete voi innocente, altrettanto son io colpevole. Non merito da voi perdono, e non ardisco di domandarvelo.

PAMELA.

Oh Dio! Consorte, non parlate così, che mi fate morire. Scordatevi per carità dei vostri sospetti; io non mi ricorderò più delle mie afflizioni. Uno sguardo pietoso, un tenero abbraccio, che voi mi diate, compensa tutte le pene sofferte, tutti i spasimi, che ho tollerati.

BONFIL.

Ah! sì, venite fra le mie braccia. Deh, compatitemi.

PAMELA.

Deh! amatemi. (*Piangendo.*)

LONGMAN.

E chi può far a meno di piangere?

MAJER.

Milord, vi pare che il processo sia terminato?

BONFIL.

Ah! sì, ringraziate per me il Reale, Ministro.

LONGMAN.

Se bisognassero testimonj, son quà io.

fois s'offrent à mon esprit. L'amour, la pitié m'attendrissent, (*en désignant Paméla*); la colère m'enflamme contre ces perfides, (*en montrant Myladi et Ernold*); la présence d'Artur m'afflige et me fait rougir! Mais ce qui m'agite, ce qui me confond le plus, hélas! ce qui m'empêche de sentir le plaisir extrême dont me comble ce moment, c'est le remords, chère épouse, de vous avoir offensée, de vous avoir si mal-à-propos persécutée et affligée aussi injustement. Non, mon injuste méfiance ne mérite plus votre amour. Plus vous êtes innocente, plus je deviens coupable. Je suis indigne du pardon, et je n'ose pas même l'implorer.

PAMÉLA.

Oh Dieu! cher époux, ne tenez point un pareil langage: vous me faites mourir. Oubliez, de grâce, oubliez vos soupçons; je ne me ressouviendrai plus de mes peines. Un regard de pitié, un tendre embrassement de votre part, compensent tous les chagrins que j'ai endurés, tous les affronts que j'ai pu essuyer.

BONFIL.

Ah! oui; viens dans mes bras, viens, et pardonne-moi.

PAMÉLA.

Ah! aimez-moi toujours. (*Elle pleure.*)

LONGMAN.

Qui pourrait retenir ses larmes?

MAJER.

Vous croyez bien, Mylord, que le procès est terminé?

BONFIL.

Ah! oui. Remerciez pour moi le Ministre, s'il vous plaît.

LONGMAN.

S'il faut encore des témoins, me voilà, moi.

Mma JEURE.

L'onestà della mia padrona non ha bisogno di testimonj. Sono così contenta, che mi pare di essere morta, e risuscitata.

MAJER.

Che dicono gli accusatori?

MILEDI.

Ho ira contro di mio nipote, che mi ha fatto credere delle falsità.

ERNOLD (*a Miledi.*)

Io sono arrabbiato contro di voi, che de' miei leggeri sospetti avete formata una sicurezza.

BONFIL.

Cavaliere, Miledi, mi farete piacer da qui innanzi, di non frequentar la mia casa.

MILEDI (*ad Ernold.*)

Ha ragion mio fratello.

ERNOLD.

Che importa a me della vostra casa? qui non si sente altro, che Londra, Londra, e sempre Londra. Non la posso più sentir nominare. Sì, ho risoluto in questo momento. Se comandate niente, domani parto. (*S'alza.*)

BONFIL.

Per dove?

ERNOLD.

Per l'America Settentrionale. (*Parte.*)

MILEDI (*a Pamela.*)

Cognata, mi perdonate?

PAMELA.

Io non saprei conservar odio, se anche volessi.

Mme JEFFRE.

L'honnêteté de ma Maîtresse n'en a pas besoin. Je suis si contente, qu'il me semble avoir été morte, et ressusciter tout d'un coup.

MAJER.

Que disent les accusateurs ?

MYLADI.

J'en veux beaucoup à mon neveu, qui m'a fait croire des faussetés.

ERNOLD (à Myladi.)

Et je vous en veux bien plus, moi, d'avoir établi une certitude sur mes légers soupçons.

BONFIL.

Chevalier, Myladi, vous me ferez le plaisir de ne plus remettre dorénavant les pieds chez moi.

MYLADI (à Ernold.)

Mon frère a raison.

ERNOLD.

Je m'embarrasse ma foi bien de votre maison ! chez vous, c'est Londres, Londres, et toujours Londres, que je ne puis plus entendre nommer. Mon parti est pris dès ce moment ; et si vous n'avez rien à m'ordonner, je pars demain. (*Il se lève.*)

BONFIL.

Pour ?....

ERNOLD.

Pour l'Amérique septentrionale. (*Il sort.*)

MYLADI (à Paméla.)

Chère sœur ! me pardonnez-vous ?

PAMÉLA.

Quand vous le voudriez, mon cœur ne pourrait nourrir la haine.

BONFIL.

Sì, cara Pamela, siete sempre più amabile, siete sempre più virtuosa. Venite fra le mie braccia; venite ad essere pienamente contenta.

PAMELA.

Ah, Signore, non posso dissimular la mia pena. Mio padre mi stà sul cuore. Se non lo vedo, non son contenta; se non è salvo, non mi sperate tranquilla.

BONFIL.

Majer, deh per amor del Cielo....

MAJER.

Non vi affliggete. Il Conte d' Auspingh non è molto da voi lontano.

PAMELA.

Oh Cieli! dov' è mio padre?

MAJER.

Venuto è meco per ordine del Segretario di Stato. M' impose tenerlo occulto, per non confondere colla sua presenza l' importante affare, che felicemente si è consumato. Ordinate, che s' introduca.

BONFIL.

Dov' è mio Suocero?

PAMELA.

Dov' è mio Padre?

BONFIL.

Oui, ma chère Paméla, toujours plus aimable, toujours plus vertueuse! viens dans mes bras, viens; rien désormais ne manquera à ton bonheur.

PAMÉLA.

Je ne puis cependant vous dissimuler ma peine. Mon père m'occupe toujours; plus de bonheur, plus de tranquillité pour mon cœur, si je ne le revois, et si ses jours ne sont en sureté.

BONFIL.

Majer, au nom du Ciel!....

MAJER.

Ne vous affligez point. Le comte d'Auspingh n'est pas bien loin de vous.

PAMÉLA.

Oh, Ciel! où est mon père?

MAJER.

Il m'a accompagné par ordre du Secrétaire d'Etat, qui m'enjoignit de le tenir caché, de peur que sa présence ne troublât l'importante affaire qui, grâces au Ciel, s'est si heureusement terminée. Ordonnez qu'on l'introduise.

BONFIL.

Où est mon père?

PAMÉLA.

Le cher auteur de mes jours?

SCENA ULTIMA.

DETTI, il Conte d'AUSPINGH.

IL CONTE.

Eccomi, cara figlia, eccomi adorato mio genero.

PAMELA.

Oh tenerezza estrema! E quando mai sarò perfettamente contenta? Quando mai vi vedrò libero, senza il timore, che vi accompagna?

IL CONTE (*a Majer.*)

Signore, non le partecipaste l'arcano?

MAJER (*al Conte.*)

Nò; diteglielo da voi medesimo.

IL CONTE.

Sì, Figlia, mosso a pietà il Ministro; dell'età mia avanzata, de' miei passati disastri, e del mio presente dolore, superò i riguardi, e fecemi compitamente la grazia.

PAMELA.

Oh Dio! a tante gioje non so resistere.

BONFIL.

Oh giorno per me felice!

IL CONTE.

Ringraziamo il Cielo di tanta consolazione.

SCÈNE DERNIÈRE.

Les Mêmes; le Comte d'AUSPINGH.

Le Comte.

Me voilà, ma chère fille; me voilà, gendre adoré!

Paméla.

O tendresse extrême! Quand serai-je donc parfaitement heureuse! quand vous verrai-je libre et affranchi de la crainte qui vous accompagne?

Le Comte (*à Majer.*)

Vous ne lui avez donc point fait part du secret important?....

Majer (*au Comte.*)

Non; apprenez-le lui vous-même.

Le Comte.

Oui, ma fille; mon grand âge, mes malheurs passés, ma douleur présente, ont touché le Ministre de compassion; il a franchi tous les obstacles, et m'a accordé ma grâce, sans restriction.

Paméla.

Oh, Dieu! je ne puis suffire à tant de joie.

Bonfil.

O jour heureux pour moi!

Le Comte.

Remercions le Ciel de tant de bienfaits.

PAMELA.

Ah sì ; se fui contenta il giorno delle fortunate mie nozze, oggi sono più che mai consolata per la libertà di mio padre, e per la quiete dell' animo ricuperata. Un gran bene non si acquista per solito senza traversie, senza affanni. La provvidenza talvolta mette i cuori a cimento, per esperimentare la loro costanza; ma somministra gli ajuti alla tolleranza, e non lascia di ricompensare la virtù, l'innocenza, e la sommissione.

Fine della commedia.

COMÉDIE.

PAMÉLA.

Ah! si le jour de mon heureux hymen fut un beau jour pour moi, combien je suis plus satisfaite encore aujourd'hui, en voyant mon père recouvrer sa liberté, et la paix rentrer dans son ame. Un grand bien, pour l'ordinaire, ne s'acquiert point sans traverses et sans ennuis. Quelquefois la Providence met les cœurs à l'épreuve, pour connaître leur constance; mais elle les soutient dans la souffrance, et finit toujours par récompenser la vertu, l'innocence, et la soumission à ses décrets.

Fin du troisième et dernier Acte.

EXAMEN
DE LA COMÉDIE DE PAMÉLA MARIÉE.

Il y a dans cette pièce infiniment plus d'intérêt et de mouvement dramatique que dans la précédente, qui, en général, est un peu froide, et doit la plus grande partie de son mérite à la situation de Bonfil, au charme continu du rôle de Paméla, et à la sagesse d'Artur, qui n'est ni triste ni pédantesque.

Ici, les intérêts sont beaucoup plus grands, et les situations, par conséquent, plus attachantes. Une femme pour qui Bonfil a tout fait, qu'il a aimée, et qu'il aime éperduement, coupable à ses yeux de la plus lâche ingratitude, de la perfidie la plus criminelle : un homme, un ami tel qu'Artur, complice en apparence de la trahison de Paméla : une sœur vindicative, jalouse dans tous les temps du mérite et du bonheur de Paméla, profitant avec avidité de l'occasion de la perdre : un jeune fat accumulant, avec une inconcevable légéreté, les preuves du prétendu délit, et ne trouvant rien que de fort naturel dans la conduite supposée d'Artur et de Paméla : un époux dévoré par la jalousie, et brûlé en même-temps de tous les feux de l'amour ; quels personnages à mettre en scène ! quelle source féconde d'intérêts ! quelle carrière enfin ouverte devant le poëte dramatique ! Voilà ce que *Goldoni* a imaginé : l'exécution répond-elle au dessein ? c'est ce que nous allons examiner.

La réputation de vertu de Paméla est si bien établie auprès de son époux et du spectateur, qu'il faut pour la détruire, pour l'ébranler seulement, des motifs bien fondés, ou du moins de très-fortes apparences. Ce qui compromettrait facilement tout autre femme, est insuffisant ici, parce que Paméla n'est point une femme ordinaire, et que sa conduite antérieure peut tout faire présumer d'elle, excepté le mal. Il faut l'évidence même pour la soupçonner, et des preuves sans réplique pour la convaincre. C'est le comble de l'art, sans doute, d'avoir exposé la plus vertueuse, la plus aimable des femmes, au plus grand de tous les chagrins, celui de perdre l'amour de l'époux qu'elle chérit; au plus grand de tous les malheurs, celui d'être accusée et presque convaincue de l'avoir trahi. Cette situation déchirante, que le spectateur partage, est susceptible du plus grand effet, et il y en a aussi dans la pièce que nous analysons. Mais les moyens qui le produisent sont-ils assez vraisemblables? La jalousie, et par conséquent la conduite de Bonfil, sont-elles motivées? Il est naturellement jaloux, et la jalousie ne raisonne pas. Non ; mais l'amour examine, et Bonfil élude toute espèce d'examen, et ne cherche point à justifier ce qu'il aime, penchant aussi doux qu'il est naturel au cœur d'un amant. Voyez comme dans Zaïre, Orosmane, tout en disant :

Les éclaircissemens sont indignes de moi,

en revient deux fois cependant à ces mêmes *éclaircissemens* qu'il a jugés si *indignes* de lui ; voyez comme il cherche et fournit à son amante tous les moyens de justification que l'amour, la vraisemblance et le désir sur-tout de la trouver innocente, lui peuvent suggérer ; et quand tout semble se réunir pour le convaincre qu'il est trahi, entendez-le s'écrier encore :

Laissez, sur-tout, laissez Zaïre en liberté !

Et quand prononce-t-il ce vers? c'est à la fin du quatrième acte, c'est lorsqu'il tient entre ses mains des preuves manifestes de la perfidie de Zaïre, c'est au moment enfin de la catastrophe la plus tragique peut-être qu'offre tout le théâtre français. Voilà la marche du cœur humain ; c'est ainsi qu'Orosmane a dû agir et parler, parce que c'est ainsi qu'on aime.

Il ne s'agit point d'établir ici un parallèle suivi entre deux ouvrages qui ne présentent tout au plus que quelques points de comparaison dans les détails : nous rapprochons seulement des situations qui sont et ont dû être les mêmes, et nous observons de quelle manière elles ont été traitées par deux écrivains distingués, par deux grands peintres des passions.

Bonfil connaît assez *Ernold* pour mépriser ses rapports ; assez *Artur*, pour ne pas embrasser légèrement l'idée d'un soupçon à son égard. C'était le cas d'une explication franche et amicale, et elle n'a point lieu : le seul endroit de la pièce où elle se présentait naturellement, est la scène septième du second acte, et cette scène finit par un défi, où l'on ne reconnaît plus la sagesse d'Artur qui doit plaindre et éclairer son ami, ou se disculper, au moins, de ses torts prétendus envers lui. Bonfil n'a contre Paméla d'autre preuve qu'une lettre qui offre, à la vérité, un sens équivoque et capable d'alarmer un époux, qui aurait d'ailleurs quelques doutes déjà sur la conduite de sa femme. Mais pourquoi ne parler de cette lettre ni à Artur, ni à Paméla ? Comment se peut-il déterminer aussi précipitamment à sacrifier, sans examen, un ancien et respectable ami, une épouse si tendrement aimée ? Pourquoi, dans la scène si intéressante du troisième acte, où Paméla proteste si ingénument de son innocence, n'échappe-t-il pas à Bonfil de lui dire : *Lisez, perfide. Reconnaissez-vous cet écrit*, etc.

Nous doutons que le dénouement adopté par *Goldoni* fît aucun effet sur la scène française. Cet interrogatoire en forme, ce procès verbal, etc., tout cela paraîtrait bien froid à des spectateurs qui aiment à être remués, dans un dénouement sur-tout où le poëte est supposé avoir rassemblé toutes ses forces, pour porter à son comble l'intérêt qu'il a dû exciter dans le cours de la pièce. Quelque touchante, quelque noble que soit la manière dont Paméla se justifie, nous doutons qu'elle fût entendue avec intérêt dans cette circonstance, parce qu'il est impossible de voir ce qui l'a empêchée de dire plutôt tout ce qu'elle dit ici. Mais elle ignorait que Bonfil eût surpris sa lettre. Mais elle a revu depuis mylord Artur : comment ne lui a-t-elle pas demandé s'il avait reçu un billet qu'elle regarde elle-même comme si important ? Comment n'a-t-elle pas même demandé à Isac s'il s'était acquitté de sa commission ? On sent qu'il est difficile de justifier de pareilles invraisemblances. Des spectateurs français ne les pardonneraient point, et renverraient l'auteur à ce vers si connu :

L'esprit n'est point ému de ce qu'il ne croit pas.
(*Art poétique*.)

Nous avons actuellement sous les yeux le jugement que le comité de lecture de la comédie française porta, dans deux circonstances différentes, de la pièce française dont nous avons donné l'extrait. Comme, à l'exception du dénouement et de quelques scènes de détail, l'auteur a suivi le plan et employé les ressorts de *Goldoni*, le comité, tout en rendant une justice encourageante au style de l'ouvrage, relève toutes les invraisemblances dont nous avons parlé, et conclut qu'il serait impossible de jouer la pièce, sans lui faire subir de grandes corrections. Il eût été à souhaiter qu'en montrant le mal, le comité eût en même temps indiqué le remède. Qui peut donner à de jeunes auteurs des conseils plus précieux que des artistes familiarisés avec tous les chefs-d'œuvres de la scène, et qui, par la manière dont-ils les rendent, font découvrir chaque jour en eux de nouvelles beautés ?

IL MOLIERE,
COMMEDIA.

MOLIERE;

MOLIERE,

COMÉDIE

EN CINQ ACTES,

Représentée pour la première fois
a Turin, en 1751.

PRÉFACE
DU TRADUCTEUR.

C'est une grande, c'est une belle époque dans les annales du théâtre, que celle où le premier de tous les poëtes comiques, celui qui avait surpassé de si loin ses modèles, et désespéré d'avance ses imitateurs, fut introduit lui-même sur la scène par celui de tous ses rivaux qui était le plus capable de reproduire, en partie du moins, les traits du grand homme qu'il voulait peindre, et de le faire parler et agir d'une manière digne de lui. MOLIERE, GOLDONI! noms à jamais célébres, et devenus inséparables, vous arriverez à la postérité, comblés des éloges de tous les siècles que vous aurez majestueusement traversés ensemble.

Quelle gloire pour *Moliere*, que les Italiens, que l'Europe entière n'ayent rien trouvé de plus grand que son nom, quand leur admiration épuisée cherchait à décorer *Goldoni* d'un titre égal à son génie! et quel triomphe pour *Goldoni*, d'avoir mérité et obtenu celui de *Moliere de l'Italie!* Ce n'est pas que le poëte Italien ne sentit lui-même tout ce qu'il y avait d'exagéré dans un éloge dont il eût été indigne, par cela seul qu'il aurait cru le mériter. Il connaissait et calculait mieux que personne l'intervalle immense qui le séparait encore du poëte Français : et lorsque l'enthousiasme de ses concitoyens lui prodiguait le nom de *Moliere*, il répondait avec une modestie qui était dans son cœur comme dans ses paroles : *il n'y a qu'un Moliere au monde, et il appartient à la France.*

> Voilà le vrai mérite. Il parle avec candour ;
> L'envie est à ses pieds ; la paix est dans son cœur.
> (*Volt. Disc. sur l'Envie.*)

Cette admiration était vraie, parce qu'elle était éclairée, et elle excitait en lui une émulation louable, sans y nourrir le ridicule espoir d'atteindre jamais son modèle. C'est dans *Moliere* que *Goldoni* étudiait son art, et il ne taisait ni les obligations qu'il lui avait, ni le culte assidu dont il honorait son génie : son éloge était sans cesse dans sa bouche ; et c'était toujours avec l'expression du respect qu'il prononçait son nom. Enfin, il voulut rendre à celui qu'il appelait *son père* et son *maître*, un témoignage public de sa reconnaissance et de son attachement. Il conçut donc le projet de présenter, sur la scène, à l'admiration de ses compatriotes ce même homme dont la réputation leur était parvenue depuis long-temps, et dont les ouvrages, traduits dans toutes les langues, faisaient les délices de tous les peuples.

La vie de Moliere offrait une époque aussi glorieuse pour lui qu'intéressante pour les mœurs et pour les lettres en général ; c'est la représentation du *Tartufe*. On sait que, furieuse de se voir démasquer, l'hypocrisie religieuse mit tout en œuvre pour étouffer dans sa naissance cet admirable ouvrage, et que jamais peut-être il n'eût été joué, sans la protection spéciale dont Louis XIV honorait l'auteur du *Misanthrope*. Mais *Moliere* ne se découragea point ; et bravant les clameurs d'une cabale doublement méprisable, et par son objet et par ses moyens, il jouit du succès éclatant de sa pièce et du désespoir de ses ennemis terrassés, confondus, mais non corrigés. Il est une espèce d'homme que l'on ne corrige point ; et les faux-dévots sont ces hommes-là. *Moliere* ne les changea point, sans doute ; et il connaissait trop le cœur humain pour s'en flatter ; mais il rendit à la société le plus grand de tous les services, en les couvrant d'un opprobre éternel et d'un ridicule ineffaçable ; en ouvrant les yeux trop crédules sur les pieuses fraudes, sur les modestes intrigues, et sur-tout sur les intentions pures de ces vils *contrefacteurs* de vertus ; en établissant enfin une distinction juste et sublime entre la vraie et la fausse dévotion. Ce fut, de tous les ouvrages de *Moliere*, celui qui réussit le plus complètement; et le jour de son succès fut, sans contredit, le plus beau de la vie de son illustre auteur.

C'est celui que *Goldoni* a choisi pour l'époque de sa comédie. La représentation du *Tartufe*, voilà le grand objet de la pièce; l'amour de Moliere pour la fille de *la Béjart*, et son mariage avec cette célèbre actrice, en voilà le nœud et le dénouement. La marche de l'ouvrage est très-simple, les caractères bien dessinés, le dialogue excellent, le style généralement soigné; le rôle de *Moliere*, entre autres, est parfaitement écrit d'un bout à l'autre. Ceux qui ont étudié l'homme dans ses ouvrages, reconnaîtront facilement que *Moliere* a pu faire et dire en effet dans son intérieur, tout ce qu'il dit et fait dans la pièce de *Goldoni*.

Cette comédie présentait plus d'une difficulté: le traducteur ne se flatte pas de les avoir toutes surmontées. Il n'est garant que de sa bonne volonté, de son zèle ardent pour le travail, et de son profond respect pour le public.

PERSONAGGI.

MOLIERE, autore di Commedie, e Comico Francese.

LA BEJART, Comica.

GUERRINA, figlia della Bejart, e amante riamata di Moliere.

VALERIO, Comico, ed amico di Moliere.

Il Signor PIRLONE, Ipocrita.

LEANDRO, amico di Moliere.

Il Conte FREZZA, Critico ignorante.

FORESTA, servante di Moliere.

LESBINO, servitor di Moliere.

La Scena si rappresenta in Parigi, in casa di Moliere, in una camera terrena con tre porte.

PERSONNAGES.

MOLIERE, auteur de Comédies, et Comédien Français.

LA BÉJART, Comédienne.

ISABELLE, sa fille, amante aimée de Moliere.

VALERE, Comédien, ami de Moliere.

Monsieur PIRLON, hypocrite.

LÉANDRE, ami de Moliere.

Le Comte FREZZA, critique ignorant.

LAFORÉT, servante de Moliere.

LESBIN, son valet.

La Scène est à Paris, chez Moliere, dans un sallon au rez de chaussée, qui communique à divers autres appartemens.

IL MOLIERE,
COMMEDIA.

ATTO PRIMO.

SCENA PRIMA.

LEANDRO, e MOLIERE.

LEANDRO.

Eh via, Moliere amico, mostratevi gioviale;
Un autor di commedie, un uom, che ha tanto sale;
Che con le sue facezie fa rider tutto il mondo,
Co' proprj amici in casa non sarà poi giocondo?

MOLIERE.

Oh quanto volentieri al Diavol manderei
Tutte le mie Commedie, e i Commedianti miei!

LEANDRO.

Oh bella, oh bella affè, or sembra che v'attedie
L'amabile esercizio di schiccherar Commedie;

MOLIERE,
COMÉDIE.

ACTE PREMIER.

SCÈNE PREMIÈRE.
LÉANDRE, MOLIERE.

LÉANDRE.

Allons, Moliere ; allons, mon ami, déridez-vous un peu. Comment ! un auteur de comédies, un homme, dont les saillies sont si heureuses et si plaisantes, un homme enfin qui fait rire tout le monde, ne saura jamais rire chez lui avec ses amis !

MOLIERE.

Mes comédies, mes comédiens, je voudrais que tout cela fût au diable.

LÉANDRE.

Mais on dirait vraiment, à ce courroux, que vous voilà dégoûté pour la vie de l'occupation aimable

E pur v'hanno acquistato la protezion Reale,
E un migliajo di lire di pensione annuale.

MOLIERE.

Servir sì gran Monarca se non foss'io obbligato,
Vorrei andare a farmi rimettere soldato,
O sopra una montagna a viver da eremita,
Anzi che pel teatro menar sì dura vita.

LEANDRO.

Ma ditemi di grazia, dite, che cosa avete?

MOLIERE.

Deh! non mi fate dire... Per carità, tacete.
Il pubblico indiscreto non si contenta mai.
Oh quanti dispiaceri, quanti affanni provai!
E quel ch'or mi deriva da' miei nemici fieri,
Sembravi, che esser possa un dispiacer leggieri?

LEANDRO.

Dir v'intendete forse d'allor, che l'Impostore
Vi venne proibito?

MOLIERE.

Di quello, sì Signore.
Eranoi lumi accesi; e gli operari in vano,
Per alzar il Sipario tenean le corde in mano.
Noi tutti eravam lesti; di popolo era piena,
Come di Francia è l'uso, oltre il Parter, la scena,
Quando a noi giunse un messo con il real decreto,
In cui dell'Impostore lessi il fatal divieto.

---

(1) Cet usage, ou plutôt cet abus existait en effet du temps de *Moliere*, et n'a été réformé que long-temps après lui. Aucune vérité dans le costume, une déclamation ridiculement ampoulée, des gestes faux, et toujours à côté de la nature; pas la moindre illusion d'optique; une foule de spectateurs indécemment confondus, sur la scène, avec les acteurs qu'ils troublaient par leur chuchotement continuel; tel était alors l'état de la scène; et c'est ainsi que furent

d'écrire des comédies ! vous leur êtes redevable cependant de la protection du roi, et, qui plus est, d'une pension annuelle de mille livres.

MOLIERE.

Oui, si je n'étais retenu par l'obligation de travailler aux plaisirs d'un aussi grand monarque, j'irais, de ce pas, prendre encore parti dans la troupe : je me condamnerais, sur une montagne, à la vie solitaire d'un hermite, plutôt que de traîner pour le théâtre une existence aussi pénible.

LÉANDRE.

Mais, répondez-moi, de grace : que vous est-il arrivé de nouveau ?

MOLIERE.

Ah ! ne me faites point parler.... Au nom de Dieu, taisez-vous. Le public est un indiscret que rien ne contente : combien de dégoûts, combien d'ennuis ne m'a-t-il pas fait supporter ? Et la disgrace que m'attire aujourd'hui mes cruels ennemis, la mettrez-vous, dites-moi, au rang des disgraces communes ?

LÉANDRE.

Vous voulez parler sans doute de la défense de jouer le Tartufe.

MOLIERE.

C'est cela même, Monsieur, c'est cela. Comment ! la salle était éclairée ; déjà les garçons de théâtre tenaient la corde en main, pour lever le rideau ; nous étions habillés ; les loges, le parterre, la scène même, (suivant le louable usage établi en France) (1) tout était plein. Un messager arrive, porteur d'un ordre du roi, où je lis la fatale défense de jouer le Tartufe.

---

représentés les chef-d'œuvres de nos grands Maîtres : ils réussirent cependant, tandis qu'aujourd'hui, une simple méprise, une bévue de garçon de théâtre suffisent pour faire tomber une pièce. Il y a, sans doute, une raison de cela.

MOLIERE,

LEANDRO.

Ma se vi fu sospeso un' altra volta ancora,
Perchè violare ardiste l'ordine uscito allora?

MOLIERE.

Il Re dappoi lo lesse, e l'approvò egli stesso,
E di riporlo in scena mi diè il real permesso.
Fu mia sventura estrema, che in Fiandra indi sen gisse,
E la licenza in voce mi ha data, e non la scrisse.
Spedito ho immantinente un abile soggetto,
E a momenti la grazia in regal foglio aspetto.
Vedranno quei Ministri, che a me non prestan' fede,
Che a Moliere si fa torto, quando a lui non si crede.
E gl' Ipocriti indegni, spero, avran terminato
Di cantar il trionfo, ch' hanno di me cantato.

LEANDRO.

Ma per dir vero, Amico, avete agl' impostori
Rivedute le buccie.

MOLIERE.

Eh, che son traditori.
Dall' altra trista gente difender ci possiamo;
Ma non dagl' inimici, che noi non conosciamo.
Ed è, credete Amico, santa, lodevol opra,
Che l'arte degl' indegni si sappia, e si discopra.

LEANDRO.

Basta vi passo tutto; ma vedervi desio,
Senza pensieri tristi allegro, qual son io.

MOLIERE.

Un uom, che ha il peso grave di dar piacere altrui,
Non può sì lietamente passare i giorni sui.
Voi altro non pensate, che a divertir voi stesso;
Viver senza pensieri a voi solo è permesso.

LÉANDRE.

Mais, permettez : la pièce avait été déjà suspendue ; n'y avait-il pas un peu de témérité de votre part à braver la défense faite alors ?

MOLIERE.

Depuis, le roi la lut, daigna l'honorer de son suffrage, et en permettre la représentation. Mais, malheureusement pour moi, il partit pour la Flandre, et la permission n'était que verbale. J'ai dépêché sur le champ un de mes plus habiles Sujets ; et j'attends d'un moment à l'autre un écrit qui contient la grâce que j'implore. Ils verront, ils verront, ces ministres qui ne daignent pas m'en croire, que Moliere mérite cependant que l'on ajoute foi à ses paroles ; et les vils hypocrites ne célébreront pas long-temps le triomphe qu'ils se flattent d'avoir remporté sur moi.

LÉANDRE.

Convenez aussi que vous avez bien maltraité les imposteurs.

MOLIERE.

Eh ! mon ami, ce sont des traîtres qu'il fallait faire connaître. On peut se défendre contre toutes les autres classes de méchans ; mais où est le bouclier contre des traits imprévus ? Croyez-moi, mon ami ; c'est une œuvre sainte, c'est une occupation sublime, que de dévoiler l'artifice et de démasquer l'hypocrisie.

LÉANDRE.

Soit ; je vous accorde tout cela. Mais je voudrais vous voir bannir les idées tristes ; vous voir gai comme moi, par exemple.

MOLIERE.

Mon cher, l'homme chargé de donner du plaisir aux autres, en goûte rarement lui-même. Pour vous, dont le plaisir est l'unique affaire, vous avez acquis le privilège de vivre sans inquiétudes.

LEANDRO.

E' tutto il gran pensiere, che m' occupa la mente,
La mattina per tempo bilanciar seriamente
Qual partita d' amici a scegliere ho in quel giorno,
Per passar la giornata in questo, o in quel contorno.

MOLIERE.

Siete pur moderato: so io quel che ragiono.

LEANDRO.

Viver, viver vogl' io. Filosofo non sono.

MOLIERE.

E ben, più viverete, se avrete più ragione.

LEANDRO.

Chi sente voi, Moliere, io sono un crapulone.

MOLIERE.

A un amico si dice la verità sincera;
Qual siete la mattina, voi non siete la sera.

LEANDRO.

Bevo eh?

MOLIERE.

Sì, un po' troppo.

LEANDRO.

    E il vin mi fa allegria.

---

(1) *Chapelle*, dont *Léandre* joue ici le rôle, était tel en effet que *Goldoni* nous le représente. Il avait de l'esprit et même des connaissances; mais le fond de son caractère était l'insouciance et la paresse. Il sut conserver dans la bonne compagnie de son temps, cette heureuse naïveté qui fait le principal mérite du petit nombre d'ouvrages qui nous restent de lui. Il joignait à ce don de la nature, celui d'observer avec finesse les ridicules de la société. Il y puisait des scènes comiques qu'il rendait à son ami *Moliere*; il n'était pas même fâché d'avoir la réputation d'être pour quelque chose dans les travaux littéraires de son ami. *Moliere* se vit forcé de le menacer plus d'une fois de rompre avec lui, s'il ne s'empressait de détromper le public à cet égard.

Quant au goût et aux habitudes de *Chapelle*, il faut observer qu'on ne se faisait alors aucun scrupule d'aller au cabaret, et que *Boileau*, *Racine* et *La Fontaine* faisaient très-souvent de ces petites

LÉANDRE.

Je vous demande bien pardon : ma matinée entière se passe à réfléchir très-sérieusement à quelle partie de plaisir je dois, ce jour là, donner la préférence, pour le passer agréablement ici ou là.

MOLIERE.

Vous êtes trop modeste : je sais ce que je dis.

LÉANDRE.

Ma foi, mon ami, je veux vivre. Je ne suis pas philosophe, moi.

MOLIERE.

Avec plus de raison, vous goûteriez mieux la vie.

LÉANDRE.

Comment donc! Me prenez-vous pour un crapuleux?

MOLIERE.

Vous êtes mon ami ; je vous dirai franchement la vérité. Vous n'êtes pas le soir ce qu'on vous a vu le matin.

LÉANDRE (1).

Je bois, n'est-ce pas?

MOLIERE.

Oui ; et même un peu trop par fois.

LÉANDRE.

Le vin m'inspire la joie.

---

parties; et mettant de côté l'amour propre et la gloriole d'auteurs, se délassaient de leurs travaux, en vidant amicalement une bouteille. *Boileau* lui-même, le sévère, le moraliste *Boileau*, prêchant un jour *Chapelle*, s'enivra avec lui, tout en lui recommandant la tempérance. La muse facile de *Chapelle* ne manqua pas de célébrer cet événement par le quatrain suivant :

O dieux ! que j'épargne de bile
Et d'injures au genre humain,
Lorsque versant ta lampe d'huile,
Je te mets le verre à la main !

La lampe d'huile est excellente, et peint merveilleusement le caractère du talent, et la manière laborieuse de l'exact *Boileau*.

MOLIERE.

Eccome!

LEANDRO.

E il vostro latte fa a voi malinconia.
Fate così anche voi; bevete, e state allegro;
Che latte? Altro che latte! Mescete bianco, e negro.

MOLIERE.

Voi non m'insegnerete una sì trista scuola.

LEANDRO.

Nè io la vostra imparo; no, sulla mia parola.

MOLIERE.

Oibò, quell'inebriarsi!

LEANDRO.

Ditemi, amico mio:
A letto più contento andate voi, o io?

MOLIERE.

Voi non potete dire d'andar contento a letto;
Un ebrio non conosce il bene dal diffetto.

LEANDRO.

Oh, oh! Mi ha inaridito Filosofia il palato:
Ecco per causa vostra sentomi già assetato.

MOLIERE.

Volete il Tè col latte?

LEANDRO.

No, no, non m'abbisogna;
Piuttosto una bottiglia del Reno, o di Borgogna.

MOLIERE.

A quest'ora?

LEANDRO.

Non bevo, come voi vi credrete,
Quando suonano l'ore, ma bevo quando ho sete
Se foste galantuomo, di quegli amici veri,
Me la fareste dare adesso.

MOLIERE.

COMÉDIE.

MOLIERE.

Allons donc !

LÉANDRE.

Et votre diable de lait vous porte à la mélancolie. Faites comme moi, mon ami ; buvez, et vive la joie ! du lait ! toujours du lait ! c'est mêler le blanc au noir.

MOLIERE.

Je ne profiterai guère à votre triste école.

LÉANDRE.

Ni moi à la vôtre, je vous en réponds.

MOLIERE.

S'enivrer ! quelle honte !

LÉANDRE.

Dites-moi un peu, mon ami ; lequel de nous deux se couche le plus heureux ?

MOLIERE.

Comment en pourriez-vous juger ? Un homme ivre ne connaît pas le charme du besoin.

LÉANDRE.

Oh ! oh ! la philosophie m'a desséché le palais ; et votre morale, mon cher, m'altère singulièrement.

MOLIERE.

Voulez-vous une tasse de thé au lait ?

LÉANDRE.

Mille graces ! Je préfère une bouteille du Rhin ou de Bourgogne.

MOLIERE.

Comment ! à l'heure qu'il est ?

LÉANDRE.

Je ne bois point, comme vous pourriez le croire, à toutes les heures du jour : je bois quand j'ai soif. Si vous étiez un galant homme, un véritable ami, vous me feriez servir sur le champ.

MOLIERE

Volentieri.
Dalla Bejart potete andar per parte mia;
Il vin, che più vi piace, fate ch'ella vi dia.

LEANDRO.

Ah! Sì, sì la Bejart a voi fa la custode!

MOLIERE.

Ell'è una brava attrice, che merta qualche lode;
Son anni, che viviamo in buona compagnìa,
Ed ella gentilmente mi fa l'ecconomìa.

LEANDRO.

Ehi! Per cagion di questa, un dì mi fu narrato,
Che al comico mestiere vi siete abbandonato.

MOLIERE.

Oibò, son favolette.

LEANDRO.

Eh taci, malandrino,
Ti piacciono le donne.

MOLIERE.

Quanto a te piace il vino.

LEANDRO.

Bada bene, che il vino non mi può far quel danno,
Che agli uomini sovente le femmine fatt'hanno.

MOLIERE.

Vedo venire a noi della Bejart la figlia.

LEANDRO.

Amico, l'occasione, che cosa ti consiglia?
Già son del sangue istesso.

MOLIERE.

Via, via, che sei sboccato.

COMÉDIE.

MOLIERE.

Bien volontiers. Allez trouver la Béjart de ma part, et faites-vous donner le vin que vous aimerez le mieux.

LÉANDRE.

Ah! ah! j'entends: c'est la Béjart qui a la garde de tout cela chez vous?

MOLIERE.

C'est une excellente actrice, qui mérite bien quelque éloge. Voilà des années que nous vivons dans une parfaite intelligence: elle veille à mes intérêts domestiques, et s'en acquitte avec un zèle....

LÉANDRE.

A propos de cela, on me racontait un jour, que c'est à cause d'elle que vous aviez embrassé la profession de comédien.

MOLIERE.

Allons donc! ce sont des contes.

LÉANDRE.

Taisez-vous, taisez-vous, fripon! vous aimez les femmes.

MOLIERE.

Autant que vous aimez le vin.

LÉANDRE.

Oui; mais observez que le vin ne me fera jamais le mal que les femmes ont fait plus d'une fois aux hommes.

MOLIERE.

J'aperçois la fille de la Béjart qui s'approche.

LÉANDRE.

Eh bien! mon ami, l'occasion ne vous conseille rien? c'est toujours la même famille.

MOLIERE.

Allons, allons, point de ces propos-là, s'il vous plaît.

LEANDRO.

Un comico poeta s'avrà scandalizzato.
Di' quello che tu vuoi, la gente è persuasa
Che, come sul teatro, tu fai le scene in casa.

MOLIERE.

Giudizio, se si può, giudizio chiacchierone.

LEANDRO.

Osserva, se ho giudizio; non ti do soggezione.
Addio.

MOLIERE.

Dove ten vai?

LEANDRO.

A bere una bottiglia.
A trattener la madre, finchè stai colla figlia. (*Parte*.)

SCENA II.

MOLIERE, poi GUERRINA.

MOLIERE.

Oh bel temperamento è quello di costui!
Se il vin non l'opprimesse, oh fortunato lui!
Quanto più l'amerei, se fosse men soggetto...
Ma ecco l'Idolo mio, ecco il mio dolce affetto,
Il duol dal mio pensiero dileguar può ella sola;
E quando lei rimiro sua vista mi consola.

GUERRINA.

Poss' io venir?

MOLIERE.

Venite.

LÉANDRE.

Vous allez voir que j'aurai scandalisé un poëte comique ? Dites tout ce que vous voudrez : le monde est persuadé que vous jouez la comédie chez vous comme sur le théâtre.

MOLIERE.

Pur bavardage ; jugement inepte, s'il en fut jamais.

LÉANDRE.

Remarquez si j'en ai, moi, du jugement. Je crains de vous gêner, et je vous quitte. Adieu.

MOLIERE.

Où allez-vous ?

LÉANDRE.

Boire un coup, et causer avec la mère, tandis que vous causerez avec la fille. (*Il sort.*)

SCÈNE II.

MOLIERE, ensuite ISABELLE.

MOLIERE.

L'EXCELLENT caractère que celui de ce Léandre ! qu'il serait heureux, si la passion du vin ne le dégradait pas quelquefois ! et combien je l'aimerais davantage, s'il était moins sujet...... Mais je vois tout ce que j'aime ! le doux objet de mes affections. Elle seule peut dissiper la nuit de mes chagrins ; je la regarde, et cette chère vue me console de toutes mes peines.

ISABELLE.

Puis-je entrer ?

MOLIERE.

Entrez, entrez.

MOLIERE,

GUERRINA.

Mi treman le ginocchia.

MOLIERE.

Perchè?

GUERRINA.

Perchè mia madre mi seguita, e m'adocchia.

MOLIERE.

Crediam ch' ella s' avveda del ben che vi vogl'io?

GUERRINA.

Non già del vostro affetto; ma s'avvedrà del mio.

MOLIERE.

Perchè dovrebbe accorgersi di voi, più che di me?

GUERRINA.

Perchè l' affetto vostro pari del mio non è.
Perchè v' amo più molto di quel che voi mi amate;
E quanto amate meno, tanto più vi celate.

MOLIERE.

Eh furbetta! furbetta che arrabbi s' io lo credo.

GUERRINA.

Voi l' amor mio vedete, il vostro io non lo vedo.
Eccomi, perchè io v'amo, arrischio esser battuta;
Se foste a me venuto, quì non sarei venuta.

MOLIERE.

Ah! quanto verrei spesso a rendermi felice,
Se sdegnar non temessi la vostra genitrice.

COMÉDIE.

ISABELLE.

Me genoux tremblent sous moi.

MOLIERE.

Qu'avez-vous ?

ISABELLE.

Ma mère me suit ; elle est sur mes pas.

MOLIERE.

Croirons-nous qu'elle s'aperçoive du bien que je vous veux ?

ISABELLE.

Je crois bien que vos sentimens peuvent être un mystère pour elle : mais elle découvrira aisément les miens.

MOLIERE.

Et pourquoi les vôtres plutôt que les miens ?

ISABELLE.

C'est que mon affection est bien différente de la vôtre : c'est que je vous aime plus cent fois que vous ne m'aimez ; et que, moins vous aimez, plus il vous est facile de feindre.

MOLIERE.

Ah ! méchante, méchante ! vous me feriez donner au diable.... Je ne crois pas un mot de ce que vous dites-là.

ISABELLE.

Mais enfin, vous voyez mon amour ; où sont les preuves du vôtre ? Je m'expose, vous le voyez, pour l'amour de vous, au danger d'être maltraitée. Si vous étiez venu me voir, je ne serais pas ici.

MOLIERE.

Ah ! combien de fois je volerais respirer un instant auprès de vous, si je ne craignais d'irriter votre mère !

GUERRINA.

Ma se è ver, che mi amate, perchè darmi martello?
Datemi quella cosa, che chiamasi l'anello.

MOLIERE.

Cospetto! S'ella viene a rilevar tal fatto,
Va a soqquadro la casa, ci ammazza tutti a un tratto.
Ella non vuol sentir...

GUERRINA.

Sì, sì non vuol sentire
Tutto, tutto mi è noto.

MOLIERE.

Che intendete voi di dire?

GUERRINA.

La mia discreta madre ha delle pretensioni
Sopra del vostro cuore, ed ecco le ragioni
Per cui la poverina Guerrina è sventurata,
Per cui sarà ben tosto schernita, e abbandonata.

MOLIERE.

Eh può la madre vostra cangiar le voglie sue :
A lasciar sarei pazzo il vitello pel bue.

GUERRINA.

Il vitello pel bue ? E' femmina mia madre.

MOLIERE.

Ah, ah, maliziosetta! Ah pupillette ladre!
Vi ho amata dalle fasce, nascere vi ho veduta,
E sotto gli occhi miei siete in beltà cresciuta.

---

(1) Mot à mot : *Je serais bien fou de quitter la génisse pour la vache*. Nous espérons qu'on nous pardonnera aisément la légère infidélité que nous faisons ici à notre auteur. Il y a eu général dans toutes les langues des façons de parler proverbiales, qui n'ont de sel ou de grâce que dans ces mêmes langues. Mais nous doutons que

ISABELLE.

Si vous m'aimez en effet, pourquoi me laisser dans l'inquiétude ? Que ne me donnez-vous ce que l'on appelle l'anneau conjugal ?

MOLIERE.

Peste ! si votre mère venait à s'en apercevoir, tout serait bientôt en combustion ici : elle est femme à nous tuer. Elle ne veut pas entendre parler.....

ISABELLE.

Oui, oui, elle ne veut pas entendre parler..... Je sais tout.

MOLIERE.

Que voulez-vous dire ?

ISABELLE.

Que ma discrète maman n'est pas sans prétention sur le cœur de Moliere ; et que voilà pourquoi la plaintive Isabelle est malheureuse aujourd'hui, et sera bientôt livrée au mépris, et peut-être à l'abandon !

MOLIERE.

Votre mère peut porter ailleurs ses prétentions : me croyez-vous capable de balancer entre elle et vous (1) ?

ISABELLE.

Entre elle et moi ! Ma mere est une femme ainsi que moi.

MOLIERE.

Ah ! méchante ! Ah ! petits yeux fripons ! Dès le berceau je vous ai aimée ; je vous ai vue naître, et mon œil enchanté a suivi le progrès de vos charmes.

---

celle-ci puisse réussir nulle part auprès de la bonne compagnie. Le *Moliere* italien était, comme le nôtre, forcé de mettre quelquefois le parterre dans ses intérêts : plaignons-le ; mais ne traduisons pas de mauvaises plaisanteries.

MOLIERE,
GUERRINA.

Nascere mi vedeste? Oh Cieli, non vorrei,
Che fossero vietati perciò nostri Imenei.

MOLIERE.

Ma voi rider mi fate.

GUERRINA.

Quel riso non mi piace.

MOLIERE.

Sarete la mia sposa, cara, datevi pace.

GUERRINA.

Ecco mia madre, oimè!

MOLIERE.

Conviene usar qualch'arte:
Avete nelle tasche qualche comica parte?

GUERRINA.

Ho quella di *Marianna*... (*cava di tasca la parte.*)

MOLIERE.

Sì, sì nell'Impostore.
Via presto: atto secondo. La figlia, e il Genitore.
Marianna!

GUERRINA (*leggendo.*)

Signor padre.

MOLIERE.

Qui vieni, ho da parlarti.
Accostati, in segreto io deggio ragionarti.

ISABELLE.

Vous m'avez vue naître? Oh! ciel, je ne voudrais pas que cela fût un obstacle à notre mariage.

MOLIERE.

Mais vous me faites rire, en vérité.

ISABELLE.

Je le vois, et cela ne me plaît guère.

MOLIERE.

Rassurez-vous, ma chère Isabelle : je n'aurai d'épouse que vous.

ISABELLE.

Ah! dieux! j'entends ma mère!

MOLIERE.

Il nous faut trouver un moyen..... Auriez-vous par hasard quelque rôle dans votre poche?

ISABELLE.

J'ai celui de *Marianne*. (*Elle le tire de sa poche.*)

MOLIERE.

Bon! bon! dans le *Tartufe*. Allons, vîte. Acte second. Géronte et sa fille.

Marianne!

ISABELLE (*lisant son rôle.*)

Mon Père.

MOLIERE.

Approchez; j'ai de quoi Vous parler en secret (1).

―――――――――――――――

(1) Tartufe, acte deux, scène première.

SCENA III.

DETTI, LA BEJART.

LA BEJART (*resta in disparte ascoltando.*)

MOLIERE.

Marianna, ho conosciuto, che di buon cuor tu sei;
Onde a te più, che agli altri, donai gli affetti miei.

GUERRINA.

Padre, tenuta i' sono al vostro dolce affetto.

MOLIERE (*piano a Guerrina.*)

Ella ci sta ascoltando.

GUERRINA (*fa lo stesso.*)

Se lo dico, è in sospetto.

LA BEJART (*s'avanza bel bello.*)

MOLIERE.

Che cosa fate là? Voi siete curiosa.
Standoci ad ascoltare....

LA BEJART (*a Moliere.*)

Vi è qualche arcana cosa;
Ch'io saper non deggia?

MOLIERE.

Con vostra permissione,
Facevamo la scena fra *Marianna*, ed *Orgone*.
Veduta non vi aveva. La parte eccola qui:
Voi siete curiosa; Orgon dice così.

SCÈNE III.

Les Mêmes, LA BÉJART.

LA BÉJART *(écoute de loin.)*

MOLIERE *(continuant le rôle.)*

J'ai, Marianne, en vous
Reconnu de tout temps un esprit assez doux ;
Et de tout temps aussi vous m'avez été chère.
ISABELLE.
Je suis fort redevable à cet amour de père.
MOLIERE *(bas à Isabelle.)*
Elle nous écoute.
ISABELLE *(de même)*.
Si je continue, que va-t-elle soupçonner ?
LA BÉJART *(s'approche insensiblement.)*
MOLIERE *(continuant le rôle d'Orgon.)*
Que faites-vous là ?
La curiosité qui vous presse est bien forte,
Ma mie, à nous venir écouter de la sorte.
LA BÉJART *(à Moliere.)*
Avez-vous des secrets que je ne doive pas pénétrer ?
MOLIERE.
Avec votre permission, Madame, nous répétions, Mademoiselle et moi, la scène entre *Orgon* et *Marianne*. Je ne vous avais point vu entrer. Voilà le rôle : *la curiosité....* C'est *Orgon* qui parle, comme vous voyez.

LA BEJART.

Ma qual necessità trovate di studiare
La commedia sospesa, che più non s'ha da fare?

MOLIERE.

Torni il compagno nostro, torni *Valerio* a noi,
E se più s'ha da fare lo vederete poi.
A' piedi del monarca spedito ho a tale oggetto
Il giovine gentile, e comico perfetto.

LA BEJART (*a Guerrina.*)

E a voi chi diè licenza venire in questi quarti
A farvi da Moliere veder le vostre parti?

MOLIERE.

Via la vostra Figliuola è una fanciulla onesta.

GUERRINA.

Egli non mi ha veduta, Signora, altro che questa.

LA BEJART.

Via di quà, sfacciatella.

GUERRINA (*da se.*)

Sì, ei borbotti pure.

(*leggendo*)
So qual rimedio alfine avran le mie sventure.

LA BEJART.

Olà, che cosa dici?

GUERRINA.

Diceva la mia parte.

MOLIERE (*da se.*)

Quella patetichina ha pure la grand'arte!

LA BEJART.

Con me le vostre parti ripasserete poi.

GUERRINA.

Quel, che Molier m'insegna, non m'insegnate voi.
(*Parte.*)

LA BÉJART.

Mais à quoi bon, je vous prie, répéter une pièce défendue, et qui ne se jouera point?

MOLIERE.

Attendez, attendez seulement le retour de notre camarade *Valère*, et vous verrez si elle ne se jouera point! Cet intéressant jeune homme, ce comédien parfait est allé, de ma part, se jeter aux pieds du monarque, pour obtenir cette grâce.

LA BÉJART (*à Isabelle.*)

Et vous, mademoiselle, à qui avez-vous demandé la permission de venir prendre ici des leçons de Moliere pour vos rôles?

MOLIERE.

Allons, allons, Isabelle est trop honnête....

ISABELLE.

Il n'a vu encore que celui-là, Madame.

LA BÉJART.

Sortez d'ici, mademoiselle.

ISABELLE (*à part.*)

Oui, oui; grondez tant que vous voudrez. (*Elle reprend son rôle et lit.*)

Ah! je sais de mes maux l'infaillible remède.

LA BÉJART.

Comment? que dites-vous, s'il vous plaît?

ISABELLE.

Je lis mon rôle, Madame.

MOLIERE (*à part.*)

Que cet air doux et simple cache déjà d'artifice!

LA BÉJART.

Vous repasserez vos rôles avec moi.

ISABELLE.

Il vous est impossible de m'enseigner ce que Moliere m'apprend. (*Elle sort.*)

SCENA IV.

MOLIERE, e LA BEJART.

LA BEJART.

Udiste l'insolente?

MOLIERE.

     Signora, perdonate,
Perchè di precettore la gloria or mi levate?

LA BEJART.

Eh galantuomo mio caro, i sensi di colei
Simplici non son tanto. Conosco voi e lei.

MOLIERE.

Ma come! Io non intendo.....

LA BEJART.

      Vi parlerò più schietto.
Mia figlia voi guardate, mi par, con troppo affetto.

MOLIERE.

L'amai sin dalle fasce.

LA BEJART.

     E' ver, ma è differente
Dal conversar passato, il conversar presente.

MOLIERE.

Allora la baciavo, ed era cosa onesta;
Adesso far nol posso; la differenza è questa.

LA BEJART.

Su via, se voi l'amate, svelatelo alla madre.

          SCÈNE

SCÈNE IV.

MOLIERE et LA BÉJART.

LA BÉJART.

Vous l'entendez, l'impertinente !

MOLIERE.

Pardon, Madame ; mais pourquoi me priver du titre glorieux de son maître de déclamation ?

LA BÉJART.

Eh ! mon cher Moliere ! elle n'est pas aussi simple qu'elle le paraît, et je vous connais maintenant l'un et l'autre.

MOLIERE.

Comment ? je ne comprends pas......

LA BÉJART.

Je vais me rendre plus claire. Vous regardez, selon moi, ma fille avec trop de tendresse.

MOLIERE.

Je l'aimai dès le berceau.

LA BÉJART.

Cela est vrai : mais votre conduite actuelle doit différer de votre conduite passée.

MOLIERE.

Je l'embrassais alors sans conséquence ; je ne le puis plus aujourd'hui ; voilà, je crois, toute la différence.

LA BÉJART.

Allons, allons ; si vous l'aimez, n'en faites pas un secret à sa mère.

MOLIERE,

MOLIERE (*da se.*)

Svelarlo non mi fido. (*Alto.*) Io l'amo come padre.

LA BEJART.

Se con amor paterno la mia figliuola amate,
D'assicurar sua sorte dunque non ricusate.

MOLIERE.

Volete maritarla?

LA BEJART.

E' troppo giovinetta.

MOLIERE.

Anzi pel Matrimonio è in un'età perfetta.
Ma che ho da far per lei?

LA BEJART.

Amate esser suo Padre?

MOLIERE.

Questo è quel ch'io desìo.

LA BEJART.

Sposatevi a sua madre.

MOLIERE.

Che siete voi.

LA BEJART.

Sì, io sono. Mi reputate indegna
Di aver, per voi, nel dito la conjugale insegna?

MOLIERE.

Signora..... in verità.... voi meritate assai.

LA BEJART.

Vi spiace mia condotta?

MOLIERE.

Vi lodo, e vi lodai.

LA BEJART.

Circa l'età mi pare....

COMÉDIE.

MOLIERE (*à part.*)

Lui ouvrir mon cœur! Je ne m'y fie pas. (*Haut.*) Je l'aime.... comme un père.

LA BÉJART.

Eh bien! si vous l'aimez en père, ne vous refusez donc pas aux moyens de lui assurer un sort.

MOLIERE.

Voulez-vous la marier?

LA BÉJART.

Elle est encore trop jeune.

MOLIERE.

Elle est bien en âge de se marier. Mais que puis-je faire pour elle?

LA BÉJART.

Vous voulez lui servir de père, n'est-ce pas?

MOLIERE.

C'est le plus cher de mes vœux.

LA BÉJART.

Eh bien! épousez sa mère.

MOLIERE.

C'est-à-dire vous, Madame?

LA BÉJART.

Oui, moi. Me croyez-vous indigne de porter à mon doigt la preuve glorieuse de mon union avec vous?

MOLIERE.

Madame.... en vérité.... vous méritez....

LA BÉJART.

Ma conduite vous déplaît-elle?

MOLIERE.

Je vous estime, je vous ai toujours estimée.

LA BÉJART.

Quant à l'âge, je crois....

MOLIERE,

MOLIERE.

Eh non parliam di questo.

LA BEJART.

Nel mio mestier son franca.

MOLIERE.

E' vero, anch'io l'attesto.

LA BEJART.

Quest'è la miglior dote, che vaglia a un commediante.

MOLIERE.

Assai, più, ch'io non merto dote avete abbondante.

LA BEJART.

Dunque, che più vi resta per dir di sì a drittura?

MOLIERE.

Signora, il matrimonio mi fa un po' di paura.

LA BEJART.

Perchè?

MOLIERE.

Perchè son io geloso alla follìa.

LA BEJART.

Non credo, no, che abbiate in capo tal pazzìa.
Ma se nudrir voleste il crudo serpe in seno,
Moglie non giovinetta temer vi farìa meno.

MOLIERE.

Anzi più, che si vive, più a vivere si apprende;
Più cauta, e non più saggia, l'età la Donna rende.

LA BEJART.

Moliere, un tal discorso non è da vostro pari.

COMÉDIE.

MOLIERE.

Eh ! Madame, laissons cela.

LA BÉJART.

Je ne manque pas de talens dans ma profession.

MOLIERE.

Je le sais, et je suis des premiers à vous rendre justice.

LA BÉJART.

C'est la meilleure dot qu'une femme puisse apporter à un comédien.

MOLIERE.

La dot serait, à tous égards, bien au-dessus de ce que je mérite.

LA BÉJART.

Pourquoi donc alors ne pas dire oui tout bonnement ?

MOLIERE.

C'est qu'à dire vrai, Madame, le mariage m'effraye un peu.

LA BÉJART.

Parce que ?

MOLIERE.

Parce que je suis jaloux, mais jaloux jusqu'à la folie.

LA BÉJART.

Je ne vous crois pas capable d'une telle sottise. Au surplus, si vous voulez nourrir ce serpent affreux dans votre sein, une femme qui n'est plus de la première jeunesse, vous donnera moins de sujets d'alarmes.

MOLIERE.

Madame ! plus on vit, et plus l'on apprend à vivre : l'âge rend une femme plus adroite, mais non pas plus sage.

LA BÉJART.

Ah ! Moliere ! je ne vous reconnais pas à ce discours.

MOLIERE,

MOLIERE.

Lasciatemi scherzar. Non ho che giorni amari;
E cerco quando posso di dir la barzelletta,
Che tocca, e non offende, e rido, e mi diletta.

LA BEJART.

Piacemi di vedervi allegro, e lieto in faccia.

SCENA V.

DETTI, VALERIO, poi LESBINO.

MOLIERE.

Adorato Valerio! venite alle mie braccia:
Che nuova mi recate?

VALERIO.

   Ecco il real decreto,
Che revoca, ed annulla il sofferto divieto.

MOLIERE.

Oh me contento! Presto, chi, chi è di là?

LESBINO.

       Signore.

MOLIERE.

Che s'esponga il Cartello, s'inviti *all' Imspostore*,
Per questa sera; andate.

LESBINO.

    Affè, ch'io son contento!
Gl'Ipocriti averanno stasera il lor tormento.

       (*Parte.*)

MOLIERE.

Eh ! laissez-moi rire un moment. Je ne compte que de tristes journées, et je cours après l'occasion de dire une plaisanterie qui ne touche et n'offense personne. Je ris, et c'est un bon moment de passé.

LA BÉJART.

Je suis enchantée de voir votre front se dérider un peu.

SCÈNE V.

Les mêmes, VALERE, ensuite LESBIN.

MOLIERE.

Mon cher Valere ! venez, que je vous embrasse ! eh bien ! quelle nouvelle ?

VALERE.

Voilà l'ordre du roi qui révoque et annulle la défense précédente.

MOLIERE.

Oh ! que je suis heureux ! allons, allons : y a-t-il quelqu'un là ?

LESBIN.

Monsieur.

MOLIERE.

Que l'on affiche, que l'on annonce le *Tartufe* pour ce soir. Allez.

LESBIN.

Que je suis content ! ah ! ah ! les hypocrites ne seront pas à la nôce ce soir. (*Il sort.*)

MOLIERE (*alla Bejart.*)

Presto, Signora, andate a riveder le carte,
E a voi, e a vostra figlia ripassate la parte.

LA BEJART (*da se.*)

Ah! vo' veder se puote assicurar mia sorte,
L' acquisto d' Uomo dotto, e amabile in consorte.

(*Parte.*)

SCENA VI.

MOLIERE, e VALERIO.

MOLIERE.

E ben narrate, Amico, come la cosa è andata.

VALERIO.

Il Re pien di clemenza la supplica ha accettata;
Fè stendere il decreto; indi mi disse ei stesso,
Che odiava sopra tutto d' Ipocrisìa l' eccesso,
E' sua mente sovrana, che i perfidi Impostori
Si vengano a specchiare ne' loro proprj errori;
E il mondo illuminato vegga la loro frode,
E diasi all' Autor saggio, qual si convien sua lode.

MOLIERE.

Ah! questo foglio, Amico, mi fa gioir non poco;
Avranno gl' inimici finito il loro gioco.
Gran cosa! A niun fo male, e son perseguitato;
Il pubblico m' insulta, e al pubblico ho giovato.
Di Francia era, il sapete, il comico teatro
In balìa di persone nate sol per l' aratro.

MOLIERE (*à la Béjart.*)

Allons, Madame, allons, ne perdons point de temps : un petit coup d'œil à vos rôles ; veuillez bien repasser le vôtre et faire répéter mademoiselle votre fille.

LA BÉJART (*à part.*)

Ne négligeons rien pour faire à jamais mon bonheur, en épousant un homme aussi aimable qu'il est instruit.

(*Elle sort.*)

SCÈNE VI.

MOLIERE, VALERE.

MOLIERE.

Eh bien ! racontez-moi donc, mon cher ami, comment tout cela s'est passé.

VALERE.

Le roi a daigné accueillir votre requête avec bonté, et a fait expédier sur le champ l'ordre que je vous apporte. Il m'a dit ensuite, de sa propre bouche, qu'il détestait sur-tout l'hypocrisie : que sa volonté suprême était que ces vils imposteurs vinssent se reconnaître eux-mêmes dans le tableau fidèle de leurs perfidies, et que le monde, à jamais désabusé, rende une justice éclatante à l'auteur dont la main courageuse leur arrache aujourd'hui le masque.

MOLIERE.

Vous ne concevez pas, mon ami, le plaisir que me fait cet écrit. Le voilà donc expiré le triomphe éphémère de mes ennemis ! Chose inconcevable ! je ne fais de mal à personne, et l'on me persécute ! et le public m'insulte pour prix du service que je lui ai rendu ! La

Farse vedeansi solo, burlette all'improvviso,
Atte a muover soltanto di sciocca gente il riso;
E i Cittadin più colti, e il popolo gentile,
L'ore perdea preziose in un piacer sì vile.
Gl'istrioni più abietti venian d'altro Paese,
A ridersi di noi, godendo a nostre spese;
Fra i quali *Scaramuccia*, siccome tutti sanno,
Dodici mila lire si fè d'entrata l'anno;
E i nostri Cittadini, con poco piacer loro,
Le sue buffonerie pagano a peso d'oro.
Tratto dal genio innato, e dal desio d'onore,
Al comico teatro died'io la mano, e il core;
A riformar m'accinsi il pessimo costume,
E fur *Plauto*, e *Terenzio* la mia guida, il mio lume:
L'applauso rammentate dell'opera mia prima:
Meritò *lo Stordito* d'ogni ordine la stima;
E *il Dispetto amoroso*, e *le Preziose rane*,
Mi acquistarono a un tratto l'onor, la gloria, il pane;
E si sentì alla terza voce gridar sincera:
Moliere, Moliere; coragio; questa è commedia vera.

VALERIO.

Per tutto ciò dovreste gioja sentir, non pena,
D'aver lasciato il foro, per la comica scena.
Coraggio, anch'io ripeto, coraggio!

MOLIERE (*per ironia.*)

                                  Sì, coraggio!
Mi dà ragion d'averlo il popol grato, e saggio.
Quel tale Scaramuccia, di cui parlai poc'anzi,
Andato era a Firenze co' suoi felici avanzi.
Lo maltrattarno i figlj, lo bastonò la moglie.
Ci lasciò lor suoi beni per viver senza doglie;

---

(1) Moliere fit son droit avec un camarade d'études, qui se fit comédien au moment même que Moliere se faisait recevoir avocat:

scène comique était, vous le savez, abandonnée en France à des gens faits plutôt pour conduire la charrue. Qu'y voyait-on en effet ? de misérables farces, de plates bouffonneries, capables d'amuser seulement la canaille : les citoyens instruits, la portion la plus intéressante de la société, venaient perdre des heures précieuses à de pareils spectacles. Des histrions plus méprisables encore, accouraient de l'étranger pour se moquer de nous et emporter notre argent : témoin *Scaramouche*, qui, comme on le sait, se fait douze mille livres de rente, et nos bons Français lui payent au poids de l'or le plaisir qu'il ne leur donne pas. Entraîné par mon génie, et piqué d'une louable émulation, je m'attachai à tirer le théâtre comique de cet avilissement : mon premier, mon grand objet fut la réforme des mœurs qui y régnaient. *Plaute*, *Térence* furent mes guides ; je marchai à leur lumière. Vous savez quel succès couronna mes premiers essais. *L'Etourdi* fut généralement estimé : *le Dépit amoureux*, *les Précieuses ridicules* me valurent à la fois de l'honneur, de la gloire et du profit. C'est à la dernière de ces pièces que se fit entendre cette voix si flatteuse pour moi : *Courage, Moliere, courage ; voilà la vraie comédie.*

VALERE.

D'après tout cela, vous devriez vous applaudir, chaque jour, d'avoir quitté le barreau pour le théâtre (1) ; et je vous dirai pour ma part aussi : courage, Moliere, courage !

MOLIERE (*avec ironie.*)

Oui, courage ! ce public reconnaissant, ce parterre éclairé me donne lieu d'en avoir en effet !

Ce *Scaramouche*, dont je parlais il n'y a qu'un instant, était retourné à Florence avec les fruits heureux de son travail. Ses enfans le maltraitent, sa

---

et quand Moliere quitta le barreau pour le théâtre, son camarade le comédien se fit avocat.

È tornato a Parigi a ricalcar la scena,
Le logge, e la platea ecco di gente ha piena:
Il pubblico, che avea gusto miglior provato,
Eccolo nuovamente al pessimo tornato.
E in premio a mie fatiche (perciò arrabbiato i' sono)
Corrono a *Scaramuccia*, lascian me in abbandono.

VALERIO.

Per un Uom qual voi siete, questo è pensier che vaglia?
Non vedete, Signore, che quel foco è di paglia?
Non bastavi per voi, che siansi dichiarati,
E serbinsi costanti i Saggj, e i Letterati?
Ah questa gloria sola ogni disgusto avanza.

MOLIERE.

Del pubblico m'affligge la facile inconstanza.

VALERIO.

Il pubblico, il sapete, è un corpo grande assai:
Tutti i membri perfetti non ha, non avrà mai.

MOLIERE.

Orsù, andiamo a raccorre quanti faran rumori,
Per il cartello esposto, i garruli *Impostori*.

VALERIO.

Questa commedia vostra ognun vedere aspetta.

MOLIERE.

Che bel piacere, amico, è quel della vendetta!
Però vendetta tale, che il giusto non offenda,

---

(1) Mot à mot : *un feu de paille* ; le ton de noblesse qui règne dans cette scène et dans la pièce en général, ne nous a pas paru comporter cette locution triviale. Nous prévenons, une fois pour

femme le bâtonne; bref, il leur abandonne ses biens pour avoir la paix; et de retour à Paris, il remonte sur ses tréteaux: loges, parterre, tout est plein; et ce public, qui avait montré quelque étincelle d'un goût meilleur, se reporte en foule au dernier des spectacles. Voilà, voilà donc le prix de mes fatigues! On m'abandonne (Ah! cette seule pensée allume mon indignation.) On m'abandonne, pour courir à *Scaramouche*!

VALERE.

Cela mérite-t-il de troubler un homme tel que vous? Ne voyez vous pas que ce n'est que le caprice d'un moment (1)? qu'il vous suffise d'avoir fixé, et de conserver à jamais l'estime des sages et des vrais littérateurs. Cette seule gloire peut et doit effacer bien des dégoûts.

MOLIERE.

Je ne puis voir, sans douleur, la facile inconstance du public.

VALERE.

Le public, vous le savez, est un corps immense, qui a, qui aura nécessairement toujours des membres défectueux.

MOLIERE.

Allons recueillir maintenant les clameurs que ne manquera pas d'exciter parmi les imposteurs l'annonce du *Tartufe*.

VALERE.

C'est que tout le monde attend cet ouvrage avec une impatience!

MOLIERE.

Quel doux plaisir, mon ami, que celui d'une vengeance qui ne blesse point l'équité, et qui

---

toutes, le lecteur que nous ne traduisons ni les jeux de mots, ni les équivoques, et que nous remplaçons les uns et les autres par des équivalens.

E che utile a' privati, e al pubblico si renda;
E solo in questa guisa io soglio vendicarmi.
La Verità, e l'onore sono le mie sole armi. (*Parte.*)

VALERIO.

Armi di lui ben degne, di lui, ch'ebbe da' Numi
Di corregger la forza i vizj, e i rei costumi;
E il dolce mescolando alla bevanda amara
Fa che l'Uom si diletti, mentre virtute impara.
(*Parte.*)

Fine dell' Atto primo.

est utile au simple particulier comme au public ; c'est la seule que je veuille connaître. Oui, la vérité, l'honneur ; voilà mes seules armes. (*Il sort.*)

VALERE.

Armes en effet bien dignes de lui ! bien dignes du grand homme qui a reçu du ciel le talent et le courage de corriger les vices et le ridicule, et qui mêle si heureusement la douceur à l'austérité de ses leçons, que c'est par le plaisir même qu'il conduit à la vertu.
(*Il sort.*)

Fin du premier Acte.

ATTO II.

SCENA PRIMA.

PIRLONE, FORESTA.

PIRLONE.

Chi è qui? non v'è nessuno?

FORESTA.

Serva, Signor Pirlone.

Chi cerca? Che comanda?

PIRLONE.

Dov'è il vostro Padrone?

FORESTA.

Uscito è fuor di casa.

PIRLONE.

Ha povero sgraziato!

FORESTA.

Oimè! Che gli è accaduto?

PIRLONE.

Moliere è rovinato.

FORESTA.

Oimè! qualche disgrazia?

---

(1) C'est une idée sublime en morale, et bien heureuse en comédie, que celle d'introduire *Tartufe* lui-même, faisant jouer, sous le nom de Pirlon, tous les ressorts de l'hypocrisie et de la scélératesse, pour empêcher la représentation d'un ouvrage où lui et les siens sont immolés à l'indignation générale, et, ce qui est bien pis encore, démasqués à jamais! On peut reprocher

ACTE II.

SCÈNE PREMIÈRE.
PIRLON, LA FORÊT.

PIRLON (1).

Hola! quelqu'un! personne ici?

LA FORÊT.

Votre servante, monsieur Pirlon. Qui cherchez-vous? Que désirez-vous?

PIRLON.

Où est votre maître?

LA FORÊT.

Il est sorti.

PIRLON.

Infortuné Moliere!

LA FORÊT.

Grand dieu! que lui est-il donc arrivé?

PIRLON.

C'est un homme perdu.

LA FORÊT.

Comment? quelque disgrace encore?

à *Goldoni* de n'avoir pas tiré de cette grande idée tout le parti possible, et l'on doit savoir gré à M. *Mercier* d'avoir, dans son *Moliere*, renforcé les touches originales, et fait de *Pirlon* ce qu'il devait être, un monstre à étouffer, si *Moliere*, aussi généreux qu'il est grand, ne daignait lui accorder, à la fin de la pièce, le pardon qu'il lui demande avec toute la bassesse qui caractèrise un plat méchant.

PIRLONE.

Veduto ho quel cartello,
Per cui sul di lui capo cadrà qualche flagello:
La carità mi sprona venirlo ad avvertire
Del mal, se non rimedia, che gli potrìa avvenire.

FORESTA.

Ma se la sua commedia è contro gl' Impostori,
Anche la gente trista avrà i suoi difensori?

PIRLONE.

Ah! Foresta, Foresta, voi non sapete nulla.
Son l'arti del maligno ignote a una fanciulla.
Finge prender di mira soltanto l' impostura,
Ma gli uomini dabbene discreditar procura.
Tutte sospette ei rende le azion di gente buona,
E a i più casti, e a i più saggi Moliere non la perdona.
Se d'una verginella uom saggio è precettore,
Chi sente quel ribaldo, le insegna far l'amore:
Chi va di casa in casa con utili consigli,
Va per tentar le mogli, va per sedurre i Figli;
Chi i miseri soccorre, e presta il suo denaro,
Lo fa per la mercede, lo fa perch'è un avaro.
Confonde i tristi, e i buoni, scema a ciascun la fede,
E il popolo ignorante l'ascolta, e tutto crede;
Basta, non so che dire, io parlo sol per zelo.
L' illumini ragione; lo benedica il Cielo.

FORESTA.

Ma che mai giudicate possa accader di male,
Se dell' avviso a tempo quest'uom non si prevale?

PIRLONE.

Ei vanta una licenza, o falsa, o almen carpita,
E il suo soverchio ardire gli costerà la vita.
E i miseri innocenti, che hanno che far con lui,
Saranno castigati per i delitti sui.

COMÉDIE.

PIRLON.

Je l'ai vue cette fatale affiche qui lui attirera nécessairement du chagrin ; et la charité m'a donné des ailes pour accourir le prévenir de ce qu'il en peut résulter, s'il n'y porte un prompt remède.

LA FORÊT.

Mais si sa comédie n'est que contre les hypocrites, est-ce que cette maudite engeance trouvera encore des protecteurs ?

PIRLON.

Ah ! ma fille, ma fille, vous ne savez rien. L'artifice du méchant échappe aux yeux de l'innocence. Il n'attaque en apparence que l'hypocrisie ; mais c'est pour envelopper tous les gens de bien dans la proscription. Il répand à dessein du louche sur les meilleures actions, et ne pardonne ni aux mœurs les plus pures, ni aux hommes les plus sages. Qu'un saint personnage se charge de diriger une jeune fille, ce n'est, à ses yeux, qu'un libertin qui lui donne des leçons d'amour. Aller de maison en maison semer d'utiles conseils, c'est séduire les mères, et corrompre les enfans ; voler au secours du malheureux et lui prêter de l'argent, c'est une honteuse usure, une avarice raffinée. Enfin il confond le bien et le mal, il ébranle la foi de tout le monde, et le vulgaire ignorant l'écoute et croit tout cela. Au surplus, je ne juge pas.... le zele seul me fait parler.... que la raison l'éclaire, et que le Ciel le protége !

LA FORÊT.

Mais que lui pourra-t-il donc arriver de fâcheux, s'il ne profite pas de l'avis généreux qu'on lui donne à temps ?

PIRLON.

Il fait sonner bien haut une permission, ou fausse, ou surprise du moins, et c'est un excès d'audace qu'il payera de sa tête. Que je plains les innocens qui ont affaire à lui ! ils porteront la peine de son crime !

FORESTA.

Io, patirei, Signore? Son serva, ma innocente.

PIRLONE.

E' sempre in gran periglio, chi serve un delinquente.

FORESTA.

Voi mi mettete in corpo timor non ordinario.
Spiacemi, che il padrone mi dava un buon salario.

PIRLONE.

Non temete, che il Cielo ama le genti buone.
Io, se di quà partite, vi troverò il padrone.

FORESTA.

Mi dà due scudi il Mese.

PIRLONE.

E ben, due scudi avrete.

FORESTA.

E mi regala.

PIRLONE.

E' giusto; regalata sarete.

FORESTA.

Ma chi sarà il padrone? Conoscerlo desìo.

PIRLONE.

Sentite; in confidenza; il padron sarò io.
Son solo, solo in casa, nessun colà mi osserva;
Sarete, con il tempo, padrona, anzi che serva.
A voi darò le chiavi del pan, del vin, dell' oro,
E viverete meco almen con più decoro.
Che bell' onore è il vostro, servir gente da scena,
Gente dell' ozio amica, e di miserie piena!
Meco direte almeno; son serva d' un mercante,
Ricco d' onor, di fede, e ricco di contante.

COMÉDIE.

LA FORÊT.
Je souffrirais de tout cela, Monsieur? Je suis sa servante, soit; mais d'ailleurs innocente.

PIRLON.
Il n'y a guère de sureté à servir un coupable.

LA FORÊT.
Mais vous m'inspirez des frayeurs extraordinaires. J'en suis fâchée cependant, car Monsieur me donnait de bons gages.

PIRLON.
Rassurez-vous, mon enfant : le Ciel aime les bonnes ames ; et si vous sortez d'ici, je me charge, moi, de vous trouver un maître.

LA FORÊT.
Moliere me donne deux écus par mois.

PIRLON.
Eh bien! vous aurez deux écus.

LA FORÊT.
Je suis bien nourrie.

PIRLON.
Rien de plus juste, vous le serez de même.

LA FORÊT.
Mais ce maître, quel est-il ? Je voudrais le connaître.

PIRLON.
Ecoutez ; je vais vous le dire en confidence : c'est moi. Je suis seul, absolument seul chez moi ; point de surveillante à redouter. Avec le temps, vous y serez plus maîtresse que servante. Je vous donnerai les clefs du pain, du vin, de l'argent même, et vous vivrez, du moins, avec moi plus honorablement. Quel sort pour vous, que de servir des gens de théâtre, des partisans de la mollesse, des victimes d'une misère inévitable. Avec moi du moins vous pourrez dire : me voilà au service d'un bon négociant, riche d'honneur, de réputation, et sur-tout d'argent comptant.

FORESTA (*da se.*)

Quest' ultima mi piace.

PIRLONE.

E ben, che risolvete?

FORESTA.

Signore, ho già risolto; verrò se mi volete.
Stanca son di servire due femmine sguajate,
Che taroccar principiano tosto che sono alzate;
Ed un padron, che monta in collera per nulla,
Che fa tremare i servi, quando il cervel gli frulla.

PIRLONE.

Ecco, quell' uom dabbene, che fa da saccentone,
Frenar non sa in se stesso collerica passione.
Ehi! Dite, in segretezza; con queste donne sue
Molier come la passa?

FORESTA.

Fa il bello a tutte due.

PIRLONE.

Oh! comico scorretto! Con voi, la mia fanciulla,
Ha mai quell' uomo audace tentato di far nulla?

FORESTA.

M' ha fatto certi scherzi.

PIRLONE.

Presto, presto fuggite.
In casa mia l' onore a ricovrar venite.
Ma, ditemi, potrei parlar, per lor salute,
A queste sventurate due femmine perdute?

FORESTA.

La madre collo specchio si adula, e si consiglia.

PIRLONE.

Misera abbandonata! Parlerò colla figlia.

LA FORÊT (*à part.*)

Ce dernier article m'arrange fort bien.

PIRLON.

Eh bien ! que décidez-vous ?

LA FORÊT.

Moi, Monsieur ! je suis toute décidée, et j'irai avec vous si vous voulez. Aussi bien je suis lasse de servir deux ennuyeuses bégueules qui commencent à criailler dès qu'elles ont les yeux ouverts, et un maître qui s'emporte pour rien, et fait trembler tout son monde quand la cervelle lui chante.

PIRLON.

Voilà donc notre homme de bien, notre précepteur prétendu du genre humain, qui ne sait pas mettre lui-même un frein à sa colère ! Ah ! çà dites-moi, mon enfant ; parlez-moi franchement : Moliere, comment vit-il avec ces deux femmes ?

LA FORÊT.

Ma foi, il leur fait la cour à toutes les deux.

PIRLON.

Oh ! malheureux réprouvé ! et avec vous, ma fille, n'a-t-il pas eu l'audace de prendre quelquefois des libertés ?

LA FORÊT.

Il m'a fait quelques petites agaceries.

PIRLON.

Fuyez, fuyez au plutôt ! venez recouvrer votre honneur chez moi. Ne pourrais-je, pour le bien de leurs ames, dire deux mots à ces malheureuses femmes qui se perdent ici !

LA FORÊT.

La mère se flatte, pour le moment, devant son complaisant miroir.

PIRLON.

Malheureuse ! je parlerai à la fille.

MOLIERE,

FORESTA.

Or' ora ve la mando. Domani son da voi.

PIRLONE.

Vivrem, se il Ciel lo vuole, in pace fra di noi.

FORESTA *(da se.)*

Servir un uomo solo, un uomo ricco, e vecchio?
A far la mia fortuna in breve m'apparecchio.
(Parte.)

SCENA II.

PIRLONE, poi GUERINA.

PIRLONE.

Moliere di noi fa scena, ci tratta da inumano,
E noi sarem veduti star colle mani in mano?
L'onor ci leva, e il pane sua lingua maladetta,
E la natura istessa ci sprona a far vendetta.
Poichè viviam, meschini, di dolce ipocrisìa,
Come quest'uomo vile, vive di poesìa.
Seminerò discordie fra queste Donne, e lui:
Procurerò distorle dalli consigli sui.
E se la sorte amica seconda il mio disegno,
Oggi la ria commedia non si farà, m'impegno.

GUERRINA.

Chi mi cerca?

PIRLONE.

Figliuola, vi benedica il Cielo.
Perdonate, vi prego, quest'importuno zelo,
Con cui, per vostro bene, io vengo a ragionarvi.
Ah voglia il Ciel pietoso, che vaglia a illuminarvi!

COMÉDIE.
LA FORÊT.
Je vais vous l'envoyer. Demain je suis à vous.
PIRLON.
Oui ; et si le Ciel daigne le permettre, nous vivrons en paix, croyez-moi.
LA FORÊT (*à part.*)
Servir un homme seul, riche et déjà vieux ! c'est le moyen, ce me semble, de faire ma fortune en peu de temps. (*Elle sort.*)

SCÈNE II.
PIRLON, ensuite ISABELLE.
PIRLON.
Ah ! ah ! Moliere se donne les airs de nous jouer, de nous traiter avec cette cruauté, et nous resterions lâchement les bras croisés ! non, non, sa langue maudite nous ôte à la fois le pain et l'honneur, et la nature elle-même nous fait un devoir de nous venger. Notre revenu n'est-il pas fondé sur notre hypocrisie, comme le sien sur le produit de ses ouvrages ? —— Mais je semerai la discorde entre lui et ces femmes, je ferai tout pour les détacher de son parti ; et pour peu que le sort propice seconde mon projet, j'espère bien que sa pièce infâme ne se jouera point aujourd'hui.

ISABELLE.
Qui me demande ?

PIRLON.
Le Ciel soit avec vous, ma belle enfant. Pardonnez, je vous en conjure, à l'importunité d'un zèle qui m'amène auprès de vous pour votre bien ; et puisse ce Ciel que j'implore, accorder à mes vœux le bonheur de vous éclairer !

GUERRINA.

Signor, mi sorprendete. Che mai dovete dirmi?

PIRLONE.

Presto, prima che giunga Moliere ad impedirmi.
Figlia, voi siete bella, voi siete giovinetta,
Ma un' arte scellerata seguir vi siete eletta.
Piange ciascun, che voi di vezzi, e grazie piena,
L' onor prostituite sulla pubblica scena;
Ah peccato, peccato! Che il vostro amabil volto
S' esponga a i risi, e scherni, del popol vario, e folto.
E quella, che farebbe felice un Cavaliere.
Mirisi sul teatro seguace di Moliere.
Ma peggio, peggio ancora; si mormora, et si dice,
Che siate due rivali, figliuola e genitrice,
E che quel disonesto ridicolo ciarlone
Voi misera instruisca in doppia professione.

GUERRINA.

Signor, mi meraviglio, io sono onesta figlia,
Moliere è un uom dabbene, e al mal non mi consiglia.

PIRLONE.

Non basta no, figliuola, il dire io vivo bene;
Ma riparar del tutto lo scandalo conviene.
Ditemi in confidenza, ma a non mentir badate,
Voi stessa ingannerete, se me ingannar pensate.
Il Ciel, che tutto vede, m' inspira, et a voi mi manda,
Il Ciel colla mia bocca v' interroga, e domanda:
Avete per Moliere fiamma veruna in petto!

GUERRINA.

(*Da se.*) (*Alto.*)
Mentire non degg' io. Signor, gli porto affetto.

PIRLONE.

Buono, buono; seguite. Affetto di qual sorte?

ISABELLE.

Vous me surprenez, Monsieur, qu'avez-vous donc à me dire ?

PIRLON.

Hâtons-nous d'abord, avant que Moliere vienne troubler notre entretien. Vous êtes belle, ma fille, vous êtes jeune ; mais on vous a engagée dans une carrière bien coupable ! Avec quelle douleur on voit tant d'attraits et de charmes prostitués sans honneur sur un théâtre public. Quel dommage hélas ! quel dommage que ce visage charmant s'expose tous les jours à la risée, aux mépris même d'un public volage et insensé ! que celle qui ferait le bonheur d'un gentilhomme, se voie sur le théâtre à la suite d'un Moliere ! Mais il y a plus encore : on murmure, on dit que vous êtes ici deux rivales, la mère et la fille ; et que ce ridicule et coupable charlatan de morale, vous instruit dans plus d'une profession à la fois.

ISABELLE.

En vérité, Monsieur, je ne vous comprends pas. Je suis une honnête fille, et Moliere un galant homme, incapable de me donner de mauvais conseils.

PIRLON.

Ce n'est point assez, ma fille, de pouvoir se dire, je n'ai rien à me reprocher : il faut encore réparer le scandale que l'on a donné. Parlez-moi franchement ; gardez-vous sur-tout de mentir ; vous vous abuseriez vous-même en cherchant à me tromper. Le Ciel voit tout ; c'est lui qui m'inspire, qui me guide auprès de vous, qui vous interroge par ma bouche, et qui vous demande : Votre cœur ne nourrit-il pas un penchant secret pour Moliere ?

ISABELLE.

(*A part.*) Je n'ose ni ne dois mentir. (*Haut.*) Monsieur, j'ai de l'affection pour lui.

PIRLON.

Fort bien ! après ? quelle est la nature de cette affection ?

GUERRINA.
Mi ha data la parola d'essere mio consorte.

PIRLONE.
La madre v'acconsente?

GUERRINA.
La madre non sa nulla.

PIRLONE.
Vi par, che un tale affetto convenga a una fanciulla?
A una fanciulla onesta legarsi altrui non lice,
Se non l'accorda il padre, ovver la genitrice.
Perchè non dirlo a lei?

GUERRINA.
Perchè... perchè so io.

PIRLONE.
Figliuola, non temete; v'è noto il zelo mio.

GUERRINA.
Perchè mia madre ancora... oimè!

PIRLONE.
Via presto, dite.

GUERRINA.
Ama Moliere anch'essa.

PIRLONE.
Oh Ciel! Voi mi atterrite.
Oh perfido Moliere! Oh uomo senza legge!
E il Ciel non ti punisce? E il Ciel non ti corregge?
Fuggite, figlia mia, fuggite un uomo tale,
Pria, che la sua immodestia vi faccia un peggior male.

GUERRINA.
Ma come da Moliere potrei allontanarmi?
Son povera fanciulla, deslo d'accompagnarmi.

PIRLONE.
Vi troverò marito, vi troverò la dote.
Vi metterò, fra tanto, con pie donne, e devote.

ISABELLE.

Il m'a promis de m'épouser.

PIRLON.

Et la maman y consent-elle ?

ISABELLE.

Ma mère n'en sait rien.

PIRLON.

Et croyez-vous qu'une pareille affection convienne à une jeune fille ? Une demoiselle honnête ne s'engage avec personne, sans le consentement de son père ou de sa mère. Pourquoi lui faire un mystère de cela ?

ISABELLE.

C'est que..... c'est que j'ai mes raisons.

PIRLON.

Ne craignez rien, mon enfant ! vous connaissez mon zèle.

ISABELLE.

C'est que ma mère encore.... que dire, ô Ciel !

PIRLON.

Allons, parlez, parlez.

ISABELLE.

C'est qu'elle aime Moliere aussi.

PIRLON.

Grand dieu ! Je suis anéanti. Perfide Moliere ! homme sans mœurs ! Et le Ciel ne te punit pas, ne te foudroye pas à l'instant ! Fuyez ma fille, fuyez un tel homme, avant que son immoralité vous fasse un plus grand tort.

ISABELLE.

Mais comment m'éloigner de Moliere ? Ma faiblesse a besoin d'appui.

PIRLON.

Un époux, une bonne dot, je me charge de vous trouver tout cela. Je vous confierai, en attendant,

Io so, che vi sospira per moglie un cavaliere,
Ma tace, perchè fate quell' orrido mestiere.
Però col tralasciarlo, mostrando il pentimento,
L' amante, che v' adora, sarà di voi contento.
Ah! s' oggi v' esponete, pensateci, Guerrina,
Perdete una fortuna, che il Cielo vi destina.

GUERRINA.

E il povero Moliere?

PIRLONE.

Inutili riflessi!
La carità, figliuola, principia da noi stessi.

GUERRINA.

Oimè!

PIRLONE.

Su via, coraggio, Guerrina; io vi prometto,
Che dama voi sarete di sposo giovinetto.
Per questa sera sola di recitar lasciate,
E se il ver non vi dico, a recitar tornate.

GUERRINA (*da se.*)

Ah non fia ver, ch' io manchi di fede al mio Moliere!
 (*Alto.*)
Signore, io per marito non merto un cavaliere.
Di comica son figlia, e sol quest' arte appresi,
Arte, che sol da voi trista chiamare intesi.

PIRLONE.

Fia bella, se credete a i vostri adulatori,
Che nome di virtude dar sogliono agli errori;
Ma io, che dico il vero, e lusingar non soglio,
Sostengo, che il teatro all' innocenza è scoglio.

GUERRINA.

Ecco la madre mia; deh! per pietà, Signore,
A lei non isvelate il mio nascosto ardore.

PIRLONE.

Eh san maggiori arcani tacere i labbri miei.
 (*Da se.*)
Oggi per quanto io posso, tu recitar non dei.

à de pieuses mains. — Je connais un jeune gentilhomme qui soupire pour vous ;... mais l'horrible métier que vous faites impose silence à ses feux. Mais abandonnez-le, témoignez un juste repentir, et l'amant qui vous adore sera satisfait. Ah ! si vous vous exposez aujourd'hui, pensez-y bien, Isabelle ! vous perdez la fortune que le Ciel vous prépare.

ISABELLE.

Et le pauvre Moliere !

PIRLON.

Réflexions inutiles : charité bien ordonnée, ma fille, commence par nous-mêmes.

ISABELLE.

Hélas !

PIRLON.

Du courage, mon enfant, du courage. Je vous promets que vous serez l'épouse d'un jeune et aimable cavalier. Ne jouez pas seulement aujourd'hui ; et si je ne vous dis pas la vérité, vous remonterez sur le théâtre.

ISABELLE (*à part.*)

Non, je ne puis me résoudre à trahir mon cher Moliere. (*Haut.*) Monsieur, ma main n'est pas digne d'un gentilhomme. Fille de comédien, on ne m'a enseigné que l'art de la comédie, ce bel art, dont je n'ai entendu encore dire du mal qu'à vous.

PIRLON.

Parce que vous en croyez des flatteurs, qui prodiguent à des folies les éloges dus à la vertu. Mais moi qui suis vrai, moi, dont l'usage n'est point de flatter, je vous soutiens que le théâtre est l'écueil de l'innocence.

ISABELLE.

Voilà ma mère ! je vous en conjure, Monsieur, ne lui révélez point l'état de mon cœur !

PIRLON.

J'ai su taire de plus grands secrets. (*A part.*) Ou je n'y puis rien, ou tu ne joueras pas aujourd'hui !

SCENA III.

DETTI, LA BEJART.

LA BEJART.

Ma voi, fanciulla mia, vivete a modo vostro;
Pochissimo vi piace di star nel quarto nostro.

GUERRINA.

Signora....

PIRLONE.

Perdonate. Il mancamento è mio.
Meco può star la figlia; sapete chi son io.

LA BEJART.

Con altri, che con voi, trovata s'io l'avessi
L'ucciderei. Sfacciata! Stamane la corressi.
La parte di Marianna a ripassare andate.

GUERRINA (a Pirlone.)

Ah! per amor del Cielo, Signor, non mi svelate.
(*Parte.*)

SCENA IV.

PIRLONE, e LA BEJART.

LA BEJART.

Che inutili discorsi facea quella sguajata?

PIRLONE.

Per suo, per vostro bene sin' or l'ho esaminata;

SCÈNE III.

Les Mêmes, LA BÉJART.

LA BÉJART.

Mais en vérité, ma fille, vous n'en prenez plus qu'à votre aise. Vous ne sauriez vous souffrir dans notre appartement.

ISABELLE.

Madame....

PIRLON.

Pardonnez-lui : c'est moi qui suis coupable. Mais mademoiselle peut se trouver sans danger avec moi. Vous me connaissez !

LA BÉJART.

Je l'eusse étranglée, si je l'avais trouvée avec tout autre. Petite effrontée ! Je l'ai déjà traitée, ce matin, comme elle le méritait.....! Allez repasser votre rôle de *Marianne*.

ISABELLE (*à Pirlon.*)

De grace, Monsieur, ne me trahissez pas. (*Elle sort.*)

SCÈNE IV.

PIRLON, LA BÉJART.

LA BÉJART.

De quels inutiles propos vous fatiguait donc cette ennuyeuse créature ?

PIRLON.

Pour son propre intérêt, pour le vôtre, je viens de

Ed ho scoperto cose, che a voi son forse ignote.
Signora, a vostra figlia preparate la dote.

LA BEJART.

Che? Vuol ella marito?

PIRLONE.

Lo vuole, e l'ha trovato:

LA BEJART.

Chi sia costui?

PIRLONE.

Moliere.

LA BEJART.

Moliere! Ah scellerato!

PIRLONE.

Ma vi è di peggio.

LA BEJART.

Io fremo.

PIRLONE.

Vuol stasera sposarla.

LA BEJART.

Come!

PIRLONE.

A voi sul teatro medita d'involarla.
E dopo la commedia, che a lui per questo preme,
Li aspetta una carrozza, e fuggiranno insieme.

LA BEJART.

Ah traditore!

PIRLONE.

A tempo, io fui di ciò avvisato.
Ho corretto Guerrina, e in parte ho rimediato.
Però non vi consiglio condurla a recitare;
Egli potria sedurla, e farvela involare.

sonder son cœur ; et j'ai découvert des choses que vous ignorez sans doute, Madame ! hâtez-vous de préparer une dot à cette chère enfant.

LA BÉJART.

Quoi ! Elle veut se marier ?

PIRLON.

Son choix même est déjà fait.

LA BÉJART.

Et quel en est l'objet ?

PIRLON.

Moliere.

LA BÉJART.

Moliere ! Ah ! le scélérat !

PIRLON.

Il y a plus encore.

LA BÉJART.

Vous me faites frémir !

PIRLON.

Il veut l'épouser ce soir.

LA BÉJART.

Comment !

PIRLON.

Son projet est de vous l'enlever sur le théâtre même ; et après la comédie, qui ne l'intéresse qu'à cause de cela, ils doivent fuir ensemble, dans un carrosse tout prêt à les recevoir.

LA BÉJART.

Ah ! traître !

PIRLON.

Instruit à temps de tout cela, j'ai sévèrement réprimandé Isabelle, et réparé le mal en partie. Je ne vous conseille cependant pas de la conduire au théâtre ce soir ; il pourrait la séduire de nouveau et parvenir à vous l'enlever ! Restez avec elle à la maison ;

State con essa in casa, datele soggezione.
Vada Molier, se vuole, a far solo il buffone.

LA BEJART.

Sì, sì, la mia figliuola e me, per questa sera
Moliere sul teatro vedere invano spera.
Ringrazio il Cielo, e voi d'avermi illuminata.
Ah sono dall'indegno tradita, assassinata!

PIRLONE.

Vado, che se venisse Moliere or, si diria
Che quest'opera buona è mera ipocrisia.
S'ei sa, ch'io sia venuto a discoprir l'arcano,
Quante udirete ingiurie scagliarmi il labbro insano!
E chiamo in testimonio, di quel' ch'io dico il Cielo,
Guidommi a questa casa la caritade, il zelo.
Sia di mia fama, quello che vuol la sorte,
Al prossimo giovando, incontrerei la morte.

(*Parte.*)

SCENA V.

LA BEJART, poi FORESTA.

LA BEJART.

Ah perfido Molier! Ah figlia malandrina!
Foresta?

FORESTA.

Mia Signora.

LA BEJART.

Chiamatemi Guerrina.
(*Foresta via.*)
M'accorsi dell'amore, che avea per lei l'indegno,
Ma giunger non credea dovesse a questo segno.
E meco fa il geloso di scherzar si compiace,
E finge, e mi lusinga? Oh comico mendace!

donnez-lui à entendre que vous savez quelque chose, et que Moliere aille faire tout seul son vil métier de Bouffon.

LA BÉJART.

Ah ! je vous réponds bien que ni moi ni ma fille ne paraîtrons ce soir sur le théâtre. Je rends grâce au Ciel et à vous de cet avis charitable ! Ainsi le monstre me trahit et m'assassine à ce point !

PIRLON.

Je vous laisse ; car si Moliere entrait, cette louable démarche ne serait à ses yeux qu'un trait d'hypocrisie. S'il apprend même que je suis venu vous dévoiler ce noir complot, Dieu sait quel torrent d'injures sa bouche va vomir contre moi ! et cependant, j'en atteste le Ciel ! c'est le zèle pur, c'est la charité seule qui m'amènent ici. Qu'il en soit de ma réputation ce que le sort jugera à propos ; je braverais la mort pour rendre service à mon prochain. (*Il sort.*)

SCÈNE V.

LA BÉJART, ensuite LA FORÊT.

LA BÉJART.

Ah ! perfide Moliere ! ah ! pendarde de fille ! La Forêt ?

LA FORÊT.

Madame.

LA BÉJART.

Faites-moi venir un peu Isabelle. (*La Forêt sort.*) Je m'étais aperçue déjà de l'amour qu'il avait pour elle : j'étais loin de penser cependant que les choses en fussent-là. Il affecte de la jalousie auprès de moi, daigne m'honorer de son badinage, et tout cela n'est qu'un piége tendu à ma crédulité ! Oh ! vil séducteur !

SCENA VI.

LA BEJART, GUERRINA, e FORESTA.

LA BEJART.

Venite graziosina; voglio parlarvi un poco.
Di me, degli ordini miei, voi vi prendete gioco?
Indegna, sfacciatella, sapete voi chi sono?

GUERRINA.

(*Da se.*) (*Alto.*)
Ah traditor! Signora, a voi chiedo perdono.
(*s' inginocc.*)

LA BEJART.

Alzatevi.

GUERRINA.

Non m' alzo, finchè vi vedo Irata.

FORESTA (*da se.*)

Sta a veder, che Guerrina ha fatto la frittata.

LA BEJART.

Alzatevi, dico.

GUERRINA.

Signora... (*s' alza.*)

LA BEJART.

Cuor briccone!
Io non so che mi tenga, che non ti dia un ceffone.

FORESTA.

Signora, ch' ha ella fatto?

LA BEJART.

L' amor fa con Moliere.

SCÈNE VI.

LA BÉJART, ISABELLE, LA FORÊT.

LA BÉJART.

Approchez, aimable enfant, j'ai deux mots à vous dire. Vous prétendez donc vous jouer éternellement et de moi et des ordres que je vous donne ? Savez-vous, petite effrontée ! savez-vous qui je suis ?

ISABELLE (*à part.*)

Ah ! traître ! (*Haut.*) Madame, daignez me pardonner !
(*Elle se jette à ses genoux.*)

LA BÉJART.

Levez-vous.

ISABELLE.

Non, je ne me releverai point que je n'aie désarmé votre colère.

LA FORÊT (*à part.*)

Isabelle, à ce que je vois, a fait quelque sottise.

LA BÉJART.

Levez-vous, vous dis-je.

ISABELLE.

Ma mère.....! (*Elle se lève.*)

LA BÉJART.

Impudente ! je ne sais qui m'empêche de vous appliquer un soufflet tout à l'heure.

LA FORÊT.

Hélas ! Madame, qu'a-t-elle donc fait ?

LA BÉJART.

L'amour avec Moliere.

MOLIERE,

FORESTA.

Questo delle fanciulle è il solito mestiere.

LA BEJART.

Indegna! Era disposta di prenderlo in marito.

FORESTA.

E' in età poverina da sentirne il prurito.

LA BEJART.

Tu dunque, scioccherella, daresti a lei ragione?

FORESTA.

Patisco anch' io quel male... Zitto, viene il padrone.

SCENA VII.

DETTE, MOLIERE.

MOLIERE.

FREMANO pur gli audaci, ardano d'ira il petto;
Al teatro, al teatro questa sera li aspetto;
A voi mi raccomando; in vostra man l'onore,
Male, o ben recitando, sta del povero autore.

LA BEJART.

Guerrina ha il mal di capo; di lei conto non fate.
(*A Guerrina.*)
Andate a coricarvi.

MOLIERE (*alla Bejart.*)

Oimè! Voi mi ammazzate.
Ah per amor del Cielo, Guerrina mia diletta...

LA FORÊT.

Voyez-vous ! ces jeunes filles n'en font pas d'autres.

LA BÉJART.

Fille indigne ! elle était toute prête à l'épouser.

LA FORÊT.

Mais écoutez donc : la pauvre petite est en âge d'y penser.

LA BÉJART.

Je crois vraiment que vous vous donneriez les airs de la soutenir !

LA FORÊT.

Je plains le mal que j'éprouve. Mais chut ! voici Monsieur.

SCÈNE VII.

LES MÊMES, MOLIERE.

MOLIERE.

QU'ILS frémissent d'une rage impuissante, que la colère souffle tous ses feux dans leur sein ; c'est au théâtre, en plein théâtre, que je les attends ce soir. Ah ! Mesdames, je me recommande à vous ! dépositaires de la gloire du pauvre auteur, c'est vous qui, en jouant bien ou mal....

LA BÉJART.

Isabelle a la migraine : ne comptez pas sur elle. (*A sa fille.*) Retirez-vous dans votre chambre, Mademoiselle.

MOLIERE (*à la Béjart.*)

Qu'entends-je ? je ne reviens pas de ma surprise. Au nom du Ciel, ma chère Isabelle.....

MOLIERE,

LA BEJART.

Non recita vi dico. (*A Guerrina.*) Olà parti, fraschetta.

GUERRINA (*da se.*)

Misera sventurata, che mi fidai d'un empio!
Oh sì, che quel Ribaldo m'ha dato un buon' esempio.
(*Parte.*)

SCENA VIII.

MOLIERE, e LA BEJART.

MOLIERE.

Cieli! Che avvenne mai? Che diamine ha Guerrina?
Se manca alla commedia, sarà la mia rovina.
Sospeso un' altra volta diran ch'è l'Impostore,
Che falsa è la licenza, ch'io sono un mentitore.
E l'interesse vostro forse è minor del mio?

LA BEJART.

Non recita Guerrina, nè recitar vogl'io.

MOLIERE.

Come! Così parlate? V'è noto il vostro impegno?
Ah voi siete una pazza.

LA BEJART.

E voi siete un indegno.
(*Parte.*)

COMÉDIE.

LA BÉJART.

Elle ne joue point, vous dis-je. (*A sa fille.*) Rentrez, encore une fois; m'entendez-vous, Mademoiselle?

ISABELLE (*à part.*)

Malheureuse! faut-il m'être livrée à ce méchant! Ah! le perfide, du moins, me donne une bonne leçon. (*Elle sort.*)

SCÈNE VIII.

MOLIERE, LA BÉJART.

MOLIERE.

O Ciel! qu'est-il donc arrivé? que diable a donc Isabelle? Je suis perdu, si elle ne joue pas ce soir. Les cagots vont publier que le *Tartufe* est de nouveau défendu, que la permission était supposée, et que je suis un imposteur moi-même. Mon intérêt, d'ailleurs, n'est-il pas le vôtre, Madame?

LA BÉJART.

Isabelle ne jouera point : et je ne veux pas jouer non plus, moi.

MOLIERE.

Comment? que dites-vous? avez-vous perdu de vue votre engagement? Allez, vous êtes une folle.

LA BÉJART.

Et vous un monstre. (*Elle sort.*)

SCENA IX.

MOLIERE, e FORESTA.

MOLIERE.

Foresta, ah! donde viene cotanta escandescenza?
FORESTA.
Signor padron, vi prego darmi la mia licenza.
MOLIERE.
Che dici?
FORESTA.
La licenza chiedo per andar via.
MOLIERE.
Andar senza ragione ten vuoi di casa mia?
O tu mi dici il vero, o via non anderai.
FORESTA.
Fanciulla eternamente di viver non giurai.
Io voglio maritarmi: a star così patisco.
Non voglio più servire. Padron, vi riverisco.
(Parte.)

SCENA X.

MOLIERE (*solo.*)

Oh Ciel! rivolte ho contro tre femmine ad un tratto?
Perchè mai? Voglion farmi costor diventar matto?
E Guerrina, che mi ama, o finge almen d'amarmi,
Colla crudel sua madre congiura a rovinarmi?

SCÈNE IX.

MOLIERE, LA FORÊT.

MOLIERE.

La Forêt, dis-moi donc un peu la cause de tout ceci ?

LA FORÊT.

Monsieur, je vous prie de me vouloir bien faire mon compte.

MOLIERE.

Que dis-tu ?

LA FORÊT.

Je vous demande la permission de m'en aller.

MOLIERE.

Sortir sans motif de chez moi ! Dis-moi la vérité, ou tu ne sortiras pas.

LA FORÊT.

Ma foi, je n'ai pas fait vœu de rester éternellement fille. Je veux me marier ; mon état est trop pénible.... je ne veux plus servir. Votre servante, Monsieur. (*Elle sort.*)

SCÈNE X.

MOLIERE (*seul.*)

Oh ! Ciel ! trois femmes à la fois contre moi ! que leur ai-je fait ? Ont-elles juré de me faire tourner la tête ? Et ma chère Isabelle, Isabelle qui m'aime, ou qui, du moins, a l'air de m'aimer, conspire aujourd'hui ma perte avec sa mère ! Mais, hélas ! le danger

Ma, oimè! la dura pena del mio schernito amore
E' vinta dal periglio, in cui posto è l'onore.
Ah maladetto il giorno, che appresi un tal mestiere!
Meglio era, con mio padre, facessi il tapeziere.
Mio zio per la commedia mi tolse al mio esercizio,
Diè morte a' miei parenti, e fè il mio precipizio.
Studiai; ma che mi valse lo studio sciagurato,
Se, dopo avere il foro per pochi dì calcato,
A questa lusinghiera novella professione
Diabolica, mi spinse violenta tentazione?
Ecco il piacer ch' io provo in premio al mio sudore!
Sto in punto, per due donne, di perdere l'onore.
E tutta la fatica, ch' io spesi in opra tale,
E il procurar ch' io feci il decreto reale;
E il dir, che per le vie s' è fatto, e per le piazze,
Inutile fia tutto per ragion di due pazze!
Ed io sarò sì stolto di seguitare un gioco,
In cui s' arrischia tanto, e si guadagna poco?

SCENA XI.

MOLIERE, VALERIO.

VALERIO.

Molier, son prese tutte le logge del teatro,
I posti del parterre, quei dell' anfiteatro;
E il popol curioso ripieno di contento,
Di veder l' impostore sollecita il momento.

MOLIERE.

Vorrei, che andasse a foco il teatro, e le scene,
E i comici, e le donne alle Tartaree pene.

que court mon honneur compromis l'emporte encore sur le chagrin de voir ma flamme méprisée. Ah! maudit soit le jour où j'entrai dans cette fatale carrière! qu'il eût mieux valu pour moi faire, comme mon père, un honnête tapissier! mon oncle, en m'arrachant à ma profession pour faire de moi un comédien, a donné la mort à mes parens, et a creusé sous mes pas un horrible précipice. J'ai étudié, il est vrai; mais de quoi m'ont servi ces malheureuses études, si, après une courte apparition au barreau, j'ai cédé au charme irrésistible d'une profession.... Voilà donc le fruit douloureux de mes succès! le caprice de deux femmes expose ma gloire au revers le plus fâcheux! et tout ce qu'un pareil ouvrage a pu coûter de travail, l'ordre du roi que j'ai obtenu, l'annonce de la pièce qui a déjà circulé dans toutes les rues, dans toutes les places, deux folles rendront tout cela inutile! et je serais assez fou moi-même, pour faire encore un métier que suivent tant de dangers, et qui offre si peu de dédommagement!

SCÈNE XI.

MOLIERE, VALERE.

VALERE.

MOLIERE, toutes les loges sont prises : parterre, amphithéâtre, tout est plein ; et le public, rempli de joie et de curiosité, attend avec impatience le moment d'applaudir au *Tartufe*.

MOLIERE.

Plût au Ciel que le théâtre fût la proie des flammes; que les comédiennes et les comédiens fussent à jamais plongés dans les gouffres du Tartare!

MOLIERE,

VALERIO.

Signor, ben obbligato. Dove l'autor mandate?

MOLIERE.

A divertir Plutone fra l'anime dannate.

VALERIO.

Queste parole sono da uomo disperato.

MOLIERE.

Parole da mio pari.

VALERIO.

Oime! che cosa è stato?

MOLIERE.

Sdegnata la Bejart, non so per qual cagione,
Di se, della figliuola contro al dover dispone.
Che in scena non verranno protesta in faccia mia.
Ragion di ciò le chiedo, m'insulta, e fugge via.
Vi è nota l'odiosa superbia di tai donne.
Io non ho sofferenza di taccolar con gonne.

VALERIO.

Come? di quelle stolte sarà dunque in balla
All' ultima rovina ridur la compagnìa?
Pur troppo abbiam sofferto per causa de i nemici,
Senza guadagno alcuno, de i giorni aspri infelici.
Mi sentiran ben esse, e meco parleranno
Tutti i compagni nostri, per non soffrire il danno.
Molier, non dubitate; in scena le vedrete.
Minaccerò, se giova, le femmine indiscrete.

(*Parte.*)

VALERE.

VALERE.

Bien obligé, pour ma part. Ah! çà, et l'auteur, où l'envoyez-vous?

MOLIERE.

Chez Pluton, donner la comédie aux diables.

VALERE.

Mais voilà le langage du désespoir.

MOLIERE.

C'est le mien.

VALERE.

Comment! qu'est-il donc arrivé?

MOLIERE.

Fâchée, je ne sais à propos de quoi, la Béjart, au mépris de son engagement, dispose d'elle et de sa fille, et me soutient en face qu'elles ne paraîtront pas au théâtre. Je lui demande la raison de cette bizarrerie, elle me répond par des injures et s'en va. Vous connaissez l'orgueil révoltant de ces dames! Je n'ai, quant à moi, ni la patience de les entendre, ni le temps de leur répondre.

VALERE.

Comment! l'unique étude de ces belles dames sera donc de ruiner la troupe? Vos ennemis ne nous ont-ils pas fait déjà faire assez de mauvaises recettes? Elles vont m'entendre : tous les camarades parleront avec moi, et ne souffriront pas qu'elles nous fassent un pareil tort. Elles joueront, mon ami, elles joueront, soyez en sûr. J'emploirai, s'il le faut, jusqu'à la menace auprès de ces indiscrettes femelles. (*Il sort.*)

SCENA XII.

MOLIERE, poi LEANDRO.

MOLIERE.

Sì, sì fra poco spero veder le donne irate,
Per opra di Valerio, alla ragion tornate.
Ma come in un momento cambiossi madre, e figlia?
E fin la serva istessa? qualch'empio le consiglia:
Qualch'empio seduttore le rese a me discordi,
Ma farò, se lo scopro, che di me si ricordi.

LEANDRO.

Molier, le tue bottiglie gettar puoi tu nel fiume.
Ah ne ho bevute un pajo, che incanteriano un nume.
Il tuo Borgogna amaro non mi è piaciuto un fico,
O che vin di Sciampagna bevuto ho da un amico!
Con due fette di pane salato, e abbrustolato
Tracannai due bottiglie di vino prelibato.

MOLIERE.

(Da se.)
Buon prò vi faccia. Oh donne! oh donne indiavolate!

LEANDRO.

Forte, schiumoso, e bianco...

MOLIERE.

     Oh Ciel! Voi m'annojate.

LEANDRO.

Ecco qui maladetta la vostra ipocondria!
Cogli orsi siete degno di stare in compagnia,

SCÈNE XII.

MOLIERE, ensuite LÉANDRE.

MOLIERE.

Oui, oui, je me flatte de voir avant peu le courroux de ces dames céder aux conseils de Valere et à la voix de la raison. Mais comment un instant a-t-il pu opérer une pareille révolution dans l'esprit de la mère et de la fille, dans celui même de la servante ? quelque méchant les empoisonne de ses conseils ; quelque vil séducteur les soulève contre moi : mais malheur à lui, si je le découvre ; il se ressouviendra de Moliere.

LÉANDRE.

Mon ami, je vous conseille de jeter votre vin à la rivière. Ah ! je viens d'en boire deux bouteilles, mais deux bouteilles d'un vin qui ferait les délices d'un dieu ! Votre Bourgogne amer, n'est point du tout de mon goût : parlez moi du vin de Champagne que j'ai bu chez un ami ! avec deux petites croûtes de pain salé et grillé, je vous ai sablé deux bouteilles de ce nectar, le plus lestement du monde.

MOLIERE.

Grand bien vous fasse. (*A part.*) Oh ! femmes ! femmes endiablées !

LÉANDRE.

Sec, mousseux et blanc....!

MOLIERE.

Oh ! dieu ! que vous m'excédez !

LÉANDRE.

Eh bien ! ne voilà-t-il pas votre diable d'humeur noire, qui vous rend digne, tout au plus, de vivre

Eh non pensate a nulla, fate il vostro mestiere.
Ogni due versi, o quattro, bevetene un bicchiere,
E dopo d'ogni scena, una bottiglia almeno;
E terminando ogni atto, un grosso fiasco pieno.
Indi finita l'opra, se stanco è l'intelletto,
Bevete, e poscia andate caldo dal vino a letto.
Il vino è quel che accende la nostra fantasìa,
Pel comico poeta vi vuol dell'allegrìa.

MOLIERE.

Se aveste da comporre de i versi, o delle prose,
Oh sì col vostro vino fareste le gran cose.

LEANDRO.

Eh s'io compor dovessi, opre farei più amene;
Non già come le vostre di freddure ripiene.
Poichè, Molier mio caro, per dir la cosa schietta,
Nelle commedie vostre vi è sempre la burletta.
Staccar non vi potete dal basso, e dal triviale;
Il vostro stile è buono, ma non è sempre eguale.

MOLIERE.

Io soffro da un amico esser ripreso, e taccio.
Vario è il mio stile è vero, ma a caso non lo faccio.
Io parlo agli artigiani, io parlo a i cavalieri,
A ognun nel suo linguaggio parlar fa di mestieri.
Onde in un'opra istessa usando il vario stile,
Piace una scena al grande, piace una scena al vile.
Se per la gloria sola l'opere mie formassi,
E di piacere a tutti per l'util non curassi,
Con tempo, e con fatica anch'io forse potrei
D'alto sonoro stile ornare i versi miei.

LEANDRO.

Oh se a me l'opre vostre aveste confidate,
Quanto sarian migliori, quanto men criticate!

avec les ours? Eh! morbleu, mon ami, trêve aux soucis, et faites votre métier gaiement! à tous les deux ou quatre vers, avalez-moi un verre de vin : à la fin de chaque scène, une bouteille au moins ; et un bon flacon pour terminer l'acte. L'ouvrage une fois achevé, votre esprit se trouve-t-il fatigué? buvez, mon ami, buvez et allez vous mettre au lit. Le vin est le foyer où s'allume l'imagination, et il faut de la gaieté au poëte comique.

MOLIERE.

Si vous aviez des vers ou de la prose à composer, je crois que votre vin vous inspirerait de belles choses !

LÉANDRE.

Ma foi, si je me mêlais d'écrire, je voudrais que mes ouvrages fussent agréables, et n'offrissent point, comme les vôtres, une foule de choses triviales. Tenez, mon cher Moliere, parlons franchement : il y a toujours dans vos pièces du plat et du bouffon ; il semble que vous ne puissiez pas sortir du bas et du commun. Votre style est bon en général, mais d'une inégalité....

MOLIERE.

Je n'oppose que la docilité et le silence à la censure d'un ami. Mon style est inégal, j'en conviens ; mais ce n'est pas l'ouvrage du hasard. J'écris pour les simples artisans, comme pour la bonne compagnie, et je dois parler à chacun son langage. Il résulte de cette variété de style, jetée à dessein dans un même ouvrage, que telle scène plaît à l'homme du monde, telle autre enchante la populace. Si je ne travaillais que pour la gloire, si mon but n'était pas de plaire à tout le monde, peut-être, avec du temps et des soins, pourrais-je donner, comme un autre, de l'harmonie à mon style et de la pompe à mes vers.

LÉANDRE.

Que ne me confiez-vous vos ouvrages? Ils en seraient meilleurs, et prêteraient bien moins à la critique.

MOLIERE.

Oh se ascoltar volessi i bei suggerimenti,
Che ognor dati mi sono da fertili talenti,
Ogn' opra ch'io facessi, almeno almen dovrei
Da capo a piè rifarla tre, quattro volte, e sei;
Onde, se nol sapete, questo è lo stile mio:
Ascolto sempre tutti, e fo quel che vogl'io.

(Parte.)

LEANDRO (<i>solo.</i>)

Che Diavolo! quest'oggi, e non ho ancor pranzato,
Non posso stare in piedi, ho un sonno inusitato.
Nella vicina stanza io vedo un canapè,
Pel sonno, che mi opprime egli è, opportuno affè.
Riposerò sin tanto, che il suono del bicchiere
Mi desti; e s'egli pranza; pranzerò con Moliere.

Fine dell' Atto secondo.

COMÉDIE.

MOLIERE (1).

Oh ! si j'en voulais croire les excellens conseils que me donnent tous les jours les plus grands talens, il n'y a pas une de mes pièces que je ne refisse trois, quatre et six fois d'un bout à l'autre. Aussi voilà mon axiome favori, peut-être ne le connaissez-vous pas : j'écoute tout le monde, et je fais ensuite ce que je juge à propos. (*Il sort.*)

LÉANDRE (*seul.*)

Comment diable ! je n'ai point encore dîné, et mes jambes fléchissent sous moi ! j'éprouve un besoin de dormir extraordinaire ! Bon ! j'aperçois un canapé dans la chambre voisine, cela se trouve à merveille dans la circonstance. Je vais me reposer jusqu'à ce que le son des verres me réveille, et s'il dîne au logis, je dînerai avec Moliere.

---

(1) Moliere lisait volontiers et demandait à chacun son avis ; mais il ne suivait que le sien ordinairement, et il avait raison. L'auteur doit se satisfaire avant tout, et n'être jamais, dans son art, l'esclave du public. Celui-ci est trop heureux de prendre ce que le génie lui donne. (*M. Mercier.*)

Fin du second Acte.

ATTO III.

SCENA PRIMA.

MOLIERE, poi VALERIO.

MOLIERE.

Dorme Leandro ancora. E' cotto il poverino.
Oh vizio vergognoso è pur quello del vino!
Per legge d'amicizia lo soffro, e lo riprendo;
Ambi siam stati insieme scolari di *Gassendo*.
Oh mal spesi sudori d'un uomo senza pari!
Ha fatto veramente due celebri scolari!
Quello i suoi studj impiega in crapulare, e bere,
Ed io mi struggo in questo difficile mestiere.
Ecco Valerio torna. Mi sembra allegro in viso.
Mi recherà (lo spero) qualche felice avviso.
Valerio, quai novelle?

VALERIO.

     Via, via, non sarà nulla.
La madre è scorrucciata, afflitta è la Fanciulla.
Ma a recitar verranno, faranno il lor dovere,
Che per passion privata non lasciasi il mestiere.
Sol la Bejart pretende venire assicurata,
Che le sarà la figlia non tocca, e rispettata.

MOLIERE.

E chi è, che far presuma insulto alla Guerrina?

ACTE III.

SCÈNE PREMIÈRE.

MOLIERE, ensuite VALERE.

MOLIERE.

LÉANDRE repose encore : le pauvre diable en a son compte.....! quel vice honteux cependant, que cette malheureuse passion du vin ! Je le supporte, je le tance, l'amitié m'en fait un devoir. Qui croirait pourtant que nous sortons l'un et l'autre de l'école de Gassendi ! il faut convenir que ce grand homme a bien heureusement placé ses leçons, et qu'il a vraiment fait là deux fameux Élèves ! l'un ne respire que pour des goûts crapuleux : l'autre sèche dans le plus ingrat des métiers..... Mais j'aperçois Valere ; je lis l'alégresse sur son visage, et je me flatte qu'il m'apporte de bonnes nouvelles. Eh bien ! mon ami, eh bien ?

VALERE.

Allons, allons, cela ne sera rien. La mère est furieuse, la fille désolée ; mais elles joueront, elles feront leur devoir, parce qu'un intérêt particulier ne doit pas l'emporter sur celui de la troupe. La Béjart seulement veut votre parole qu'il y aura sureté et respect pour sa fille.

MOLIERE.

Et qui pourrait se permettre de lui manquer ?

VALERIO.
Dice, che di rapirla Moliere a lei destina.
MOLIERE.
Amico, quest' è un sogno.
VALERIO.
E niun ve lo contrasta,
Di già dalla servente intesi quanto basta.
Qui venne, voi assente, il perfido Pirlone,
Che va per ogni dove mendace bacchettone.
MOLIERE.
Sì, sì, quel professore d'indegna ipocrisìa,
Ch' è il primo originale della commedia mia.
Ditemi, che ha egli fatto?
VALERIO.
Con arte sopraffina
Oprò, che l'amor vostro svelasse la Guerrina.
Lo disse indi alla madre; e dielle il van consiglio
Di evitar sul teatro di perderla il periglio.
Così...
MOLIERE.
Così sperava quel pessimo impostore
Troncar quella commedia, che gli trafige il core.
VALERIO.
Sedusse la Foresta, che gisse a star con lui;
Ma poscia la figliuola pensando a' casi sui,
E meglio da' miei detti del vero illuminata,
Vi prega di tenerla, ed è mortificata.
MOLIERE.
Ah sempre più d'esporre il mio *Tartuffo* ho fete;
Di Pirlone il ritratto sulla scena vedrete.
Mancami una sol cosa... oh se potessi avere...
Foresta, se il volesse, farmi potrìa il piacere.
Ella ha spirto bastante.

VALERE.

Elle prétend que Moliere se propose de l'enlever.

MOLIERE.

Mais, mon cher, c'est un conte!

VALERE.

Qui vous dit le contraire? La servante m'a déjà appris bien des choses : pendant votre absence, est venu ici ce perfide Pirlon, ce méprisable cafard qui va çà et là disséminer l'imposture.

MOLIERE.

Oui, oui, je le connais ce vil professeur d'hypocrisie : c'est précisément l'original de mon *Tartufe*. Dites-moi donc : qu'a-t-il fait?

VALERE.

Avec tout le raffinement de son art maudit, il a arraché à Isabelle le secret de son amour pour vous : il l'a dit à sa mère ensuite, non sans lui donner le vain conseil de ne la point mener au théâtre ce soir, afin d'échapper au danger de la perdre. Ainsi.....

MOLIERE.

Ainsi le vil imposteur se flattait d'arrêter par là un ouvrage qui lui perce le cœur.

VALERE.

Il avait séduit la Forêt, qui déjà s'en allait demeurer chez lui. Mais en y réfléchissant un peu, et éclairée sur tout par mes conseils, elle vous conjure maintenant de la garder, et est vraiment mortifiée de sa conduite de ce matin.

MOLIERE.

Tout cela ne fait qu'ajouter à mon empressement de jouer mon *Tartufe*. Vous verrez, vous verrez votre Pirlon trait pour trait sur la scène. Il ne me manque qu'une chose.... Oh! si je pouvais me procurer.... La Forêt, si elle veut, peut me rendre ce service-là. Elle a assez d'esprit pour y réussir.

MOLIERE,
VALERIO.

Qualche pensier novello?

MOLIERE.

Di Pirlone vorrei il tabarro, e il cappello.
Mostacchi a' suoi simili, e ugual capellatura
Farei al naturale la sua caricatura.

VALERIO.

Ma come mai di dosso levarli il suo mantello?
Come vi lusingate, ch' ei lasci il suo cappello?

MOLIERE.

Un' invenzion bizzarra or mi è venuto in testa,
E basta mi fecondi con arte la Foresta.
Vedrò di lusingarla, le darò l' instruzione,
E in questa casa io stesso tornar farò Pirlone.
Indegno! ecco svelato per opra sua l' affetto,
Che per la mia Guerrina tenea celato in petto,
E senza il vostro ajuto, saggio Valerio amato,
L'onor mio, l' util nostro saria precipitato.
Di risa, e di fischiate Pirlon sarà la meta,
Io voglio vendicarmi da comico poeta.

(*Parte*.)

SCENA II.

VALERIO, poi LESBINO.

VALERIO.

Dunque Moliere anch' esso arde d' amore in petto,
E fra sceniche donne coltiva il suo genietto?
Filosofia non vale contro il poter d' amore:
E gli uomini più dotti non han di selce il core.

VALERE.

Quelle est donc cette nouvelle idée?

MOLIERE.

Je voudrais avoir le manteau et le chapeau de Pirlon. Je me ferais des moustaches comme lui, une chevelure semblable à la sienne, et la caricature serait d'un naturel, d'une vérité !

VALERE.

Mais le moyen de lui ôter son manteau de dessus les épaules ? Et puis comment espérer qu'il laisse son chapeau ?

MOLIERE.

C'est une idée bizarre qui m'a passé par la tête, et je réponds de tout pourvu que la Forêt me seconde adroitement. Je la flatterai, je lui ferai la leçon, et je me charge de faire moi-même revenir ici ce traître de Pirlon. Le monstre ! voilà donc le secret de mes feux dévoilé par ses soins ! Et sans vous, mon prudent ami, sans vos bons offices, ma gloire, notre recette, tout était perdu. Patience ! le cher Pirlon va être immolé en personne aux huées, aux sifflets du parterre, et je veux me venger en poëte comique.

(*Il sort.*)

SCÈNE II.

VALERE, ensuite LESBIN.

VALERE.

Ainsi, le cœur du pauvre Moliere brûle des feux de l'amour, et il n'en cultive pas moins son génie dans la société des femmes de théâtre ! faible bouclier que la philosophie contre les traits de l'amour ! ah ! les hommes les plus éclairés ne portent pas un cœur

Guerrina è tal Attrice, che merta esser amata
Da lui, che del teatro la gloria ha riparata.
LESBINO.
Signore, il conte Frezza domanda il padron mio.
VALERIO.
Molier verrà fra poco; frattanto ci son io.
A lui verrò se il chiede, l'attenderò s'ei vuole.
(Lesbino parte.)

SCENA III.

VALERIO, poi il Conte FREZZA.

VALERIO.

IL Conte è un ignorante, che abbonda di parole.
Non sa, non ha studiato, non gusta e non intende;
E criticar presume, e giudicar pretende.
IL CONTE.
Dov'è Molier?
VALERIO.
Fra poco qui tornerà, Signore.

IL CONTE.
Convien per aver posto ricorrere all'autore.
Le logge son già date, l'udienza sarà piena.
Vorrei per questa sera un luogo sulla scena.
VALERIO.
Servir fia nostra gloria un cavalier gentile.
IL CONTE.
Valerio, siete voi un giovine civile.

de pierre. Isabelle, d'ailleurs, est une actrice bien faite pour inspirer de l'attachement à un homme qui a relevé, parmi nous, la gloire du théâtre.

LESBIN.

Monsieur, le comte Frezza demande mon Maître.

VALERE.

Il ne tardera pas à rentrer. Cependant j'y suis. Je me rendrai auprès du Comte, s'il l'exige; je l'attendrai ici, s'il veut. (*Lesbin sort.*)

SCÈNE III.

VALERE, ensuite le Comte FREZZA.

VALERE.

Le Comte est un ignorant qui vous assomme de paroles. Il ne sait, n'a appris, ne goûte et n'entend rien; et avec tout cela, il se donne les airs de critiquer, et a la prétention de juger !

LE COMTE.

Où est Moliere ?

VALERE.

Monsieur, il va rentrer.

LE COMTE.

Il faut avoir recours à l'auteur, si l'on veut une place aujourd'hui. Les loges sont distribuées, la salle sera pleine. Y aurait-il moyen d'obtenir une place sur le théâtre ce soir ?

VALERE.

Monsieur, nous nous ferons toujours un devoir d'obliger un galant homme.

LE COMTE.

Ah ! mon cher Valere ! vous êtes un charmant jeune

Riuscite a perfezione nel comico mestiere,
E in capo non avete i grilli di Moliere.

VALERIO.

Fra noi v'è differenza; i' son mediocre attore,
Moliere è un uomo dotto, è un excellente autore.

IL CONTE.

Moliere è un uomo dotto? Moliere autor perfetto?
Sproposito massiccio, Valerio, avete detto.
Caratteri forzati sol caricar procura;
Nell' opre di Moliere non v'è, non v'è natura.

VALERIO.

Egli ha il punto di vista. Riflettere conviene,
Che i piccoli ritratti in scena non fan bene.

IL CONTE.

Che diavol d'argomento triviale, e temerario!
Che titolo immodesto! *Cornuto immaginario.*

VALERIO.

Dovriano consolarsi i soli immaginarj.
Ma i veri sono molti, e i finti sono rari.

IL CONTE.

La *Scuola delle Donne* è affatto senza sale.

VALERIO.

E' ver, non ha incontrato; ma non vi è poi gran male.

IL CONTE.

Può dir maggior sciocchezza, che dir *torta di latte?*

---

(1) Ce grand homme ne fut jamais qu'un acteur assez médiocre: débarrassé du soin de sa troupe, il nous eût donné peut-être vingt
homme.

homme. Savez-vous bien que vous jouez la comédie comme un ange ! Vous n'avez aucun des défauts de Moliere (1).

VALERE.

Oui ; il y a entre nous une petite différence : je suis un comédien médiocre ; et Moliere un homme très-instruit, un auteur accompli.

LE COMTE.

Moliere instruit ! Moliere un auteur accompli ! voilà ce qui s'appelle une lourde bévue, mon cher Valere. Tout son mérite est de charger des caractères déjà forcés ; et en général, la nature ne se montre nulle part dans les ouvrages de Moliere.

VALERE.

Il connaît les lois de la perspective ; et il faudrait faire réflexion que les miniatures ne font point d'effet au théâtre.

LE COMTE.

Quel diable de sujet trivial et indécent ! quel titre immoral ! *Le Cocu imaginaire !*

VALERE.

Eh ! Monsieur ! ceux qui ne sont qu'*imaginairement* dans ce cas là devraient se consoler. Mais la réalité l'emporte malheureusement ici sur la fiction.

LE COMTE.

L'École des femmes n'a pas le moindre sel.

VALERE.

Elle n'a pas réussi, j'en conviens. Mais cela ne prouve pas grand'chose.

LE COMTE.

Peut-on dire une plus grande platitude que : *Tarte à la crème ?*

---

chef-d'œuvres de plus. Quelle perte irréparable ; que celle du temps de Moliere ! (*M. Palissot.*)

VALERIO.
Sta qui tutto il diffeto?
IL CONTE.
Oibò: *torta di latte!*

VALERIO.
Non guasta una commedia un termine triviale.
IL CONTE.
Una *torta di latte!* Che sciocco! Che animale!
VALERIO.
Signore, avete udita questa commedia intera?
IL CONTE.
Eh, che non son sì pazzo a perdere una sera.
Ascolto qualche pezzo, poi vado, poi ritorno;
Fo visite alle logge, giro l'udienza intorno:
Discorro cogli amici, un poco fo all'amore.
Non merta una commedia, che un uom taccia tre ore.
VALERIO.
E poi ne giudicate, senza ascoltar parola?
IL CONTE.
A gente di buon naso basta una scena sola.
VALERIO.
La Scuola delle Donne si sa perchè non piacque.
Sentirsi criticare al bel sesso dispiacque.
Contro l'autor pungente le donne han mosso guerra;
Gettata dagli amanti fu la commedia a terra.
IL CONTE.
Vedrete in tempo breve Moliere andar fallito.
Val più di tutto lui di *Scaramuccia* un dito.
VALERIO.
Ah! sofferir non posso l'indegno paragone,
Che fate d'un autore col ciurmator poltrone.

VALERE.
Est-ce là tout ce que vous y trouvez à reprendre?
LE COMTE.
Fi donc! *Tarte à la crême!*
VALERE.
Un mot trivial ne gâte pas un bel ouvrage.
LE COMTE.
Tarte à la crême! quelle absurdité! quelle sottise!
VALERE.
Monsieur a-t-il entendu la pièce entièrement?
LE COMTE.
Moi! je ne suis pas encore assez fou, pour perdre ainsi une soirée. J'écoute un endroit, je sors, je rentre, je visite les loges, je fais le tour de la salle, je cause avec mes amis, je dis de jolies choses aux femmes. Une comédie ne mérite pas de faire taire un homme trois heures de suite.
VALERE.
Et vous prononcez, Monsieur, sur le mérite d'un ouvrage, sans l'avoir entendu?
LE COMTE.
Il suffit d'une scène à un homme de goût, pour juger du reste.
VALERE.
On sait pourquoi l'*Ecole des femmes* n'a pas réussi. Le beau sexe n'a pu voir, sans frémir, cette critique ingénieuse. Les dames ont déclaré la guerre au pauvre auteur, et leurs amans ont fait tomber la pièce.
LE COMTE.
Vous verrez Moliere tomber insensiblement de jour en jour. *Scaramouche* vaut, ma foi, déjà mieux que lui.
VALERE.
Ah! je ne puis souffrir cet indigne parallele d'un vil bateleur, avec un homme du mérite de Moliere.

IL CONTE.
Don Garzia di Navarra poteva esser peggiore?
VALERIO.
La Scuola de' Mariti poteva esser migliore?
IL CONTE.
Di peso l'ha rubbata. Sono, se nol sapete,
Gli Adolfi di *Terenzio*.
VALERIO.
     Gli Adelfi dir volete.
IL CONTE.
Adolfi, e non *Adelfi*. Vo' dir come mi pare.
Un comico ignorante verrammi ad insegnare?
VALERIO.
Anch' io lessi *Terenzio*, e posso dar ragione
De i titoli, e dell' opre.
IL CONTE.
     Oh via, siete un buffone.
VALERIO.
Signor, l' onesta gente così non si strapazza;
Fo il ridicolo in scena, ma voi lo fate in piazza.
IL CONTE.
Adoprerò il bastone.
VALERIO.
   Vedrò, se tanto osate.
IL CONTE.
Andace.
VALERIO.
 Voi lo siete.

COMÉDIE.

LE COMTE.
Don Garcie de Navarre pouvait il être plus mauvais ?

VALERE.
L'Ecole des Maris pouvait-elle être meilleure ?

LE COMTE.
Le plagiat est manifeste. Je suis bien aise de vous apprendre que ce sont les *Adolphes* de *Térence*.

VALERE.
Monsieur veut dire les *Adelphes* ?

LE COMTE.
Adolphes, vous dis-je, et non *Adelphes*. Je veux dire comme il me plaît : vous allez voir qu'un ignorant comédien me donnera des leçons !

VALERE.
C'est que j'ai lu *Térence* aussi, moi, et je puis rendre compte et des titres et des pièces.

LE COMTE.
Vous êtes un bouffon et rien de plus.

VALERE.
Monsieur, mesurez s'il vous plaît vos termes avec les honnêtes gens. Je fais rire sur la scène, d'accord : mais vous nous donnez, vous, ce plaisir là par-tout.

LE COMTE.
Insolent ! si je prends ma canne !

VALERE.
Nous verrons, si vous vous oubliez à ce point.

LE COMTE.
Téméraire !

VALERE.
C'est vous, dont l'audace....

SCENA IV.

DETTI, LEANDRO.

LEANDRO.

Olà, che diavol fate?
IL CONTE.
Ei mi perde il rispetto.
VALERIO.
Mi tratta da buffone.
IL CONTE.
Difende il suo Moliere.
VALERIO.
Difendo la ragione.
LEANDRO.
E intanto colle strida m' avete risvegliato,
In tempo, che sognando bevea del buon Moscato.
IL CONTE.
Leandro, voi, che siete uom schietto, e di sapere;
Dite, si può star saldi all' opre di Moliere?
LEANDRO.
Sunt bona mixta malis, sunt mala mixta bonis.
IL CONTE.
Il male è manifesto.
VALERIO.
Io so...
LEANDRO (*a Valerio.*)
Zitto.

SCÈNE IV.

Les Mêmes, LÉANDRE.

LÉANDRE.

Hola! Eh bien! à qui diable en avez-vous donc vous autres?

LE COMTE.

Il me manque de respect.

VALERE.

Monsieur me traite de bouffon!

LE COMTE.

Il défend son Moliere.

VALERE.

Je défends la raison.

LÉANDRE.

Oui; mais tout cela n'empêche pas que vos cris m'ont réveillé dans l'instant chéri où un songe enchanteur me versait un muscat, mais un muscat!

LE COMTE.

Tenez, Léandre; vous qui êtes un juge instruit, un censeur judicieux, dites-moi : est-il possible de tenir aux pièces de Moliere?

LÉANDRE.

Il y a du bon, il y a du mauvais.

LE COMTE.

Mais le mauvais saute aux yeux.

VALERE.

Je sais....

LÉANDRE (à Valere.)

Paix!

Il Conte.
Lasciate, ch' ei parli.
Leandro (al Conte.)
State cheto.
Il Conte.
M' offese.
Leandro.
D' aggiustarla io troverò il segreto.
Vi rimettete entrambi a quel che dirò io?
Valerio.
Non parlo.
Il Conte.
Mi rimetto; ma salvo l' onor mio.
Leandro.
Seguite i passi miei. L' albergo è qui vicino;
Andiamo ogni discordia a seppellir nel vino.
Valerio.
Signor...
Leandro.
Non si ripete.
Il Conte.
Ma io...
Leandro.
Non v' è risposta.
Per aggiustar litigj son uomo fatto a posta.
Andiamo, Conte, andiamo a rompere l' inedia,
E poi nella mia loggia verrete alla commedia.
Il Conte.
Eccomi, con voi sono. Avrò doppio piacere
A rimirar le usate sciocchezze di Moliere. (*Parte.*)
Leandro (a Valerio.)
Venite voi?

COMÉDIE.
LE COMTE.
Laissez-le parler.

LÉANDRE (*au Comte.*)
Calmez-vous.

LE COMTE.
Il m'a offensé.

LÉANDRE.
Je sais un moyen d'arranger tout cela. Vous en rapporterez-vous tous deux à ma décision ?

VALERE.
Je ne dis plus rien.

LE COMTE.
J'y consens, pourvu que mon honneur...

LÉANDRE.
Suivez-moi : l'auberge n'est pas loin, allons noyer dans le vin tous ces germes de discorde.

VALERE.
Monsieur.....

LÉANDRE.
Point de réplique.

LE COMTE.
Mais je....

LÉANDRE.
Il n'y a rien à m'opposer. Je suis l'homme qu'il faut pour terminer un différend. Allons, cher Comte, allons rompre la diète, et je vous donne ensuite une place dans ma loge.

LE COMTE.
Je vous suis. Je jouirai doublement des sottises de Moliere. (*Il sort.*)

LÉANDRE (*à Valere.*)
Vous n'êtes pas des nôtres ?

VALERIO.
Signore, vi domando perdono.
Sapete, che impegnato per il teatro io sono.
LEANDRO.
Restate. Abil non siete col ber di starmi a fronte.
Voglio, se mi riesce, ubriacare il conte.
(*Parte.*)

SCENA V.

VALERIO (*solo.*)

Ecco chi vilipende l'onor de' buoni autori!
Ridicoli, ignoranti, maligni, ed impostori:
Avide, abietie spugne, vanno assorbendo il peggio,
E spremono il veleno al gioco, od al passeggio.
Diviso è il popol folto; ma l'opinion prevale,
Nell' ignorante volgo, di quel che dice male;
E chi non ha talenti per comparir creando,
Passar per uom saputo s'industria, criticando.
(*Parte.*)

SCENA VI.

PIRLONE, e FORESTA.

FORESTA.

Qui, qui non c'è nessuno. Venga, Signor Pirlone,
Lungi da queste stanze sen stanno le padrone.
PIRLONE.
Moliere dov'è?

COMÉDIE.

VALERE.

Je suis au désespoir : mais mon devoir, vous le savez, m'appelle au théâtre.

LÉANDRE.

Restez. Au surplus, vous êtes incapable de me tenir tête à table. Je me propose de bien griser mon homme, s'il est possible. (*Il sort.*)

SCÈNE V.

VALERE (*seul.*)

Voila donc les hommes qui s'attachent à dénigrer les plus grands écrivains ! composé monstrueux de ridicule, d'ignorance, de malignité et d'imposture : éponges avides et méprisables, ils s'imbibent de tout ce qu'il y a de mauvais, et vont répandre ensuite leur venin dans les salons et dans les promenades. Le peuple balance incertain, mais son ignorance le range bientôt du côté de celui qui dit du mal ; et, dans l'impuissance de se faire un nom par des productions louables, on usurpe, en critiquant à tort et à travers, la réputation d'homme instruit. (*Il sort.*)

SCÈNE VI.

PIRLON, LA FORÊT.

LA FORÊT.

Il n'y a personne. Entrez, entrez, Monsieur Pirlon ; l'appartement de nos dames est très-éloigné de celui-ci.

PIRLON.

Où est Moliere ?

FORESTA.

Venuto è a chiederlo un cursore,
Lo cerca il tribunale, cred'io per l'impostore.

PIRLONE.

Suo danno, la galea, la forca gli conviene;
Impari a parlar meglio degli uomini dabbene.

FORESTA.

La carità fraterna in voi non opra niente?

PIRLONE.

Pietà da noi non merta un tristo, un delinquente.
Figliuola, che volete? Un giovine m'ha detto,
Che voi mi ricercate.

FORESTA.

    Che siate benedetto!
Premevami avvisarvi, ch'io già son licenziata,
Che di venir con voi sospiro la giornata.

PIRLONE.

Sì, cara; oimè pavento... (*Guarda le porte.*)

FORESTA.

    Zitto, zitto, aspettate.
(*Va chiudendo l'uscio.*)
Ecco fermato l'uscio. Con libertà parlate.

PIRLONE.

Cara la mia figliuola...

FORESTA.

    Giacchè siam da noi soli,
Sedete un pocolino. (*Gli dà una sedia.*)

PIRLONE.

   Il Cielo vi consoli.
Sedete ancora voi.

FORESTA.

   Oh! A me non è permesso.

COMÉDIE.

LA FORÊT.

Un exprès est venu le chercher; le tribunal le mande. Ce sera, sans doute, au sujet du Tartufe.

PIRLON.

C'est un homme perdu, vous dis-je. Les galères, ou la prison tout au moins, voilà son sort : cela lui apprendra à jouer les gens de bien !

LA FORÊT.

Mais la charité fraternelle est donc muette chez vous ?

PIRLON.

Un homme aussi coupable ne nous inspire aucune compassion. Mais parlons d'autre chose. Que me voulez-vous, ma fille ? Un jeune homme m'est venu dire que vous me demandiez.

LA FORÊT.

Que le Ciel récompense votre zèle ! il me tardait de vous apprendre que j'ai mon congé ; que je soupire après l'instant heureux de me rendre auprès de vous.

PIRLON.

Bien, bien, ma chère.... Mais je tremble......
(*Il examine les portes.*)

LA FORÊT.

Chut ! chut ! attendez. (*Elle ferme la porte d'entrée.*) Voilà la porte d'entrée fermée. Parlez maintenant librement.

PIRLON.

Ma chère enfant.....

LA FORÊT.

Puisque nous sommes seuls, ne nous gênons pas : asseyez-vous. (*Elle lui donne une chaise.*)

PIRLON.

Le Ciel soit avec vous ! Mais asseyez-vous donc aussi.

LA FORÊT.

Oh ! je ne prendrai jamais cette liberté.

PIRLONE.
Fatel per obbedienza.
FORESTA.
Lo faccio. (*Siede.*)
PIRLONE.
Un po' più appresso.
FORESTA.
Obbedisco. (*S' accosta colla sedia.*)
PIRLONE (*s' asciuga la fronte.*)
Oh che caldo!
FORESTA.
Cavatevi il capello.
(*Gli leva il cappello di testa, e lo appende ad un pomo della sedia.*)
PIRLONE.
Farò come volete.
FORESTA.
Sembrate ancor più bello.
PIRLONE.
Ah! Che vi par? Son io un uomo ben tenuto?
FORESTA.
Sano, e robusto siete.
PIRLONE.
Con il celeste ajuto.
Dite, vi sono in casa risse fra madre, e figlia?
FORESTA.
In tutta la giornata vi è stato un parapiglia.
PIRLONE.
Ah!
FORESTA.
Che avete?

PIRLON.

Pour m'obéir.

LA FORÊT.

J'obéis. (*Elle s'assied.*)

PIRLON.

Un peu plus près.

LA FORÊT.

J'obéis. (*Elle s'approche.*)

PIRLON (*en s'essuyant le front.*)

Oh! quelle chaleur!

LA FORÊT.

Quittez-moi ce chapeau. (*Elle lui ôte son chapeau, qu'elle accroche au dos de la chaise.*)

PIRLON.

Comme vous voudrez.

LA FORÊT.

Vous êtes cent fois mieux comme cela.

PIRLON.

Oui? Qu'en pensez-vous? Ne suis-je pas bien conservé?

LA FORÊT.

Vous êtes d'une fraîcheur, d'une santé!

PIRLON.

C'est que le Ciel me protége! dites-moi: y a-t-il eu du bruit entre la fille et la mère?

LA FORÊT.

Ça été toute la journée un train ici!

PIRLON.

Ah!

LA FORÊT.

Qu'avez-vous donc?

MOLIERE,

PIRLONE.
Io sento... certo calor novello...

FORESTA.
Presto venite qui, cavatevi il mantello. (*Foresta s'alza, vorrebbe levargli il mantello, egli non vorrebbe, ed ella per forza glielo leva.*)

PIRLONE.
No, no.

FORESTA.
Sì, sì, lo voglio.

PIRLONE.
No, dico.

FORESTA.
Sì, vi dico.
Così starete meglio.
(*Va a riporre il tabarro, e il cappello in una cassapanca.*)

PIRLONE (*da se.*)
Oimè! son nell'intrico.

FORESTA.
Oh come siete svelto! Che uomo fatto bene!

PIRLONE.
Chi vive senza vizi, gibboso non diviene.
Bella fanciulla mia... (*Si accosta a Foresta.*)

FORESTA.
Con voi provo un piacere...
(*Si sente violentemente picchiare all'uscio.*)

PIRLONE.
Oimè! gente, che picchia.

FORESTA.
Oimè! questi è Moliere.

PIRLONE.
Misero me! (*S'alza.*)

PIRLON.

COMÉDIE.

PIRLON.
J'éprouve.... Je ne sais.... quelle chaleur nouvelle.....

LA FORÊT.
Venez ici; débarrassons vos épaules de ce lourd manteau. (*La Forêt se lève; elle veut lui ôter son manteau; il s'y oppose, elle le lui arrache de force.*)

PIRLON.
Non, non.

LA FORÊT.
Si, si. Je le veux.

PIRLON.
Non, vous dis-je.

LA FORÊT.
Si, vous dis-je. Vous serez bien mieux comme cela. (*Elle met le chapeau et le manteau dans un coffre.*)

PIRLON (*à part.*)
Diable! me voilà pris!

LA FORÊT.
Quelle taille svelte! mais vous êtes moulé!

PIRLON.
Ma fille, une vie innocente procure un corps toujours sain! ma belle enfant..... (*Il s'approche d'elle.*)

LA FORÊT.
J'éprouve un plaisir auprès de vous....!
(*On frappe très-fort à la porte.*)

PIRLON.
Grand dieu! l'on frappe.

LA FORÊT.
Bon dieu! bon dieu! c'est Moliere!

PIRLON.
Je suis perdu. (*Il se lève.*)

Tome II.

MOLIERE,

FORESTA.

Là dentro v'asconderò. Venite.

PIRLONE.

Dove?

FORESTA.

In un ripostiglio.

PIRLONE.

Oimè! non mi tradire.

FORESTA.

Presto, presto.   (*Apre la camera, e tornasi a picchiare all'uscio.*)

PIRLONE.

Son qui; datemi il mio mantello.

FORESTA.

Presto, che non v'è tempo.

PIRLONE.

Il mantello, il capello.

FORESTA.

Son nella cassapanca serrati, io n'avrò cura.
Presto, presto, venite.

PIRLONE.

Io crepo di paura. (*Foresta lo fa entrare a forza nella camera, ed entra ella ancora.*)

LA FORÊT.

Je vous cacherai là dedans. Venez.

PIRLON.

Où ?

LA FORÊT.

Dans un petit cabinet.

PIRLON.

Au nom du Ciel, ne me trahissez point !

LA FORÊT.

Allons, allons. (*Elle ouvre la chambre : on frappe de nouveau.*)

PIRLON.

M'y voilà. Donnez-moi mon manteau.

LA FORÊT.

Hâtez-vous donc ! le temps presse.

PIRLON.

Mon manteau, mon chapeau.

LA FORÊT.

Ils sont dans le coffre ; soyez tranquille, j'en aurai soin. Vîte, vîte.

PIRLON.

Je me meurs de frayeur. (*La Forêt le pousse dans la chambre et y entre avec lui.*)

SCENA VII.

VALERIO, poi FORESTA.

VALERIO.

Più comica non vidi scena giammai di questa
Non credea spiritosa cotanto la Foresta.

FORESTA.

Stà lì per tuo malanno, vecchio birbone astuto.
La fossa tu facesti, e in quella sei caduto.

VALERIO.

Dove l'avete fitto?

FORESTA.

   In luogo buono, e bello.
Egli è sotto la scala, e chiuso ho il chiavistello.
 (*Prende dalla cassapanca il mantello, ed il cappello.*)
Dov'è il padron?

VALERIO.

   V'attende colle acquistate spoglie.

FORESTA.

Eccole. Non la cedo al diavolo, e sua moglie.
       (*Parte.*)

SCENA VIII.

VALERIO (*solo.*)

Molier nulla intentato lascia per dar risalto
All'Opere, per cui va colla fama in alto.

---

(1) Moliere était attentif aux détails, non comme devant remplacer l'action et l'éloquence ; mais comme faits pour leur prêter

SCÈNE VII.

VALERE, ensuite LA FORÊT.

VALERE.

Non, je n'ai vu de ma vie scène plus plaisante que celle-là. Je n'aurais jamais supposé tant d'esprit à la Forêt.

LA FORÊT.

T'y voilà ! restes-y, vil hypocrite ! vieux cagot ! tu as creusé toi-même la fosse qui t'engloutit.

VALERE.

Où diable l'avez-vous donc mis ?

LA FORÊT.

En lieu bel et bon. Je l'ai enfermé sous l'escalier. (*Elle tire du coffre le chapeau et le manteau.*) Où est Monsieur ?

VALERE.

Il vous attend, ainsi que les dépouilles conquises par votre adresse.

LA FORÊT.

Les voilà ! Oh ! je ne le cède, en malice, ni au diable, ni à sa femme. (*Elle sort.*)

SCÈNE VIII.

VALERE (*seul*) (1).

Moliere n'omet rien absolument de ce qui peut faire ressortir les ouvrages qui portent si haut

---

une nouvelle énergie, en conservant la vérité, et prolongeant l'illusion. (*M. Mercier.*)

Maestro di teatro sa tutto, e tutto vede;
Alle maggiori cose, e all' infime provvede.
O Francia fortunata, per un autor sì degno!
In te della commedia alza Moliere il regno.
Nè Scaramuccia puote, nè Zanni, nè Fiametta
Scemargli quella gloria, che a lui solo si aspetta.

SCENA IX.

VALERIO, MOLIERE (*vestito da Tartuffo con il tabarrò, ed il cappello del signor Pirlone, e le basette, e la capellatura somiglian allo stesso.*

MOLIERE.

Ah! che vi par? sto bene?

VALERIO.

Bellissima figura.
Formar non si potrebbe miglior caricatura.
Siete Pirlone istesso.

MOLIERE.

L' indegno là stia chiuso,
Finchè di questi cenci in scena abb' io fatt' uso.
L' ora si va accostando d' andarsene al teatro.
Son dopo il mezzo giorno vicine le ore quattro.
Vedete se far grazia vogliono le Signore;
Se ancora han terminato di mettersi in splendore.
La legge a voi è nota di quel, che a Francia impera.
Ei vuol, che la commedia finisca avanti sera.

VALERIO.

Eccole unite a noi la madre con la figlia.

MOLIERE.

Una ha l'ira negli occhi, l'altra amor nelle ciglia.

la gloire de son nom. Maître consommé dans son art, il sait tout, voit tout, s'occupe des grands objets, sans dédaigner de descendre aux plus petits détails. O France! quel bonheur pour toi, d'avoir donné le jour à ce grand homme qui fonde chez toi l'empire de la comédie! c'est une gloire qui est bien à lui, et que n'altèreront jamais ni *Scaramouche*, ni *Zanni*, ni *Fiametta*.

SCÈNE IX.

VALERE, MOLIERE (*habillé en Tartufe, avec le manteau et le chapeau de Pirlon, la chevelure et les moustaches semblables aux siennes.*)

MOLIERE.

Eh bien! comment me trouvez-vous ? Suis-je bien comme cela ?

VALERE.

Oh! l'excellente figure! Il est impossible d'atteindre à une plus exacte ressemblance; c'est Pirlon en personne.

MOLIERE.

Que le fourbe reste enfermé ici, jusqu'à ce que ses habits aient joué leur rôle. Mais l'heure approche de se rendre au théâtre : il est bientôt quatre heures. Voyez un peu si ces dames nous feront la grâce de se dépêcher, et si leur toilette s'avance. Vous connaissez les intentions du roi ; il entend que le spectacle finisse de bonne heure.

VALERE.

Voici la Béjart et sa fille.

MOLIERE.

La colère étincelle dans les yeux de la mère : le tendre amour brille dans ceux de la fille.

SCENA X.

DETTI, LA BEJART, GUERRINA (*in abito da scena.*)

LA BEJART.

MOLIER, vengo al teatro, e meco vien Guerrina,
Per evitar la vostra, e la comun rovina.
Ma se d'un solo sguardo m'accorgo, la commedia
Finirà, ve lo giuro, in scena di tragedia.

MOLIERE (*in tuono di bacchettone.*)

Signora, poichè il Cielo mi scopre reo, qual sono,
Dell' amorosa colpa lo chiedo a voi perdono.
Per non mirar la figlia avran questi occhi un velo.
Odiatemi, s'io manco, e mi punisca il Cielo.

LA BEJART.

Fate voi scena or meco? Mi deridete, indegno?

MOLIERE (*come sopra.*)

Per carità, Signora, calmate il vostro sdegno.

VALERIO (*da se.*)

Egli mi muove a riso.

LA BEJART.

Quest' è l'amor da padre,
Che aver per la Guerrina diceste a me sua madre?

MOLIERE (*come sopra.*)

Ahi! che il rossor mi opprime.

SCÈNE X.

Les Mêmes, LA BÉJART, ISABELLE
(*en habits de théâtre.*)

LA BÉJART.

Moliere, je jouerai ce soir, ma fille jouera, parce que je ne veux faire ni votre malheur ni le nôtre : mais que je surprenne un regard seulement entre vous, et je vous donne ma parole que la comédie finira par une scène vraiment tragique.

MOLIERE (*avec le ton : l'accent de Tartufe.*)

Madame, puisque le Ciel vous a découvert en moi un malheureux pécheur, je vous demande mille fois pardon de la faute amoureuse dont je me reconnais coupable. Oui ; j'aurai un voile devant les yeux, pour ne point voir mademoiselle votre fille.... accablez-moi de votre haine, et que le Ciel me punisse, si je manque à ma parole !

LA BÉJART.

Jouez-vous la comédie avec moi ? vous moquez-vous de moi, s'il vous plaît ?

MOLIERE (*de même.*)

Au nom du Ciel, Madame, calmez ce courroux.

VALERE (*à part.*)

Il me fait rire malgré moi.

LA BÉJART.

Voilà donc cet amour de père que vous aviez, disiez-vous, pour Isabelle ?

MOLIERE (*de même.*)

Ah ! la honte m'accable.

MOLIERE,

LA BEJART.
                    Alma d'inganni amica,
La parte d'impostore farai senza fatica.

MOLIERE.
Soffro gl'insulti in pena degli delitti miei.

LA BEJART.
Non finger, scellerato, che un mentitor già sei.

MOLIERE.
Il Cielo vi perdoni.

LA BEJART.
            Il Cielo ti punisca.

MOLIERE.
Ch'io parta permettete, e ch'io vi riverisca. (*Parte.*)

SCENA XI.

LA BEJART, GUERRINA, e VALERIO.

VALERIO (*da se.*)
Oh come la deride!

LA BEJART.
            Di me si prende giuoco?
Molier lo sdegno mio conosce ancora poco.
    (*A Guerrina.*)
Per te, sfacciata indegna...

VALERIO.
                Signora, e con qual lena
Andrete furibonda a recitare in scena?
Calmatevi di grazia.

LA BEJART.
            Mestiere maladetto!
Dover mostrare il viso ridente a suo dispetto!

COMÉDIE,

LA BÉJART.

Traître ! tu joueras sans effort le rôle d'imposteur.

MOLIERE.

Je souffre vos outrages en expiation de mes péchés.

LA BÉJART.

N'étudie point ton rôle, scélérat ! tu le sais depuis long-temps.

MOLIERE.

Que le Ciel vous pardonne !

LA BÉJART.

Et te punisse.

MOLIERE.

Souffrez que je vous quitte, et recevez mon humble salut. (*Il sort.*)

SCÈNE XI.

LA BÉJART, ISABELLE, VALERE.

VALERE (*à part.*)

Comme il se moque d'elle !

LA BÉJART.

Prétend-il se jouer de moi ? Il connaît bien peu encore ce que peut le ressentiment sur mon cœur. (*A Isabelle.*) C'est cependant à cause de vous, petite effrontée.....

VALERE.

Eh ! Madame, voulez-vous porter cette fureur sur la scène ? de grâce, calmez-vous.

LA BÉJART.

Maudit métier ! montrer, malgré soi, un visage riant, parler d'amour avec son plus cruel ennemi,

E quando tra le femmine arde di sdegno il core,
Dover coll'inimico in scena far l'amore.
Andiam... ma la mia parte lasciai sul tavoliere.
Foresta! Ehi! Foresta. Non sente.

VALERIO.

Andrò a vedere...

LA BEJART.

Se poi non la trovaste, doppio avrei scontento.
Restate con Guerrina, io torno in un momento.
(*Parte*.)

SCENA XII.

GUERRINA, VALERIO, poi MOLIERE.

VALERIO.

Timor non diavi l'ira dell'aspra genitrice:
Moliere, che v'adora, faravvi un dì felice.

GUERRINA.

Ah più soffrir non posso gl'insulti giornalieri!
La madre troppo cruda farà ch'io mi disperi.
Vivere non mi lascia un sol momento in pace.
Mi batte, mi minaccia, m'insulta, e mai non tace.
Mi struggo, mi divoro, non so quel che mi faccia.
Com'è possibil mai, che sulla scena i' piaccia?

MOLIERE.

Deh! serenate, o cara, i vostri amati rai.
A togliervi di pene la guisa meditai.

GUERRINA.

Moliere, oh Ciel! Mi sento mancare a poco a poco.

COMÉDIE. 333

tandis que le cœur frémit d'un juste courroux ! Allons.... Mais j'ai laissé mon rôle sur la table. La Forêt ! La Forêt ! elle n'entend pas.

VALERE.

J'irai voir....

LA BÉJART.

Si vous ne le trouviez pas, je serais doublement mécontente. Restez avec Isabelle, je reviens dans la minute. (*Elle sort.*)

SCÈNE XII.

ISABELLE, VALERE, ensuite MOLIERE.

VALERE.

NE redoutez rien de la colère de votre mère : Moliere vous adore, et fera un jour votre bonheur.

ISABELLE.

Ah ! je ne tiens plus à tant d'injures si souvent répétées ! cette cruelle mère réduira mon cœur au désespoir ! elle ne me laisse pas respirer un moment : menaces, insultes, mauvais traitemens même.... Je sèche, je me consume dans la douleur ; je ne sais plus ce que je fais. Comment est-il possible que je plaise désormais sur le théâtre ?

MOLIERE.

Ma chère Isabelle ! ramenez la sérénité dans ces regards enchanteurs. J'ai songé aux moyens de finir vos maux.

ISABELLE.

Moliere, ô Ciel ! ma force m'abandonne.

MOLIERE.

Nutrite, o mia speranza, nutrite il vostro foco:
Lasciate, che a Parigi torni la real Corte.
Della madre a dispetto sarete mia consorte.

GUERRINA.

E quanto aspettar deggio?

MOLIERE.

      Non più d'un mese appena.

GUERRINA.

Soffrire ancora un mese dovrò cotanta pena?
Possibile non credo lo sforzo a questo core.

VALERIO (*da se.*)

La povera Fanciulla si sente un grand'ardore.

MOLIERE.

Precipitar, mia cara, don deesi un'opra tale.

SCENA XIII.

DETTI, LA BEJART.

LA BEJART (*da se, in disparte.*)

Molier parla a Guerrina?

MOLIERE (*in tuono pedantesco, vedendo la Bejart.*)
      Io sono un uom leale.
Guerrina, l'amor vostro convien metter da banda,
Ed obbedir dovete la madre, che comanda.
Udite un, che vi parla, pien di paterno zelo.
 (*Da se*).   (*Alto.*)
Ecco la genitrice; vi benedica il Cielo. (*Parte.*)

MOLIERE.

Doux espoir de ma vie, conservez-moi votre tendresse : attendez seulement le retour du roi à Paris ; et, en dépit de votre mère, vous serez mon épouse.

ISABELLE.

Combien faut-il encore attendre?

MOLIERE.

Un mois tout au plus.

ISABELLE.

Un mois ! souffrir encore un mois ce que j'endure tous les jours ! ah ! mon cœur n'est plus capable d'un tel effort.

VALERE (*à part.*)

La pauvre petite est bien pressée !

MOLIERE.

Mon Isabelle, une affaire de cette importance demande de la réflexion.

SCÈNE XIII.

LES MÊMES, LA BÉJART.

LA BÉJART (*à part, de loin.*)

MOLIERE parle à Isabelle !

MOLIERE (*prenant le ton pédantesque à l'aspect de la Béjart.*)

Oui, mademoiselle, je vous parle en homme d'honneur. Il faut oublier votre amour et obéir à votre mère. Rendez-vous aux conseils que me dicte un zèle vraiment paternel. (*Bas*) Voilà votre mère ! (*Haut*) Que le Ciel vous comble de ses bénédictions !

(*Il sort.*)

MOLIERE;

GUERRINA (*da se.*)
Comprendo il cambiamento.

VALERIO (*da se.*)
E' un comico perfetto.

LA BEJART (*da se.*)
Di Molier non mi fido. Vivrò sempre in sospetto.
(*A Guerrina.*)
Andiamo.

GUERRINA.
V' obbedisco.

LA BEJART.
Mia morte tu sarai.

GUERRINA.
Signora, perdonate.

LA BEJART.
Olà non taci mai! (*Partono.*)

VALERIO.
Ah! voglia il Ciel, che al fine vadan le donne in scena;
E prendano un' altr' aria tranquilla, e più serena.
Onde dal popol vario s' applauda l' impostore,
E a noi util ne venga, e gloria al degno autore.

Fine dell' Atto terzo.

ISABELLE (à part.)

Je vois pourquoi il a changé de style.

VALERE (à part.)

L'excellent comédien !

LA BÉJART (à part.)

Je ne m'en rapporte point à Moliere : j'aurai les yeux constamment ouverts. (*A Isabelle.*) Partons.

ISABELLE.

Partons.

LA BÉJART.

Tu seras la cause de ma mort !

ISABELLE.

Madame, au nom du Ciel !....

LA BÉJART.

Taisez-vous. (*Elles sortent.*)

VALERE.

Puissent-elles jouer enfin, et prendre sur la scène un air plus serein et plus tranquille, afin que le Tartufe, généralement applaudi, remplisse notre caisse, et comble de gloire son estimable auteur !

Fin du troisième acte.

ATTO IV.

SCENA PRIMA.

FORESTA, e LESBINO (*col ferrajuolo, ed il cappello del signor Pirlone.*)

FORESTA.

Finita è la commedia?

LESBINO.
Finita.

FORESTA.
Ed ha incontrato?

LESBINO.
L'incontro strepitoso, universale è stato.
Nobili, cittadini, Mercanti, Cortigiani,
Artieri, e bassa gente, tutti battean le mani.
Mentre Orgon la commedia co'i detti suoi finiva,
Sentiansi d'ogni latto venir gli applausi, e i viva.
Il popol dalle spoglie, dagli atti del padrone,
Non esitò in Tartuffo a ravvisar Pirlone;
Ei l'immitava in Scena, e caricava in guisa,
Che univan gli Uditori lo sdegno colle risa.
E furonvi di quelli, che ad alta voce han detto:
Tartuffo scellerato, Pirlone maledetto.

FORESTA.
Anch'io piacer risento, quando il padrone è lieto;
Se l'opre sue van male, è fastidioso, inquieto.
Che ho a far di queste robe?

ACTE IV.

SCÈNE PREMIÈRE.

LA FORÊT et LESBIN (*avec le manteau et le chapeau de Pirlon.*)

LA FORÊT.

Eh bien! la comédie est finie?

LESBIN.

Oui.

LA FORÊT.

Et le succès?

LESBIN.

A été général. Nobles, citadins, marchands, courtisans, ouvriers, la dernière classe même des citoyens, tous ont applaudi à l'envi les uns des autres; et lorsque *Orgon* a terminé la pièce, les applaudissemens et les *bravos* ont couvert sa voix de tous les coins de la salle. Au costume, aux gestes sur-tout de mon Maître, tout le monde a reconnu *Pirlon* dans Tartufe : l'imitation était si parfaite, la caricature si juste, que le personnage excitait à la fois et le rire et l'indignation. Quelques spectateurs même s'écriaient, assez haut pour être entendus : scélérat de Tartufe! maudit Pirlon!

LA FORÊT.

J'ai ma part du plaisir, quand Monsieur est content. Mais lorsque ses ouvrages ne réussissent pas à sa fantaisie, il est d'un ennui, d'une tristesse! —— Ah! çà, que faut-il faire maintenant de tout ce bel attirail?

MOLIERE,

LESBINO.

      Vuole il padron, che sia,
Prima che a casa torni, Pirlone andato via.
Dategli il suo cappello, dategli il ferrajuolo,
E fate, che sen vada al diavolo il mariolo.

FORESTA.

Non avrà più il padrone tai spoglie originali?

LESBINO.

Le farà far domani, affatto affatto eguali.

FORESTA.

Andate, che il meschino or traggo di prigione.

LESBINO.

Vo' dietro la portiera mirare il bacchettone.
Se fosse in mia balìa poter far un bel gioco,
Accender gli vorrei alli mostacci il foco.
        (*Parte.*)

SCENA II.

FORESTA, e PIRLONE.

PIRLONE.

Oimè! Non posso più, sono tutto sgangherato!
Quatr' ore in una buca mi avete confinato.

FORESTA.

O! se sapeste quanto provai per voi martello!
Presto, presto prendete il mantello, e il cappello.

PIRLONE.

Udito ho nella via contigua alla muraglia
Gridare a tutto fiato *Pirlon*, dalla Canaglia.

LESBIN.

Voici les intentions de Monsieur : il faut que Pirlon sorte d'ici avant son retour. Ainsi rendez-lui son chapeau et son manteau, et qu'il s'en aille à tous les diables.

LA FORÊT.

Comment ! Monsieur se défait de ce costume original ?

LESBIN.

Demain, il en fera faire un absolument semblable.

LA FORÊT.

Sortez ; je vais tirer notre homme de sa cachette.

LESBIN.

Je veux me tenir derrière la portière, pour le voir sortir à mon aise. Oh ! que ne l'a-t-on remis à ma discrétion ! je lui aurais voulu brûler la moustache.

(*Il sort.*)

SCÈNE II.

LA FORÊT, PIRLON.

PIRLON.

Ouf ! je n'en puis plus, je suis brisé, moulu ; vous m'avez tenu renfermé quatre grandes heures dans ce misérable bouge.

LA FORÊT.

Oh ! si vous saviez ce que j'ai souffert pour vous ! Mais allons, allons, prenez votre chapeau, votre manteau, et délogez au plus vîte.

PIRLON.

Je ne sais si je me trompe ; mais je crois avoir entendu, dans la rue contiguë à cette maison, la canaille crier à tue-tête, *Pirlon ! Pirlon !*

MOLIERE,
FORESTA.
Oibò, saran fantasmi. Presto, vi dico, andate.
PIRLONE.
Oimè! Sì bruscamente, Foresta, mi scacciate?
FORESTA.
Uscite, uscite tosto, pria che giunga il padrone.
PIRLONE.
Come! Moliere adunque ito non è in prigione?
FORESTA.
Di recitare adesso finito ha l'impostore.
PIRLONE.
Come! Che cosa dite?
FORESTA.
    Andate via, Signore.
PIRLONE.
S'è fatto...
FORESTA.
  S'ei vi trova, vi storpia, vi flagella.
PIRLONE.
S'è fatto l'impostore?
FORESTA.
   Vi venga la rovella.
(*Lo va spingendo.*)
PIRLONE.
(*Da se.*)
Vado. Cotesti indegni han fatto l'impostore;
Sentii gridar *Pirlone*. Oimè! mi trema il core.

COMÉDIE.
LA FORÊT.

Allons donc ! c'est un rêve. Mais partez, vous dis-je, partez.

PIRLON.

Mais pourquoi donc m'éconduire si brusquement ?

LA FORÊT.

Sortez, je vous le répète, sortez, avant que Monsieur rentre.

PIRLON.

Comment ! Moliere n'est pas en prison ?

LA FORÊT.

Il vient de jouer le Tartufe.

PIRLON.

Qu'entends-je ! et que m'apprenez-vous ?

LA FORÊT.

Sortez, Monsieur, sortez.

PIRLON.

On a joué....?

LA FORÊT.

S'il vous trouve ici, vous expirez sous le fouet ou le bâton.

PIRLON.

On a joué le Tartufe !

LA FORÊT.

Oui, et puisses-tu en crever de dépit. (*Elle le pousse pour le mettre dehors.*)

PIRLON.

Je sors, je sors. (*A part.*) C'en est fait ! les monstres ont joué le Tartufe. J'ai entendu crier *Pirlon* ! Oh ! dieu ! je tremble de tous mes membres.

MOLIERE,

FORESTA.

Cospetto! Cospettone!

PIRLONE.

(*Da se.*) Parto; non m'insultate.
Oh femmina mendace! Oh genti scellerate. (*Parte.*)

SCENA III.

FORESTA, poi PIRLONE (*che torna.*)

FORESTA (*sola.*)

Se il popolo in teatro Pirlone ha rilevato,
Ei sarà per Parigi da tutti scorbacchiato.
Anch'io gli prestai fede, anch'io sedotta fui:
Valerio m'ha scoperti tutti gl'inganni sui.
Come! Ritorna indietro? Che novitade è questa?
Olà, che pretendete?

PIRLONE.

Per carità Foresta,
Celatemi vi prego, nel ripostiglio ancora.
(*Da se.*)
Oh! Plebe scellerata! Lo sdegno mi divora.

FORESTA.

Signor, di che temete?

PIRLONE.

Il popolo briccone
Appena mi ha veduto, gridò! Pirlon: Pirlone.

FORESTA.

Ma io, che posso farvi?

COMÉDIE.

LA FORÊT.

Malepeste! où est donc votre courage de tantôt?

PIRLON.

Je pars. N'insultez point à ma position. (*A part.*) Oh! maudite femelle! Oh! siècle pervers!

(*Il sort.*)

SCÈNE III.

LA FORÊT, ensuite PIRLON (*qui rentre.*)

LA FORÊT (*seule.*)

Si le public a reconnu en effet Pirlon dans le Tartufe, le voilà deshonoré à jamais dans tout Paris. Et je l'ai cru! et j'avais pu m'en laisser séduire! que devenais-je, si Valere ne m'eût devoilé la noirceur de ses artifices. Mais le voilà qui revient : qu'y a-t-il donc de nouveau? Que cherchez-vous encore, Monsieur?

PIRLON.

Au nom du Ciel, bonne La Forêt, cachez-moi de nouveau, je vous en conjure! (*A part.*) Oh! peuple impie! J'étouffe de colère.

LA FORÊT.

Mais quel nouveau sujet d'alarmes.....?

PIRLON.

A peine ai-je frappé la vue de ce peuple égaré, qu'il n'y a eu qu'un cri : c'est Pirlon! c'est Pirlon!

LA FORÊT.

Et que puis-je pour vous obliger?

PIRLONE.

Finchè la notte avanza,
Lasciate, ch'io mi chiuda entro l'angusta stanza,
Mi caccerei ben anche in una sepoltura.

FORESTA.

Eh, che un uomo dabbene non dee sentir paura.

PIRLONE.

Eccovi in questa borsa, Foresta, lire trenta;
Son vostre, se celarmi colà siete contenta.
Di notte, a lumi spenti, quando ciascun riposa,
Io parto, e voi avete la mancia generosa.

FORESTA.

Ho compassion di voi; celatevi, il concedo.
Ma poi le lire trenta?

PIRLONE.

(*Da se.*)
Le avrete. Non lo credo.

FORESTA.

Vengono le padrone.

PIRLONE.

Oh Cieli! Oh me tapino!

FORESTA.

Chiudetevi là dentro.

PIRLONE.

Andrò nello stanzino.
(*Entra nella camera di prima.*)

COMÉDIE.

PIRLON.

Me permettre de rester caché dans cette petite chambre jusqu'à la nuit (1).... Je me cacherais, je crois, dans le fond même d'un tombeau.

LA FORÊT.

Allons donc! est-ce qu'un homme de bien doit trembler de la sorte?

PIRLON.

Ma chère La Forêt! voilà dix écus dans cette bourse; ils sont à vous, si vous avez la charité de me cacher. Ce soir, quand les lumières sont éteintes, quand tout le monde repose, je pars, et vous serez généreusement récompensée.

LA FORÊT.

J'ai encore pitié de vous; cachez-vous, j'y consens. Et les dix écus?

PIRLON.

Vous les aurez, vous les aurez. (*A part.*) Je n'en crois cependant rien.

LA FORÊT.

J'entends nos dames.

PIRLON.

Grand dieu! infortuné Pirlon!

LA FORÊT.

Entrez, entrez là-dedans.

PIRLON.

Bon, bon! je trouverai bien le petit cabinet. (*Il entre dans la chambre.*)

---

(1) Du temps de Molière, la comédie commençait à quatre heures, et l'on ne donnait point de petite pièce après la grande.

SCENA IV.

FORESTA, poi LA BEJART, e GUERRINA.

FORESTA.

Forz'è che la coscienza davvero lo rimorda:
Di tutto si spaventa, chi ha la camicia lorda.
Ecco le due rivali. (*Chiude l'uscio dov'è Pirlone.*)

LA BEJART.

   Credi tu, sudiciola,
Ch'io non intenda appieno ogni atto, ogni parola?
T'osservo quando parli, osservo dove guardi.
Quando passa Moliere gli dai languidi sguardi.
 (*Con ironia.*)
Vogli le meste luci amorosette in giro,
Mandando dal bel labbro talor qualche sospiro.
Seder procuri in faccia al dolce tuo tiranno,
E fai mille versacci, che recere mi fanno.
Vai, vai, studiati pure, io troncherò la berta.
Affè non mi corbelli, starò cogli occhi all'erta.

GUERRINA.

Dir posso una parola?

LA BEJART.

   Sì, che vuoi dirmi, ardita?

GUERRINA.

Chiudetemi in ritiro, a terminar mia vita.

LA BEJART.

Chiuderti in un ritiro? Eh son parole vane.
Andar dei sulla scena a guadagnarti il pane.

SCÈNE IV.

LA FORÊT, ensuite LA BÉJART, ISABELLE.

LA FORÊT.

Éprouverait-il en effet des remords ? Peut-être bien. Une conscience troublée est si accessible à la peur ! Mais voici les deux rivales. (*Elle ferme la porte de la chambre où est Pirlon.*)

LA BÉJART.

Vous flattez-vous, Mademoiselle, que je ne sache pas interpréter jusqu'au moindre geste, jusqu'au moindre mot ? Vos paroles, vos regards, rien ne m'a échappé. Moliere passait-il ? vous le regardiez tendrement. (*Avec ironie.*) Vos beaux yeux affligés lui décochaient à la sourdine de si tendres œillades ! vos lèvres de roses lui envoyaient des soupirs si touchans ! assise en face de ce cher tyran, c'étaient des mines, des contorsions à faire vomir.——Mais invente, épuise des ruses ; je les déjouerai toutes. Non, non ; ne crois pas me tromper ! mes yeux seront ouverts sur toutes vos démarches.

ISABELLE.

Puis-je vous dire un mot ?

LA BÉJART.

Qu'aurez-vous l'audace de me dire ?

ISABELLE.

Renfermez-moi dans un cloître pour le reste de mes jours.

LA BÉJART.

Vous renfermer dans un cloître ? chansons que tout cela, Mademoiselle. Il faut jouer la comédie, et vivre de votre état. Mais si tu veux te marier, l'honnête

Ma se di matrimonio t'accende il desiderio,
Per te miglior partito, di', non sarìa Valerio?
Voi tu, ch'io gliene parli?

GUERRINA.

Per ora sospendete.
Chi sposa non è stata, d'esserlo non ha sete.

LA BEJART.

Ah temeraria, indegna! vuoi tu rimproverarmi?

GUERRINA.

Signora, qual ragione avete di sgridarmi?

LA BEJART.

Vattene alle tue stanze. Spogliati, e vanne a letto.
Foresta, l'accompagna.

GUERRINA (*da se.*)

Io fremo di dispetto.
Ah! se Molier mi sposa, saremo allor del pari.
Vo' farle scontar tutti questi bocconi amari.

FORESTA.

(*Da se.*)
Andiamo. E il bacchettone, là dentro se ne stia
Co i topi, e con i ragni, in buona compagnìa.
(*Parte con Guerrina.*)

SCENA V.

LA BEJART, poi MOLIERE.

LA BEJART.

Restar finchè ritorna Molier, vogl'io qui sola;
Di non amar mia figlia, vo' che mi dia parola;
O in altra compagnìa verrà Guerrina meco.
Vedrà Molier chi sono, se più non m'avrà seco.

COMÉDIE.

Valere n'est-il pas, dis-moi, un parti bien plus avantageux pour toi? Veux-tu que je lui en parle?

ISABELLE.

Ah! de grâce, ne précipitez rien. Qui n'a jamais été mariée, ne désire pas beaucoup de l'être.

LA BÉJART.

Qu'entends-je? prétendriez-vous condamner ma conduite?

ISABELLE.

Mais je ne vois pas, Madame, pourquoi vous vous fâchez contre moi.

LA BÉJART.

Retirez-vous dans votre appartement; deshabillez-vous, et mettez-vous au lit. La Forêt, suivez la.

ISABELLE (*à part.*)

J'étouffe de dépit! mais une fois l'épouse de Moliere, je serai son égale alors, et il faudra bien qu'elle change de ton avec moi.

LA FORÊT.

Allons. (*A part.*) Que cependant notre dévot personnage reste là dedans avec les rats et les araignées: c'est une compagnie digne de lui. (*Elle sort avec Isabelle.*)

SCÈNE V.

LA BÉJART, ensuite MOLIERE.

LA BÉJART.

JE veux attendre ici le retour de Moliere. Il faut qu'il s'engage formellement à ne plus aimer ma fille, ou je vais dans une autre troupe avec elle. Il sentira un peu mieux ce que je vaux, quand je ne serai plus

Faccia commedie buone, tutte riusciran male;
Se manca la Bejart, la compagnìa che vale?
Io son, che il maggior lustro alle commedie ho dato,
Ed ora con gli scherni mi corrisponde ingrato?
Ah! benchè ingrato, io l'amo; amica ancor gli sono,
E se perdon mi chiede, ogn' onta gli perdono.
Eccolo.

MOLIERE.

Oh piacer sommo de' fortunati autori!
Ben sofferte fatiche! Oh ben sparsi sudori!
  (*Alla Bejart.*)
Deh! lasciatemi in pace goder per un momento,
Questo, che m' empie l'alma, insolito contento.
Perdono a tutti quelli, che m' han tenuto in pena;
Parmi perciò più dolce la gioja, e più serena.
Tutti mi sono intorno amici, ed inimici
Con fortunati augurj, con generosi auspicj;
E quei, che l' impostore avean spregiato in prima,
Per l' applauso comune, or l' hanno in alta stima;
Tanto è ver, che si piega il popol dall' evento,
Come la bionda messe cede al soffiar del vento.

LA BEJART.

Molier, del piacer vostro, sento piacere anch'io.
Che quale è il vostro cuore, crudo non è il cuor mio.
Non per turbar la gioja, ch' ora v' inonda il seno,
Ma per sfogar mie pene, posso parlare almeno?

MOLIERE.

Ah! già, che avvelenarmi volete un po' di bene,
E' forza, ch'io lo soffra, e favellar conviene.
Vissi con voi tre lustri in amicizia unito,
Ne mai vi cadde in mente d'avermi per marito.
Ed or, che per la figlia arder mi sento il petto,
Vi accende, non so bene se amore, o se dispetto.
Voi non parlaste allora, quando fiorìa l' aprile,
Vi dichiarate adesso, nella stagion...

avec lui. Quelques bonnes qu'elles puissent être, ses pièces tomberont infailliblement. Qu'est-ce que sa troupe, sans moi ? C'est moi, c'est mon talent qui fait le mérite principal de ses ouvrages, et l'ingrat m'abreuve de mépris.... Ah ! malgré tous ses torts, je l'aime, je suis encore son amie ; et tout est oublié, s'il me demande pardon. Mais le voici.

MOLIERE.

Heureux auteurs ! il est donc encore des plaisirs pour vous ! douce récompense de tant de fatigues, de tant de veilles laborieuses ! (*à la Béjart qui va lui parler.*) Eh ! Madame, laissez-moi savourer un moment la satisfaction qui remplit mon ame. Je pardonne à tous ceux qui ont agi contre moi, et mon triomphe en acquiert un charme de plus à mes yeux. Amis, ennemis, tout s'offre à moi sous les plus heureux auspices ; et ceux qui avaient dit le plus de mal de ma pièce, ramenés aujourd'hui par le suffrage général, en font un cas infini. Tant il est vrai que le peuple cède à l'événement, comme la moisson dorée au souffle inconstant des vents.

LA BÉJART.

Moliere, je partage votre joie ; car mon cœur n'est ni froid, ni insensible comme le vôtre. Mais puis-je au moins parler, non pour troubler la paix de votre ame, mais pour exhaler les tourmens qui déchirent la mienne !

MOLIERE.

Puisque vous voulez absolument empoisonner l'instant de bonheur que le Ciel m'envoye, il faut bien s'y résigner, il faut bien s'expliquer enfin.

Depuis quinze ans que l'amitié nous unit, l'idée de m'épouser ne vous était pas encore venue : aujourd'hui, que l'amour parle à mon cœur en faveur de votre fille, l'amour, ou plutôt la jalousie, s'empare du vôtre ! votre printemps s'est écoulé sans prétentions, et vous vous déclarez à une époque....

LA BEJART.

Su via, che concludete?

MOLIERE.

     Dirò senza riguardi,
Che avete il desir vostro svelato un poco tardi.

LA BEJART.

Per me se tardi fia, per la Guerrina è presto.
In vostra compagnìa, sappiatelo, non resto.

MOLIERE.

A noi non mancan donne. Il perdervi mi spiace.
Pur se così v'aggrada, dovrò soffrirlo in pace.
Ma prima la Guerrina datemi per consorte.

LA BEJART.

Anzi, che darla a voi, a lei darò la morte.

MOLIERE.

Che morte? Che minacce? Che dir fastoso, e baldo!
Ah! trattener non posso più nelle fibre il caldo.
Qual vi credete impero aver sopra la figlia?
Chi ad essere tiranna con essa vi consiglia?
E' ver, la generaste, ma a voi non e assegnata
L' autorità suprema dal Ciel, che ve l'ha data.
Deve obbedir i cenni figlia di madre umana,
Madre non dee alla figlia impor legge inumana.
Questo bel dono a i figli viene dal Ciel concesso:
Chi elegge il proprio stato può consigliar se stesso.
Ponno impedir le madri della lor prole il danno;
Ma un bene, una fortuna toglierle non potranno.
Che morte? Che minacce? Rispetterete in lei
La serva d'un Monarca, che sa punire i rei.

COMÉDIE.

LA BÉJART.

Allons, que décidez-vous ?

MOLIERE.

Ma foi, je vous dirai franchement que c'est parler un peu tard.

LA BÉJART.

Un peu tard pour moi, à la bonne heure ; mais assez tôt, du moins, pour Isabelle. Je vous déclare d'abord que je quitte votre troupe.

MOLIERE.

Nous trouverons des actrices, Madame. Je serai fâché de vous perdre ; si cependant vous le voulez, je n'ai rien à dire à cela : mais accordez-moi d'abord la main d'Isabelle.

LA BÉJART.

Avant d'y consentir, je lui donnerai plutôt la mort.

MOLIERE.

La mort ! qu'entends-je, et quelles sont ces menaces insensées, ces propos hardis ! ah ! c'en est trop : la patience m'échappe à la fin. Quel est donc l'empire que vous croyez avoir sur votre fille ? et qui vous donne l'odieux conseil de la tyranniser ainsi ? C'est votre enfant, il est vrai ; mais le Ciel, en vous la donnant, vous a-t-il remis tous ses droits sur elle ? La fille doit obéir aux volontés d'une mère douce et bonne ; mais la mère ne doit point dicter des lois injustes ou impraticables. Il est un privilége incontestable que le Ciel accorde à tous les enfans : celui qui choisit l'état qui lui convient, peut ne prendre conseil que de lui-même. Si les mères peuvent et doivent s'opposer au déshonneur de leurs filles, jamais elles n'auront le droit de traverser leur bien-être, de leur arracher une fortune réelle. La mort ! vaines menaces ! songez qu'elle appartient à un monarque qui sait punir le crime ; et puisque la douceur et la violence

Volere, e non volere fa in voi lo stesso effetto:
Mia sposa la Guerrina sarà a vostro dispetto.
LA BEJART.
No, non sarà. M'eleggo d'andar prima in rovina;
Son madre, e a mio talento disporrò di Guerrina.
(*Parte.*)

SCENA VI.

MOLIERE, poi VALERIO.

MOLIERE.

Parte sdegnosa, e fiera. Ah! non vorrei, che ardente
L'ira sfogar tentasse sopra dell'innocente.
La seguirò da lungi. La sera omai s'avanza....
Mi tratterò alcun poco, vicino alla sua stanza.
(*S'avvia per dove andò la Bejart.*)

VALERIO.

Signor, gran plausi sento, gran viva all'impostore.

MOLIERE.

Che dicono i maligni?

VALERIO.

Ciascun vi rende onore.
Or venga il conte Frezza a dir per avventura:
Nell'opre di Moliere non v'è, non v'è natura.

MOLIERE.

Il Conte, ch'è ignorante, segue il costume antico.

VALERIO.

Disse Leandro anch'esso il vostro fido amico:
Sunt mala mixta bonis; sunt bona mixta malis.

produisent sur vous la même impression, je vous annonce qu'Isabelle sera mon épouse, en dépit de vous.

LA BÉJART.

Non, elle ne le sera pas, non ; dussé-je périr la première ! Je suis mère, et j'ordonnerai, à ma fantaisie, du sort de ma fille. (*Elle sort.*)

SCÈNE VI.

MOLIERE, ensuite VALERE.

MOLIERE.

J'AI achevé d'irriter son orgueil.... Ah ! que du moins l'innocente Isabelle ne soit pas la victime de sa colère ! je la suivrai de loin : la soirée s'avance..... Je me tiendrai dans le voisinage de son appartement. (*Il s'approche du côté par où la Béjart est sortie.*)

VALERE.

Mon ami ! je partage les applaudissemens que l'on vous prodigue ! vive à jamais l'auteur du Tartufe !

MOLIERE.

Eh bien ! que disent les méchans ?

VALERE.

Tout le monde vous rend justice. Que monsieur le comte de Frezza vienne nous dire à présent : la nature ! la nature ! voilà ce qui manque aux ouvrages de Moliere.

MOLIERE.

Le Comte est un ignorant, un partisan absurde du vieux costume.

VALERE.

Et votre ami Leandre qui disait aussi : *il y a du bon, il y a du mauvais !*

MOLIERE,

MOLIERE.

Qualis est ille manè, post prandium non est talis.
Lo dissi già in volgare, lo dico ora in latino.
Tre sono i peggior vizj : le donne, il giuoco, il vino.
Per donna anch' io languisco, ma non è amor vizioso;
L'amor, che vien dal Cielo quello di sposa, e sposo.
Ma non vorrei... Lasciate, ch'io vada; or ora torno.
Felice ancor non sono, in sì felice giorno.
Foresta.   (*Chiamando forte.*)

SCENA VII.

DETTI, FORESTA.

FORESTA.

Eccomi pronta.

MOLIERE.

Dimmi, che fa Guerrina?

FORESTA.

Per obbedir la madre, è a letto la meschina.

MOLIERE.

A letto veramente?

FORESTA.

Io stessa l'ho spogliata.
E l'ho veduta io stessa fra i lini coricata.

---

(1) « Qui est-ce qui égale *Racine* dans l'art de peindre l'Amour ?
» c'est *Moliere.* Voyez les scènes des amans dans le *Dépit amoureux*,
» premier élan de son génie. Dans le *Misanthrope*, entendez *Alceste*
» s'écrier : Ah ! traîtresse ! quand il ne croit pas un mot de toutes
» les protestations que lui fait *Célimène*, et que pourtant il est
» enchanté qu'elle les lui fasse : Relisez toute cette admirable scène,

MOLIERE.

Il n'est plus l'après-dîner, ce qu'on l'a vu le matin. Je l'ai déjà dit, et je le répète. Mais que voulez-vous ? trois grands vices désolent la société : les femmes, le jeu et le vin. Pour moi, j'aime les femmes, je languis, je brûle pour elles, je ne m'en cache point. (1) Mais l'amour n'est point un vice chez moi : c'est le Ciel lui-même qui allume et nourrit le feu sacré de deux tendres époux ! Je crains cependant.... Je vous quitte ; je reviens dans l'instant. Ah ! mon ami ! ce jour de triomphe n'est pas encore un jour heureux pour moi ! (*Il appelle très-fort.*) La Forêt ?

SCÈNE VII.

Les Mêmes, LA FORÊT.

LA FORÊT.

Me voilà, j'y cours.

MOLIERE.

Dis-moi : que fait Isabelle ?

LA FORÊT.

Hélas ! la pauvre enfant s'est couchée, pour obéir à sa mère.

MOLIERE.

Elle est couchée ?

LA FORÊT.

Je l'ai déshabillée moi-même, et je l'ai vue se mettre au lit.

» où deux amans viennent de se raccommoder, et où l'un des deux,
» après la paix faite et scellée, dit pour première parole :
« *Ah ! ça, n'ai-je pas lieu de me plaindre de vous !*
» Revoyez cent traits de cette force, et si vous avez aimé, vous
» tomberez aux genoux de *Moliere*, et vous direz comme le Persan
» *Sadi : Voilà celui qui sait comme on aime !* » (M. de la Harpe.)

MOLIERE.

Quando salì la madre, gridò? Le disse nulla?

FORESTA.

Dormiva, o di dormire fingeva la fanciulla.

MOLIERE.

Or che fa la Bejart?

FORESTA.

     Prese arrabbiata il lume,
E andar volle digiuna a riveder le piume.

MOLIERE.

Si strugga, e si divori donna d'invidia piena.
Mandatemi de i lumi, e pronta sia la cena.

FORESTA.

Signor, sarete stanco, recatevi a dormire.
 (*Da se.*)
Mi stanno di Pirlone sul cor le trenta lire. (*Parte.*)

SCENA VIII.

MOLIERE, e VALERIO, poi LESBINO.

MOLIERE.

Or più contento i' sono: Guerrina è coricata;
Non turba il suo riposo la genitrice irata.

VALERIO.

Possibile, ch' uom tale in cui ragion disonna,
La gioja, e lo scontento solo ricerchi in donna?

MOLIERE.

Amico, il dolce affetto, che ha l'un per l'altro sesso,
E' in noi tenacemente dalla natura impresso.

COMÉDIE.

MOLIERE.

Et quand la mère est montée, elle a bien crié, n'est-ce pas? elle a bien grondé la triste Isabelle?

LA FORÊT.

Mademoiselle dormait, ou feignait de dormir.

MOLIERE.

Que fait maintenant la Béjart?

LA FORÊT.

Furieuse, elle a pris la lumière, et est allée se coucher sans vouloir attendre le souper.

MOLIERE.

Qu'elle enrage, qu'elle crève de jalousie. Donnez-moi des lumières, et que le souper soit bientôt prêt.

LA FORÊT.

Monsieur, vous devez être bien fatigué; il faut vous coucher de bonne heure. (*A part.*) Ne perdons pas de vue les dix écus de Pirlon. (*Elle sort.*)

SCÈNE VIII.

MOLIERE, VALERE, ensuite LESBIN.

MOLIERE.

JE suis plus tranquille à présent! Isabelle est couchée, et les fureurs de sa mère ne troublent pas son repos pour le moment.

VALERE.

Est-il possible qu'un homme comme vous, que l'oracle de la raison concentre dans une femme toute sa joie, toute sa félicité?

MOLIERE.

Mon ami, la douce affection d'un sexe l'un pour l'autre est profondément imprimée en nous par la

Com' opra la natura ne i Bruti, e nelle piante,
Per propagar se stessa, opra nell' uomo amante.
E si ama quel che piace, e si ama quel che giova,
E fuor dell' amor proprio, altro amor non si trova.
S' amano i proprj figli, perchè troviamo in essi
L'immagine, la specie, la gloria di noi stessi.
E s' amano i congiunti, e s' amano gli amici,
Perchè l' ajuto loro può renderci felici.
Tutto l' amor terreno, tutt' è amor proprio, amico.
Filosofia l' insegna, per esperienza il dico.

LESBINO.

(*Entra con due candelieri colle candele accese, li pone sul tavolino, poi s' accosta a Moliere.*)

Evvi il signor Leandro, unito al conte Frezza,
Che bramano vedervi.

MOLIERE.

Passino. (*Lesbino parte.*)

VALERIO.

Gran finezza!
Verranno a criticare.

MOLIERE.

Chi lo vuol far, lo faccia.
Mi giova, e non m' insulta, chi mi riprende in faccia.

---

(1) Nous doutons que *Moliere* eût donné cette définition de l'Amour. Celui qui l'a si énergiquement dépeint, qui en avait si violemment éprouvé les effets, en devait avoir une toute autre idée. M. *Mercier* nous paraît l'avoir fait parler, dans la même circonstance, d'une manière plus conforme à son caractère connu.

« Mon ami! la gloire est pour l'imagination et non pour le cœur.
» Je veux un sentiment qui remplisse le mien. J'en ai besoin; et pour-
» quoi serais-je ennemi de l'Amour, et rebelle à la plus douce loi de la
» nature! L'homme de lettres doit sans doute à ce sentiment heureux;

nature ; ce qu'elle fait dans les animaux, dans les végétaux, pour sa propre reproduction, elle le fait dans l'homme qui aime. Nous aimons ce qui nous plaît, ce qui nous flatte, et l'amour propre est la source de tous les autres amours. Nous chérissons nos enfans, parce qu'ils nous offrent une image glorieuse de nous-mêmes; nos parens, nos amis, parce que leur secours peut contribuer à notre bonheur. Je ne connais enfin d'amour ici bas, que l'amour propre : la philosophie me l'apprend, et l'expérience me le prouve (1).

LESBIN (*entre avec deux flambeaux, dont les bougies sont allumées, les pose sur une table, et s'approche de Moliere.*)

Monsieur Léandre et le comte de Frezza demandent à vous parler.

MOLIERE.

Qu'ils entrent. (*Lesbin sort.*)

VALERE.

Quel excès de politesse ! ils viennent critiquer, sans doute.

MOLIERE.

Ils en sont bien les maîtres. C'est me servir et non m'outrager, que de me reprendre en face.

» la connaissance du cœur de l'homme. —— Oui, je me choisirai une
» douce compagne, qui me consolera dans mes revers, qui me
» soutiendra dans mes travaux, qui m'adoucira les peines de la vie.
» Quand la critique amère ou injuste s'acharnera contre moi, un
» sourire de sa bouche me rendra la gaieté. J'oublierai dans ses
» bras mes ennemis orgueilleux ou jaloux. —— Je crois devoir aux
» hommages que j'ai rendus à la beauté, les traits les plus délicats
» et les plus profonds qui se trouvent dans mes ouvrages ».

(*M. Mercier ; Moliere, drame, acte IV, scène XII.*)

SCENA IX.

DETTI, LEANDRO, il Conte FREZZA.

LEANDRO.

Viva Molier mill' anni, viva la vostra musa,
Ad instruire eletta, a dilettar sol' usa.
Ah! che piacer di questo maggior non ho provato;
Molier, ve lo protesto, m' avete imbalsamato.

MOLIERE.

Grazie, amico....

IL CONTE.
     Che stile! Che nobili concetti!
Che forti passioni! Che naturali affetti!

MOLIERE.

Signor, troppa bontà...

LEANDRO.
      Più vivamente espresso
Carattere non vidi. Parea Pirlone istesso.

MOLIERE.

Voi mi fate arrossire.

IL CONTE.
     Gran forza, gran morale!
Opra non vidi mai piena di tanto sale.

MOLIERE.

Cortese Cavaliere...

LEANDRO.
    Celebre egregio autore!

IL CONTE.

Maestro della scena, e della Francia onore.

SCÈNE IX.

Les Mêmes, LÉANDRE, le comte de FREZZA.

LÉANDRE.

Vive à jamais Moliere! vive cette muse incomparable qui sait nous donner de si aimables leçons! Jamais je n'avais goûté un semblable plaisir! Ma foi, mon ami, vous m'avez fait passer un quart d'heure délicieux.

MOLIERE.

Bien sensible, mon ami.....

LE COMTE.

Quel style! quelle noblesse dans les idées! quelle force dans les passions! quel naturel dans les sentimens!

MOLIERE.

Monsieur, votre indulgence.....

LÉANDRE.

Non; je ne connais point de portrait plus fièrement dessiné: c'était Pirlon lui-même.

MOLIERE.

Vous me forcez de rougir.

LE COMTE.

Quelle énergie de pinceau! quelle morale! Je n'ai point vu encore d'ouvrages plus piquans.

MOLIERE.

Monsieur, vous êtes trop honnête.

LÉANDRE.

Illustre, grand auteur!

LE COMTE.

Vous êtes le grand maître de la scène, la gloire de la France.

VALERIO *(da se.)*

Credo, che alle parole, il cuor non corrisponda.

MOLIERE *(da se.)*

Sogliono gl'ignoranti andar sempre a seconda.

LEANDRO.

Moliere, a voi vicina avete un osteria,
Con vin, di cui migliore, non bevvi in vita mia.

MOLIERE *(da se.)*

Ecco lo stile usato.

IL CONTE.

E' un vin troppo bestiale.

LEANDRO.

Il Conte non sa bere.

IL CONTE.

Ma voi siete brutale.

LEANDRO.

Venne al teatro meco, e non vedea la via.
Andammo barcollando sino alla loggia mia.
Giunti colà ripieni del vino saporito,
Il Conte alla commedia tre ore avrà dormito.

MOLIERE.

Tre ore?

VALERIO *(da se.)*

L'ha sentita. Parla con fondamento.

LEANDRO.

Fec'io quel, che far soglio, quando alterar mi sento.
Andai a prender l'aria men calda, e più serena;
E tornai, ch'ei dormiva verso l'ultima scena.

VALERE (*à part.*)

Je doute bien que la bouche soit ici l'interprète du cœur.

MOLIERE (*à part.*)

Les ignorans passent d'une extrémité à l'autre ; c'est la règle.

LÉANDRE.

Moliere, vous avez dans votre voisinage une auberge où le vin est le meilleur que j'aie bu de ma vie.

MOLIERE (*à part.*)

Voilà son style ordinaire.

LE COMTE.

Oui ; mais ce vin là est trop brutal.

LÉANDRE.

Vous êtes un pauvre buveur, mon cher Comte !

LE COMTE.

Mais c'est que vous êtes impitoyable.

LÉANDRE.

Le Comte m'a suivi au théâtre ; à peine y voyait-il à se conduire. Arrivé enfin à ma loge d'un pas très-chancelant, et tout plein des fumées d'un vin capiteux, Monsieur a dormi trois bonnes heures à la comédie.

MOLIERE.

Trois heures ?

VALERE (*à part.*)

Allons, il a bien entendu la pièce, et il est en état d'en parler.

LÉANDRE.

Pour moi, j'ai fait ce que je fais quand j'ai trop chaud. J'ai été respirer dehors un air moins épais ; et quand je suis rentré, on en était à la dernière scène, et Monsieur dormait encore.

VALERIO (*da se.*)

Non ne lasciò parola.

MOLIERE.

Dunque per quel ch'io veggio,
Un dormì tutto il giorno, e l'altro fu al passeggio.
Eppur note vi sono le cose peregrine....

IL CONTE.

A me basta il principio.

LEANDRO.

Ed a me basta il fine.

IL CONTE.

So giudicar le cose vedute anche di volo.

LEANDRO.

Il pubblico v'applaude, ed io me ne consolo.

IL CONTE.

Sentonsi per le strade ridire i frizzi, i sali.

LEANDRO.

Un Sarto ha registrati tutti i passi morali.

VALERIO (*da se.*)

Ecco de' lor giudizj la forza, e l'argomento.

MOLIERE (*da se.*)

Questi son quei cervelli, di cui tremo, e pavento.

LEANDRO.

Dopo essere noi stati ad ammirarvi in scena,
Molier, vogliam godervi in casa vostra a cena.

MOLIERE.

Ma, come alla commedia v'andaste deliziando,
Un cenerà dormendo, e l'altro passeggiando.

COMÉDIE.

VALERE (*à part.*)

Il n'en a pas perdu un mot!

MOLIERE.

Conclusion: l'un a dormi pendant toute la pièce; l'autre s'est promené, et cependant vous connaissez....

LE COMTE.

Il me suffit d'entendre le commencement.

LÉANDRE.

Et moi, la fin.

LE COMTE.

Un coup d'œil jeté en passant; voilà tout ce qu'il m'en faut pour juger d'une chose.

LÉANDRE.

Le public vous applaudit, et je me réjouis de votre triomphe.

LE COMTE.

Vos bons mots, vos plaisanteries courent les rues de bouche en bouche.

LÉANDRE.

Il y a un tailleur qui a pris note de toutes les pensées morales de la pièce.

VALERE (*à part.*)

Et c'est sur de pareilles autorités que ces Messieurs fondent leur jugement!

MOLIERE (*à part.*)

Voilà pourtant les juges que j'ai la sottise de redouter!

LÉANDRE.

Moliere, mon ami; après vous avoir admiré sur la scène, nous voulons vous faire honneur à table.

MOLIERE.

Mais pour trouver, chez moi, le même plaisir qu'à la comédie, l'un de vous dormira, sans doute, et l'autre se promenera pendant le souper?

Tome II.

MOLIERE,
LEANDRO.

Via, via, siam vostri amici, e siamo qui per voi,
E chi vorrà dir male avrà da far con noi.

IL CONTE.

La gloria di Moliere io sostener m'impegno.

LEANDRO.

Che uomo singolare!

IL CONTE.

Che peregrino ingegno!

MOLIERE (*da se.*)

Eppur sia necessario aver tal gente amica.
(*Alto.*)
Volete cenar meco? Uopo non è ch'io il dica.
Poco, ma di bon core avrete da Moliere,
Che solo per dar molto, molto vorrebbe avere.

LEANDRO.

Conte, a bere vi sfido.

IL CONTE.

Io la disfida accetto.

LEANDRO.

Voi non andate a casa.

IL CONTE.

Molier ci darà un letto.
(*Partone.*)

COMÉDIE.
LÉANDRE.

Allons, allons, nous sommes vos amis, vos zélés partisans, et quiconque voudra dire du mal de vous, trouvera à qui parler.

LE COMTE.

Je m'engage à soutenir, envers et contre tous, la gloire de Moliere.

LÉANDRE.

L'homme rare !

LE COMTE.

Le génie extraordinaire !

MOLIERE (*à part.*)

Et il faut supporter de tels originaux ! (*Haut.*) Messieurs, voulez-vous souper avec moi décidément ? Je n'ai pas besoin de vous le dire : *Moliere* possède peu, mais offre de bon cœur, et ne voudrait avoir beaucoup, que pour donner davantage.

LÉANDRE.

Comte, un nouveau défi le verre à la main.

LE COMTE.

Je l'accepte.

LÉANDRE.

Vous n'allez point chez vous ?

LE COMTE.

Moliere nous donnera un lit. (*Ils sortent.*)

SCENA X.

MOLIERE, VALERIO.

VALERIO.

Signor, codesta gente, come soffrir potete?

MOLIERE.

Giovane siete ancora; udite, ed apprendete.
I tristi più che i buoni, noi secondar conviene.
Acciò non dican male, se dir non sanno bene.
Il finger per inganno è vergognosa frode,
Ma il simular onesto è pregio, e merta lode.
(Parte.)

VALERIO.

Moliere è un uomo saggio, Moliere è un uomo tale,
Di cui la Francia nostra non ha, non ebbe eguale.
Ed esser non potrebbe in scena autor valente,
S'egli non fosse in casa filosofo eccellente.

Fine dell' Atto quarto.

SCÈNE X.

MOLIERE, VALERE.

VALERE.

Mais comment pouvez-vous vivre avec de pareils gens ?

MOLIERE.

Vous êtes jeune encore, mon ami ; écoutez, et croyez-en l'expérience : c'est précisément cette espèce-là qu'il faut ménager, afin que, s'il leur est impossible de dire du bien d'un ouvrage, ils n'en disent au moins pas de mal. Feindre pour tromper, est une infamie : mais il y a quelquefois du mérite, et de la gloire même, à dissimuler honnêtement.

(*Il sort.*)

VALERE.

Quelle profondeur de raisonnement ! quel homme ! non, la France n'a point, n'a jamais eu son égal. Mais serait-il sur la scène un poëte si parfait, s'il n'était, chez lui, un véritable philosophe ?

Fin du quatrième Acte.

ATTO V.

SCENA PRIMA.

MOLIERE (*solo.*)

Oh sciocchi intemperanti! non san, che sia la vita,
L'un l'altro ad accorciarla con il bicchiere invita.
Umanità infelice! non hai bastanti mali,
Che nuovi ne procaccia la gola de' mortali.
Il chimico sa trarre balsami dal veleno,
Quei col vin salutare s'empion di tosco il seno.
Beva Leandro pure, beva a sua voglia il Conte,
Io sfuggo di vederli venire all'ire, all'onte.
Poichè, serpendo il vino per fibre, e per meati,
Alla regione ascende de i spiriti svegliati,
E copre lor d'un velo d'atomi tetri, e densi,

---

(1) Moliere avait une prédilection particulière pour *Lucrèce*, non qu'il adoptât son matérialisme, ou les principes erronés d'une physique démontrée fausse depuis si long-temps; mais il admirait des morceaux pleins de force et d'énergie, des traits sublimes, et un style digne, en général, des objets que chante le Poëte. L'auteur du *Misanthrope* avait fait une traduction de *Lucrèce*; et ce qui prouve la justesse de son goût, comme l'observe judicieusement M. de la Harpe, c'est qu'il n'avait traduit en vers que ce qui était susceptible de l'être avec succès, et qu'il avait renvoyé à la prose les détails arides de la physique.

Ce que Moliere dit ici des causes physiques de l'ivresse, nous paraît emprunté de cet endroit du troisième livre de *Lucrèce*: *Denique, cur hominem, cùm vini vis penetravit acris.*, etc.

« Des vapeurs de Bacchus quand mes sens sont épris,
» Lorsqu'il répand ses feux dans mes veines brûlantes,
» Pourquoi, lourd, affaissé, les jambes défaillantes,

COMÉDIE. 375

ACTE V.

SCÈNE PREMIÈRE.

MOLIERE (*seul.*)

Quelle folie! quel délire! les malheureux ne sentent point le prix de la vie, et s'invitent mutuellement à l'abréger, en buvant à qui mieux mieux. Triste humanité! assez de fléaux déjà n'ont-ils point conjuré ta perte, sans que l'intempérance des hommes en crée tous les jours de nouveaux? Les procédés de la chimie savent extraire du poison même un baume salutaire, et ces insensés ne tirent d'une liqueur naturellement bienfaisante, qu'un poison qui brûle leur sein. Que Léandre, que le Comte boivent autant qu'ils le jugeront à propos : mais j'ai dû me soustraire au spectacle de leur honte, et m'épargner leurs altercations. (1) Car, introduit par tous les canaux, et agissant sur toutes les fibres, le vin monte bientôt à la région des esprits les plus subtils : il les surcharge d'atômes épais et grossiers, exalte le cerveau,

---

» Sens-je flotter mes yeux, ma langue s'épaissir,
» Et par degrés, enfin, ma raison s'obscurcir!
» Pourquoi ces longs sanglots exhalés de ma bouche,
» Ces cris, ces mots confus, ce courage farouche,
» Qui, malgré moi, m'entraîne à chercher les combats!
» Bacchus, je le vois trop ; esclave dans tes bras,
» Aussi-bien que mon corps, mon ame est enchaînée, etc.

(*M. le Blanc.*)

Aa 4

E il cerebro sublima, ed imprigiona i sensi;
Onde alle cose esterne sembra cambiarsi aspetto,
Tolto da' caldi fumi il lume all' intelletto.
Anche l'amor talvolta opra con pari incanto,
Cagion di fiero sdegno ai miseri, o di pianto.
Ma quando è regolato, amore è cosa blanda,
Come il vin moderato è salutar bevanda.

SCENA II.

DETTO, GUERRINA (*in veste da camera.*)

MOLIERE.

Oimè! Guerrina mia....

GUERRINA.

Eccomi a voi prostrata.
Mirate ai vostri piedi un' alma disperata.

MOLIERE.

Sorgete anima mia, oh Ciel! Che avvenne mai?

GUERRINA.

Mia madre.....

MOLIERE.

Ah madre indegna! Tu me'la pagherai.

GUERRINA.

Stava dal duolo oppressa....

MOLIERE.

Fermatevi, aspettate.
(*Va a chiuder l'uscio.*)
Di qui non passerai. Mia vita, seguitate.

et paralyse les sens. De là, cette métamorphose apparente dans les objets extérieurs, suite naturelle des ténèbres où s'égare la raison, étouffée par les fumées du vin.... Que dis-je, hélas ! l'amour n'opère-t-il pas la même révolution en nous ? n'est-il pas pour les malheureux humain une source éternelle de larmes ou de fureurs ? Rien de plus charmant que l'amour, reglé par la raison ; comme rien de plus salutaire que le vin, quand on en fait un usage modéré.

SCENE II.

Le Même, ISABELLE (*en négligé.*)

MOLIERE.

C'est vous, ma chère Isabelle ?

ISABELLE.

Je me jette à vos pieds ! voyez où me réduit le désespoir.

MOLIERE.

Levez-vous, ma chère, levez-vous. O ciel ! qu'est-il donc arrivé ?

ISABELLE.

Ma mère....

MOLIERE.

Mère cruelle ! je serai vengé.

ISABELLE.

L'excès de ma douleur....

MOLIERE.

Attendez, attendez. (*Il va fermer la porte.*) Tu n'entreras pas ici, du moins. Poursuivez, ma chère Isabelle.

GUERRINA.

Stava dal duolo oppressa fra la vigilia, e il sonno,
Che chiudersi del tutto questi occhi miei non ponno.
Quando la genitrice, piena di sdegno il viso,
Venne al mio letticiuolo, gridando: olà! ti avviso
Alla novella aurora alzati dalle piume.
Disparve, e portò seco, senz'altro cenno, il lume.
Restai, qual chi da tetro sogno fatal si desta,
E' mia madre, dicendo, o qualche larva è questa?
Piansi, tremai, poi corsi a rammentar suoi detti,
Ed assalita io fui da mille rei sospetti.
Perchè dovrei levarmi doman pria dell'aurora?
Perchè vien ella irata a dirmelo a quest'ora?
Ahimè! La mia rovina al nouvo Sol m'aspetto.
L'attenderò, dicea, tranquillamente in letto?
Ohimè! Molier, mia vita, ti perdo, se qui resto.
Balzo allor dalle piume, come poss'io mi vesto.
Apro l'uscio socchiuso, odo russar mia madre,
E quai fra l'ombre vanno timide genti, e ladre,
Stendo l'un piede, e l'altro sospendo in aria incerto,
Finchè l'altr'uscio trovo per mia ventura aperto.
Affretto il passo allora, balzo co i salti in sala,
Ritiro il chiavistello, precipito la scala.
Giungo alle stanze vostre, a voi ricorro ardita,
Eccomi ai vostri piedi a domandarvi aita.

MOLIERE.

Deh alzatevi. Ah Guerrina, che mai faceste? Oh Dio!
Cagliavi l'onor vostro, vi caglia l'onor mio.
Di notte una fanciulla, discinta, senza lume,
Mentre la madre dorme abbandonar le piume?
Che dir farà di voi un animo sì ardito?

GUERRINA.

Diran, che amor condusse la sposa al suo marito.

ISABELLE.

L'excès de ma douleur me tenait dans cet état qui n'est ni la veille ni le sommeil : il m'était impossible de fermer totalement les yeux. Ma mère entre furieuse, s'approche de mon lit, et me dit d'une voix éclatante : songez à vous lever demain avec l'aurore. Elle disparaît à ces mots, et emporte la lumière. Je me trouvai comme quelqu'un que réveille en sursaut un songe fatigant. Est-ce ma mère, me disais-je, ou un fantôme imposteur qui m'abuse ? Je pleurais, je tremblais, je cherchais à interpréter son discours, et j'étais assiégée de mille soupçons à la fois. Pourquoi donc me lever avant l'aurore ? Pourquoi venir m'annoncer cet ordre à présent, et le faire avec tant d'aigreur ? Ah ! je le vois, ma perte est jurée, et se consommera au retour du soleil. —— L'attendrai-je tranquillement dans mon lit ? Moliere ! je te perds en restant ici. A ces mots, je m'élance de mon lit, je m'habille de mon mieux, j'ouvre doucement ma porte.... Ma mère dort ! j'avance un pied, je retiens l'autre qui tremble suspendu, et je franchis timidement l'obscurité jusqu'à la seconde porte qui, par bonheur, était ouverte. J'accélère le pas alors, et, d'un saut, je suis au salon. Je tire le verrou : je descends l'escalier, j'arrive à votre appartement. J'y viens chercher asile et protection, et je les reclame de nouveau à vos pieds.

MOLIERE.

Levez-vous, mon Isabelle. Qu'avez-vous fait, grand dieu ? avez-vous oublié ce que vous vous devez, ainsi qu'à moi ? Pendant la nuit, une jeune fille à peine vêtue, sans lumière, quitter son appartement à la faveur du sommeil de sa mère ! que voulez-vous que l'on dise d'une démarche aussi hardie ?

ISABELLE.

On dira que l'amour à guidé l'épouse de Moliere auprès de son époux.

MOLIERE.

Ma come dir lo ponno, se tali ancor non siamo?

GUERRINA.

Oh Ciel! Di quì non parto, se tai non divenghiamo.
A questo ardito passo per voi guidommi amore,
Sollecita mi rese di perdervi il timore.
Se a voi nota è la colpa, cui nota è la cagione,
Voi riparar potete la mia riputazione.
Porgetemi la destra, e coll' anello in dito,
Dir potrò: che volete? Moliere è mio marito.

MOLIERE.

Oh caso inaspettato! Cara Guerrina mia,
Di rimediar domani di me l'impegno fia.
Tornate onde veniste, rider di noi non fate.

GUERRINA.

Ah misera ingannata! Crudel, voi non mi amate.
Avrà la genitrice, con sue lusinghe, e vezzi,
Comprato l'amor vostro, comprati i miei disprezzi.
Ma se da voi, che adoro, barbaro, son tradita,
Posso a chi diedi il cuore donare ancor la vita.
Tornar più non mi lice, tornar più non vogl'io.
Perduta ho la mia pace, perduto ho l'onor mio;
Farò, che il mondo sappia chi fu del mal cagione,
E andrò dove mi porta la mia disperazione.

MOLIERE.

Guerrina, oh dio! mia vita....

GUERRINA.

Molier mia cruda morte.....

MOLIERE.

Fermatevi, mia cara; sarò di voi consorte.

GUERRINA.

Se tal divengo adesso, l'onor vi reco in dote:
Scema, se al volgo ignaro tali follie son note.

MOLIERE.

Comment le pourrait-on ? Ces titres sacrés ne sont pas encore les nôtres.

ISABELLE.

Ils le seront avant que je sorte d'ici. C'est mon amour pour vous, c'est la crainte de vous perdre qui m'ont fait faire ce pas hardi. Vous connaissez ma faute ; vous voyez son motif : c'est à vous de sauver ma réputation. Donnez-moi votre main, et, fière d'un pareil titre, je dirai : qu'avez-vous à m'objecter ? Moliere est mon époux.

MOLIERE.

Événement inattendu ! ma chère Isabelle, je m'engage à tout réparer demain. Retournez d'où vous venez, et n'apprêtez point à rire à nos dépens.

ISABELLE.

Ah ! trop funeste erreur ! non, cruel, vous ne m'aimez pas. Ma mère, sans doute, est parvenue, à force d'artifice et de séduction, à m'enlever votre cœur, et à m'attirer ces mépris. Mais apprenez, barbare, que si vous me trahissez, je puis ajouter au sacrifice de mon cœur, celui de ma vie. Je ne puis, je ne veux plus retourner auprès de ma mère : j'ai perdu la paix de mon ame, compromis mon honneur..... le monde en saura la cause ; et j'irai où mon désespoir me conduira.

MOLIERE.

Isabelle ! oh ! dieu !

ISABELLE.

Ah ! vous me donnez la mort !

MOLIERE.

Calmez-vous ; vous serez mon épouse.

ISABELLE.

En prenant ce titre aujourd'hui, je vous apporte l'honneur pour dot ; demain, la honte, si mes folles

Caro Molier, mia vita, mia speme, e mio tesoro,
Se il perdervi m'uccide, mirate s'io vi adoro.
Tanti sospiri, e tanti, sparsi non siano in vano.....

MOLIERE.

Oh resista chi puote.... Mio bene, ecco la mano.
Mia sposa, ecco vi rendo.

GUERRINA.

      Or son contenta appieno.
Frema la genitrice, e crepi di veleno.

MOLIERE.

Domani il sacro Rito si compirà.

GUERRINA.

        L'anello
Datemi almen.

MOLIERE.

 Prendete.
(Si leva uno de' suoi, e lo dà a Guerrina.)

GUERRINA.

      Oh caro! Oh quanto è bello!
Voi ponetelo al dito.

MOLIERE.

 Sì, ve l'adatto io stesso.
(Lo prende, e glielo pone in dito.)

GUERRINA.

Venga la genitrice, venga a vedermi adesso.

MOLIERE.

Ma non convien, mia vita, che noi restiam quì soli.

GUERRINA *(parla coll' anello.)*

Oh come mi stai bene! Oh quanto mi consoli!

MOLIERE.

Ho degli Amici in casa, che stetter meco a cena;
Troppo lor sembrerebbe ridicola la scena.
Venite in questa stanza, e statevi sicura.

démarches sont connues du public. O Moliere! ô ma vie, mon espérance, mon unique trésor, concevez l'excès de mon amour, puisque la seule idée de vous perdre est pour moi le coup de la mort. Ah! que tant de soupirs ne soient pas perdus!

MOLIERE.

Je n'y résiste plus.... Voilà ma main: vous êtes mon épouse.

ISABELLE.

O momens! ô bonheur! que ma mère frémisse, et meure de jalousie!

MOLIERE.

Demain, nous confirmerons ces nœuds aux autels.

ISABELLE.

Donnez-moi, du moins, l'anneau.

MOLIERE.

Tenez. (*Il tire une de ses bagues et la donne à Isabelle.*)

ISABELLE.

Oh! cher époux, qu'elle est belle! que mon doigt la reçoive de votre main.

MOLIERE.

Volontiers; recevez la donc de moi. (*Il prend la bague et la lui met au doigt.*)

ISABELLE.

Que ma mère vienne actuellement jouir de mon triomphe!

MOLIERE.

Il ne faut pas, ma chère, que nous restions seuls ici.

ISABELLE (*s'adressant à l'anneau.*)

Qu'il me va bien! que je suis fière de le posséder!

MOLIERE.

J'ai des amis à souper; cette scène ne manquerait pas de leur paraître très-ridicule. Entrez dans cette chambre; vous y serez en sureté.

GUERRINA.

E vi dovrei star sola? Morrei dalla paura.

MOLIERE.

Lunga non fia la notte. Verrà con voi Foresta.
Guerrina, siate saggia, quanto voi siete onesta.
Ecco il lume. Apro l'uscio. Entrate, io vi precedo.

GUERRINA.

V'andrò mal volentieri.

MOLIERE (*apre, l'uscio, e vede Pirlone.*)
Ah traditor, che vedo?

SCENA III.

DETTI, PIRLONE.

PIRLONE.

Eccomi a voi prostrato. Così vuol la mia sorte;
Schernitemi voi pure, datemi pur la morte.
Non è che a' vostri piedi mi getti un vil timore;
Mi guida il pentimento, il rimorso, il rossore.
In quel recinto oscuro il Ciel m'aperse un lume,
Mi fece il mio periglio pensare al mio costume.
E il popolo commosso contro Pirlone a sdegno,
Essere m'assicura dell'altrui fede indegno.
Temei de' Carmi vostri l'aspre punture acute,
Qual s'odia dall'Inferno, chi porge a lui salute;
E feci ogni mia possa per ocultare al mondo
L'immagine d'un tristo, che mi somiglia al fondo.
Pentito d'ogni errore, l'usure mie detesto.
Rinunzio all'Impostura, al vivere inonesto;
A voi, al mondo tutto mi scopro, qual io sono,
E dalle trame indegne, Molier, chiedo perdono.

ISABELLE.

COMÉDIE.

ISABELLE.

Quoi ! seule dans cette chambre ? j'y mourrai de peur.

MOLIERE.

La nuit s'avance. La Forêt, d'ailleurs, y sera avec vous. O mon Isabelle ! soyez aussi prudente que vous êtes honnête. Voici la lumiere, j'ouvre : suivez-moi.

ISABELLE.

C'est bien malgré moi que j'irai.

MOLIERE (*ouvre et aperçoit Pirlon.*)

Ah ! traître ! que vois-je ?

SCÈNE III.

LES MÊMES, PIRLON.

PIRLON.

JE tombe à vos genoux : ainsi le veut le sort qui m'humilie. Accablez-moi de vos mépris, donnez-moi la mort. Ce n'est point une lâche terreur, c'est le repentir, c'est le remords, c'est la honte qui me jettent à vos pieds. Dans cette retraite obscure, le Ciel a daigné m'envoyer un rayon de lumière : mon danger m'a ouvert les yeux sur ma conduite ; et tout un peuple, justement irrité contre Pirlon, me prouve combien je suis indigne de la confiance d'autrui. J'ai redouté la mordante énergie de vos vers, et j'ai fait mon possible pour dérober au monde le portrait d'un monstre, qui, dans le fond, ne me ressemble que trop. Confus de mes erreurs, je déteste l'usure honteuse que j'ai exercée ; je renonce au rôle coupable d'hypocrite. Je me fais connaître aujourd'hui à vous et à la société pour ce que je suis en effet, et je vous demande pardon, ô Moliere ! des vils ressorts que j'ai fait jouer pour vous perdre.

Tome II.   B b

MOLIERE.

Ed io perdon vi chiedo, se a voi feci l'oltraggio
D'usar le spoglie vostre nel noto personaggio.
Oh scene mie felici! Oh fortunato inganno,
Se val d'un Uom perduto a riparare il danno!
Diasi la gloria al vero. Il Ciel con mezzi tali
Sovente il cuor rischiara dei miseri mortali.

GUERRINA.

Pirlone, a voi non deggio rimproveri, ma lode;
Fù di quel ben, ch'io godo, cagion la vostra frode.
Più presto si scoperse di me la fiamma ascosa,
Più presto di Moliere fatta son io la sposa.

PIRLONE.

Lasciate ch'io men vada scevro da insulti, e scorni,
Sin che la plebe dorme, piangente ai miei contorni.

MOLIERE.

(*Si sente picchiare all'uscio.*)
Da' servi miei scortato.... Chi picchia a quella porta?

GUERRINA.

Oimè! la genitrice s'è di mia fuga accorta.
(*Moliere va ad aprire la porta.*)
Ma più di lei non temo. Moliere è mio marito.
La farò disperare con quest'anello in dito.

MOLIERE.

Et je vous prie, moi, de me pardonner aussi le tort que j'ai pu vous faire en jouant le Tartufe avec une partie de vos habits. Pièce fortunée ! heureuse erreur, s'il en résulte le changement d'un pervers ! Rendons hommage à la vérité ; souvent le Ciel emploie de pareils moyens pour ramener le cœur des malheureux mortels.

ISABELLE.

Pour moi, je vous dois des remercîmens, et non des reproches, monsieur Pirlon. Vos ruses sont devenues la source du bonheur dont je jouis : elles ont révélé, plutôt que je ne voulais, le secret de ma flamme, et avancé l'heureuse époque de mon union avec Moliere.

PIRLON.

Laissez-moi profiter du moment où le peuple repose, pour me rendre chez moi à l'abri de l'insulte et de l'outrage.

MOLIERE.

Accompagné par mes gens..... (*On frappe.*) Qui frappe à cette porte ?

ISABELLE.

Oh ! Dieu ! ma mère s'est aperçue de ma fuite ! (*Moliere va ouvrir.*) Mais je n'en redoute plus rien ; Moliere est mon époux ; et, cet anneau au doigt, je brave sa fureur.

SCENA IV.

Detti, FORESTA.

MOLIERE.

Che vuoi?

FORESTA.

Strepiti grandi. Va la Bejart in traccia.
Guerrina è qui con voi? Signor, buon prò vi faccia.

MOLIERE (*a Guerrina.*)

La madre ci ha scoperti.

GUERRINA.

E ben, che potrà dire?

FORESTA (*da sè.*)

Pirlone è uscito fuori? Addio le trenta lire.
(*Parte.*)

SCENA V.

Detti, LA BEJART.

LA BEJART.

Perfida, indegna figlia, su gli occhi miei fuggita?
Ah Molier traditore! Ah tu me l'hai rapita.
Rendimi la mia figlia, rendila, scellerato.

MOLIERE.

Ella non è più vostra.

SCÈNE IV.

Les Mêmes, LA FORÊT.

MOLIERE.

Que veux-tu?

LA FORÊT.

Grand fracas! Madame Béjart me suit.... Isabelle est avec vous ici? vous n'avez qu'à vous bien tenir, Monsieur.

MOLIERE (*à Isabelle.*)

Votre mère nous a découverts.

ISABELLE.

Eh bien! qu'aura-t-elle à dire?

LA FORÊT (*à part.*)

Pirlon est libre? Adieu mes dix écus. (*Elle sort.*)

SCÈNE V.

Les Mêmes, LA BÉJART.

LA BÉJART.

Fille indigne! tu oses fuir sous mes yeux? Ah! traître de Moliere, c'est toi....! rends moi, rends moi ma fille, infâme ravisseur!

MOLIERE.

Elle n'est plus à vous.

MOLIERE,

LA BEJART.

Sì, ch'ella è mia, spietato!
Al Ciel di tal violenza, ai tribunal appello.
Vieni meco, Guerrina.

GUERRINA.

Signora, ecco l'anello.

LA BEJART.

Lo strapperò dal dito....

GUERRINA.

Oibò.

LA BEJART.

Vien qui, sfacciata.

GUERRINA.

Portatemi rispetto; son donna maritata.

MOLIERE.

Eh lo sdegno calmate, e fia per vostro meglio.
Sposo son di Guerrina, e in sua difesa io veglio.
Staccarmela dal fianco non vi sarà chi possa,
Congiunti in matrimonio vivrem sino alla fossa.
E' vano il furor vostro sia collera, o sia zelo;
Non si discioglie in terra, quel ch'è legato in Cielo.

LA BEJART.

Oimè! morir mi sento. Moliere, anima indegna,
Colei, che t'amò un giorno, or t'aborrisce, e sdegna.
Restane, figlia ingrata, accanto al tuo diletto,
E sia per te felice, com'io lo sono, il letto.

---

(1) Tous ces détails sont, à peu de chose près, conformes à la vérité historique, et tel était en effet le caractère de la fille de *la Béjart*. A peine devenue *Mademoiselle de Moliere*, elle se livra à son goût effréné pour la coquetterie et pour la dépense. Elle se donna en spectacle à la cour et à la ville; et le pauvre époux, qui n'avait pas été assez philosophe pour se passer d'une femme, perdit le repos, et s'imagina que la cour et la ville en voulaient à sa femme.

« Ainsi ce grand homme, heureux par ses succès et par ses pro-
» tecteurs, par ses amis et par sa fortune, ne le fut pas dans sa

COMÉDIE.

LA BÉJART.

Barbare ! je te prouverai qu'elle est toujours à moi. Le Ciel et les tribunaux me feront justice de cette violence. Suivez-moi, Isabelle.

ISABELLE.

Madame, voyez cet anneau.

LA BÉJART.

Je te l'arracherai du doigt.

ISABELLE.

Non, Madame, non.

LA BÉJART.

Suivez-moi, vous dis-je, effrontée !

ISABELLE.

Respectez en moi l'épouse de Moliere (1).

MOLIERE.

Eh ! Madame, calmez votre courroux, c'est le meilleur parti que vous puissiez prendre. Epoux d'Isabelle, je veille pour sa défense, et rien ne peut désormais l'arracher de mes bras ; nous vivrons unis jusqu'au tombeau. Zèle ou colère, je brave votre fureur. On ne brise point sur la terre les nœuds que le Ciel a ratifiés.

LA BÉJART.

C'en est fait ! je n'y survivrai pas.... Ame lâche et sans foi ! vas, celle qui t'aima jadis te voue à jamais une haine implacable. Demeure, fille ingrate, demeure auprès de cet objet chéri, et puisses-tu trouver

---

» maison. La disproportion d'âge, et les dangers auxquels une comé-
» dienne jeune et belle est exposée, rendirent son mariage mal-
» heureux ; et Moliere essuya dans son domestique les dégoûts,
» les amertumes, et quelquefois les ridicules qu'il avait si souvent
» joués sur le théâtre. Tant il est vrai que les hommes qui sont
» au-dessus des autres par les talens, s'en rapprochent presque
» toujours par les faiblesses ! Car, pourquoi les talens nous met-
» traient-ils au-dessus de l'humanité ? »

(*Voltaire*, dans *la vie de Moliere*.)

Fuggo d'un Uomo ingrato la vista, che mi cruccia,
E andrò per vendicarmi a unirmi a Scaramuccia.

GUERRINA (*da se.*)

Le darò il buon viaggio.

MOLIERE.

Eh via, frenate l'ira.

PIRLONE.

Signora, quello sdegno, che a vendicarvi aspira,
Farà pentirvi un giorno d'averlo il vostro cuore
Mal conosciuto.

LA BEJART.

In vano mi parla un Impostore.

SCENA ULTIMA.

DETTI, VALERIO.

VALERIO.

Molier, per voi tal giorno sempre divien più bello.
Vi reco in questo punto un trionfo novello.
L'ardito Scaramuccia cede la palma a voi;
Partirà di Parigi con i compagni suoi.
L'esito fortunato della commedia vostra
L'obbliga a ritirarsi, e rinunziar la giostra.

LA BEJART (*da se.*)

Oimè! tutto congiura a rendermi scontenta!

MOLIERE.

Eppur gioja perfetta il Ciel non vuol, ch'io senta.
Guerrina, se mi amate, la vostra genitrice
Pregate, che mi renda, col suo perdon, felice.

dans ses bras tous les tourmens que j'éprouve aujourd'hui. Je fuis l'aspect outrageant d'un ingrat ; et je vais, pour me venger, me réunir à *Scaramouche*.

ISABELLE (*à part.*)

Je lui souhaiterais volontiers un bon voyage.

MOLIERE.

De grâce, mettez un frein à votre colère.

PIRLON.

N'en croyez point, Madame, les conseils de la colère, et rejetez ces projets de vengeance. Votre cœur se repentirait un jour d'avoir mal connu celui de Moliere.

LA BÉJART.

C'est en vain que me parle un imposteur.

SCÈNE DERNIÈRE.

LES MÊMES, VALERE.

VALERE.

Mon ami, ce beau jour devient de plus en plus heureux pour vous ; et je vous annonce un nouveau triomphe. L'audacieux Scaramouche vous cède enfin, et quitte aujourd'hui Paris avec sa troupe. Le succès de votre admirable ouvrage le force de partir et de renoncer à une partie désormais si inégale.

LA BÉJART (*à part.*)

Ainsi tout me trahit, tout conspire à mon malheur !

MOLIERE.

Le Ciel ne veut pas que ma joie soit parfaite ! Isabelle, si vous m'aimez, conjurez votre mère de nous pardonner : il manque, sans cela, quelque chose à mon bonheur.

GUERRINA (*da se.*)
Lo sposo lo comanda, e il cuor me lo consiglia.
(*Alto.*)
Signora, perdonate l'eccesso a vostra figlia.
Amor mi rese ardita; mi duol d'avervi offesa,
L'interno affanno mio col pianto si palesa.
Oimè, lo sdegno vostro! oimè! m'avete detto:
Felice, com'io sono, sia per te, figlia, il letto.
Oimè! che da mia madre misera odiata sono!

LA BEJART.
Va, il Ciel ti benedica, t'assolvo, e ti perdono.

MOLIERE.
Viva la saggia madre, viva la mia Guerrina.
Molier la sposa abbraccia, e voi, Suocera, inchina.
(*a Valerio.*)
Dov'è Leandro, e il Conte?

VALERIO.
                          Il vin gli ha superati,
E con Moliere in bocca, si sono addormentati.
Non facean, che lodarvi, ed era ogni bicchiere
Sul fine consacrato al merto di Moliere.
Questo vuol dir, che l'Uomo, ne' giorni suoi felici,
Ovunque volga il ciglio, può numerar gli amici.

MOLIERE.
Or sì felice giorno posso chiamar io questo,
In cui nulla ravviso d'incerto, o di funesto.
Il pubblico m'applaude, si cambian gl'Impostori;
Mi crescon gli amici, son lieto fra gli amori.
Sol manca di Moliere per coronar la palma,
Che gli Uditor contenti battino palma a palma.

Fine della commedia.

ISABELLE. (*à part.*)

Mon époux le commande, et mon cœur me le conseille. (*Haut.*) Madame, pardonnez à votre fille l'excès de son audace. C'est l'amour qui m'a rendue coupable. Je suis au désespoir de vous avoir offensée, et ces larmes vous prouvent la douleur que j'en ressens. Hélas! vous m'avez menacée de votre colère; vous m'avez dit: puisses-tu trouver dans ses bras tous les tourmens que j'éprouve aujourd'hui...! Ah! Dieu! suis-je à ce point haïe de ma mère?

LA BÉJART.

Que le Ciel remplisse tous tes vœux: je t'embrasse et te pardonne.

MOLIERE.

Sage mère! intéressante Isabelle! vous trouverez en moi la tendresse d'un époux et le respect d'un fils. (*A Valere.*) Léandre et le Comte, où sont-ils?

VALERE.

Vaincus par le vin, ils viennent de s'endormir, en répétant votre nom. Ils n'ont point tari sur votre éloge, et toutes les santés se sont portées au génie de Moliere. Ce qui prouve que, dans les jours de bonheur, il suffit d'ouvrir les yeux pour compter des amis.

MOLIERE.

Oui, ce jour est en effet un jour bien heureux pour moi. Il ne m'offre plus rien de funeste, ou même d'incertain. Le public m'applaudit, les Tartufes se corrigent, le nombre de mes amis s'accroît, et l'amour comble mes vœux! Il ne manque enfin à la gloire de Moliere que le suffrage de ceux qui viennent de l'entendre.

Fin de la Comédie.

EXAMEN
DE LA COMÉDIE DE MOLIERE.

Jamais, sans doute, un auteur français n'eût conçu le premier le projet de faire parler *Moliere* sur la scène : cette entreprise eût au moins semblé téméraire. Nous prenons tant d'intérêt à un aussi grand nom, Moliere lui-même nous a donné tant de droit d'être difficile sur le personnage de Moliere, qu'il eût été peut-être impossible de répondre à notre attente, et de nous rendre sur-tout le *Moliere* que nous connaissions. Moins à portée que nous d'apprécier son mérite, et celui de sa diction en particulier, les étrangers devaient se montrer nécessairement plus faciles à contenter. Aussi la comédie de *Goldoni* obtint dans toute l'Italie un succès, dont, malgré son mérite réel, elle n'aurait pu se flatter chez nous.

En applaudissant à l'idée heureuse qui sert de base à tout l'ouvrage, des spectateurs français auraient désiré plus de chaleur dans la marche de la pièce, plus de force dans l'intrigue : ils auraient regretté qu'un auteur capable d'inventer le personnage de Pirlon, ne se soit pas donné la peine de développer davantage un caractère aussi théâtral, et de le faire agir d'une manière conforme à l'idée que l'on a d'avance de lui : ils auraient vu avec peine que des scènes infiniment plaisantes, que d'autres qui seraient susceptibles du plus grand effet, ne sont pour ainsi dire qu'indiquées, et que les situations sont amenées, plutôt qu'approfondies. Quel moment, par exemple, que celui où le fourbe *Pirlon*, surpris par *Moliere* dans la chambre où il s'était caché, tombe aux pieds du grand homme qu'il a voulu perdre, et lui demande pardon ! quel parti il y avait à tirer d'une pareille situation, qui est à la fois et le dernier degré de l'avilissement dans le scélérat démasqué, et le plus beau des triomphes pour l'auteur du *Tartufe !* Les gens de goût qui fréquentent assidûment nos spectacles, auraient trouvé le dénouement un peu brusque, et la réconciliation de la mère et de la fille un peu trop prompte : ils auraient voulu que l'auteur du *Moliere* ne perdît jamais de vue le grand écrivain qu'il mettait sur la scène, et que sa diction, toujours noble, ne descendît jamais au trivial.

Voilà ce qu'une critique exercée aurait, à la rigueur, trouvé à reprendre dans l'ouvrage de *Goldoni*. Mais son plan, le choix de ses personnages, le caractère qu'il leur donne, auraient, à coup sûr, réuni tous les suffrages. Il était impossible que ces beautés réelles échappassent aux yeux des gens de lettres, et ces excellens matériaux n'attendaient qu'une main capable de les mettre en œuvre.

M. *Mercier* eut le courage de s'en charger, et rendit aux Français le service de leur faire connaître un des plus beaux ouvrages de *Goldoni*, et qui avait pour eux un intérêt particulier, celui du sujet. L'auteur français ne crut pas devoir s'écarter du plan de l'auteur italien : c'était en faire l'éloge. Tous ses changemens se portèrent donc sur des objets de détails, et ils sont en général très-heureux. D'abord, au *Léandre de l'original*, M. *Mercier* a substitué *Chapelle*, dont *Goldoni* s'était proposé de donner une idée dans son *Léandre*. *Valere* a été remplacé par le comédien *La Thorillière*. Indépendamment de ces changemens, l'imitateur a ajouté quelques scènes à la pièce italienne : nous en remarquerons deux sur-tout, l'une qui commence la pièce, et où le valet de Moliere met en papillotes la traduction que son maître avait faite de *Lucrece* en vers français ; l'autre qui se trouve au cinquième acte, et où une jeune personne vient se présenter pour être reçue dans la troupe de *Moliere*, qui, apprenant que c'est une fille bien née, que l'indigence et l'abandon réduisent à cet état, lui donne une lettre de recommandation pour le chef d'une manufacture de province, et pourvoit à ce qu'elle obtienne de son travail une subsistance honnête. La scène du poëme en papillotes est gaie, et annonce très-bien, dès le commencement de l'ouvrage, les impatiences naturelles et la bonté de Moliere. Quant à la scène de la jeune fille, elle est intéressante, mais déplacée peut-être dans un cinquième acte, où elle forme une épisode qui retarde le dénouement. Dans tout le reste de sa pièce, M. *Mercier* a scrupuleusement suivi la marche de *Goldoni*, qu'il se borne quelquefois à traduire. Presque par-tout il étend, il développe ou fortifie la pensée originale, qui y perd rarement ; et, si l'on en excepte quelques phrases un peu singulières pour l'expression, ou quant au fond de la pensée, M. *Mercier* n'est jamais au-dessous de son modèle, et le corrige quelquefois heureusement. Son *Pirlon*, par exemple, vaut beaucoup mieux que celui de *Goldoni*, il agit plus dans la pièce, et parle mieux la langue de *Tartufe*. Le rôle d'*Isabelle* est plus intéressant, le dénouement mieux amené ; et tout ce que la pièce italienne peut offrir de répréhensible, est racheté, en général, dans le drame français, par les beautés opposées. Mais il faut convenir aussi qu'il était facile de faire disparaître les taches légères de l'original, et qu'un fond naturellement si riche, se prêtait sans effort à de nouveaux embellissemens.

L'AVARO,

COMMEDIA

D'UN ATTO SOLO ED IN PROSA.

L'AVARE,

L'AVARE,
COMÉDIE
EN UN ACTE ET EN PROSE.

N. B. Moliere a tracé de main de maître les travers et le ridicule de l'Avarice : *Goldoni* en a esquissé l'odieux dans la petite pièce que l'on va lire. Nous ne nous permettrons qu'une réflexion sur ce dernier ouvrage : placer à la suite du *Moliere*, *l'Avare* de *Goldoni*, c'est rendre peut-être à ces deux grands hommes l'hommage le plus flatteur, et en même temps le plus digne d'eux.

PERSONAGGI.

Don AMBROGIO, vecchio avaro.

Donna EUGENIA, vedova, nuora di Don Ambrogio.

Il Conte dell' ISOLA.

Il Cavaliere degli ALBERI.

Don FERNANDO, giovane Mantovano.

CECCHINO, servitore.

Un Procuratore, che non parla.

La scena si rappresenta in Pavia in una galeria in casa di don Ambrogio.

PERSONNAGES.

Don AMBROISE, vieil avare.

Donna EUGÉNIE, veuve et belle-fille d'Ambroise.

Le Comte de l'ISLE.

Le Chevalier des ARBRES.

Don FERNAND, jeune homme de Mantoue.

JASMIN, valet.

Un Procureur, personnage muet.

La Scène est à Pavie, dans une gallerie, chez Don Ambroise.

L'AVARO,
COMMEDIA.

SCENA PRIMA.

DON AMBROGIO (*solo*.)

Oh! quanto vale al mondo un poco di buona regola! ecco qui, in un anno dopo la morte di mio figliuolo, ho avanzato due mila scudi. Sa il Cielo quanto mi è dispiaciuto il perdere l'unico figlio, ch'io aveva al mondo; ma s'ei viveva un pajo d'anni ancora, l'entrate non bastavano, e si sarebbono intaccati i capitali. E' grande l'amor di padre, ma il danaro è pure la bella cosa! Spendo ancora più del dovere per cagione della nuora, ch'io tengo in casa. Vorrei liberarmene; ma quando penso, che ho da restituire la dote, mi vengono le vertigini. Sono fra l'incudine ed il martello. Se stà meco, mi mangia le ossa; se se ne va, mi porta via il cuore. Se trovar si potesse..... Ecco qui quest'altro taccolo, che mi tocca soffrire in casa. Un altro regalo di mio figliuolo, ma ora dovrebbe andarsene.

L'AVARE,
COMÉDIE.

SCÈNE PREMIÈRE.

DON AMBROISE (*seul.*)

Ce que c'est pourtant qu'un peu de règle et de conduite ! Il n'y a qu'un an que mon fils est mort, et je me trouve déjà en avance de deux mille écus ! Le Ciel sait combien j'ai été sensible à la mort de l'unique fils que j'eusse au monde : mais s'il eût vécu encore un pareil nombre d'années, c'en était fait ; mes revenus n'y suffisaient pas, et il eût fallu attaquer les capitaux. L'amour paternel a ses droits, sans doute ; mais l'argent ! l'argent est une si belle chose ! Je dépense plus encore que je ne devrais, parce que j'ai ma belle-fille chez moi. — Je voudrais bien m'en débarrasser : mais la seule pensée de la dot qu'il lui faudrait restituer, suffit pour me mettre en fureur. Je me trouve entre l'enclume et le marteau. Qu'elle demeure avec moi, elle me ronge jusqu'aux os : qu'elle s'en aille, elle arrache et emporte mon cœur. Si je pouvais imaginer.... Bon, voici un autre fléau qui me poursuit malgré moi jusqu'ici ; un autre présent de mon cher fils. Il me semble pourtant qu'il serait bien temps qu'il s'en allât.

SCENA II.

Detto, Don Fernando.

Don Fernando.

Buon giorno, signor don Ambrogio.

Don Ambrogio.

Per me non vi è più, nè il buon giorno, nè la buona notte.

Don Fernando.

Compatisco l'amor di padre. Voi perdeste nel povero don Fabrizio il miglior cavaliere del mondo.

Don Ambrogio.

Don Fabrizio era un cavaliere, che avrebbe dato fondo alle miniere dell'Indie. Dacchè si è maritato, ha speso in due anni quello, ch'io non avrei speso in dieci. Son rovinato, Signor mio caro; e per rimettermi un poco, mi converrà vivere da qui in avanti con del risparmio, e misurare il pane col passetto.

Don Fernando.

Perdonatemi. Non mi so persuadere, che la vostra casa sia in questo stato.

Don Ambrogio.

I fatti miei voi non li sapete.

Don Fernando.

Mi disse pure vostro figliuolo.....

Don Ambrogio.

Mio figliuolo era un pazzo, pieno di vanità, di

SCÈNE II.

Le Même, DON FERNAND.

DON FERNAND.

Bonjour, seigneur don Ambroise.

DON AMBROISE.

Il n'y a plus ni bon jour ni bonne nuit pour moi.

DON FERNAND.

Je partage la douleur d'un père. Vous perdez, dans le pauvre don Fabrice, le plus aimable cavalier du monde.

DON AMBROISE.

Don Fabrice était un cavalier qui aurait trouvé le fond des mines de l'Inde. Depuis son mariage, il a dissipé, en deux ans, plus que je n'eusse dépensé en dix. Je suis ruiné, mon cher Monsieur; et pour rétablir un peu mes affaires, il me faudra vivre dorénavant avec la plus sévère économie, et peser jusqu'à mon pain.

DON FERNAND.

Pardon : mais vous me persuaderez difficilement que vous en soyez réduit à cette extrémité.

DON AMBROISE.

Vous ne connaissez pas mes affaires.

DON FERNAND.

Votre fils m'avait dit cependant....

DON AMBROISE.

Mon fils était un fou, gonflé de morgue et de vanité;

grandezze. La moglie lo dominava, e gli amici gli mangiavano il core.

DON FERNANDO.

Signore, se voi lo dite per me, in un anno, che ho l'onore di essere in casa vostra, a solo motivo di addottorarmi in questa università, credo che mio padre abbia bastantemente supplito.

DON AMBROGIO.

Io non parlo per voi. Mio figliuolo vi voleva bene, e vi ho tenuto in casa per amore di lui; ma ora, che avete presa la laurea dottorale, perchè stare qui a perdere il vostro tempo?

DON FERNANDO.

Oggi aspetto lettere di mio padre, e spero, che quanto prima potrò levarvi l'incomodo.

DON AMBROGIO.

Stupisco, che non abbiate desiderio di andare alla vostra patria a farvi dire il Signor dottore. Vostra madre non vedrà l'ora di abbracciare il suo figliuolo dottore.

DON FERNANDO.

Signore, la mia casa non si fonda sù questo titolo. Credo vi sarà noto essere la mia famiglia....

DON AMBROGIO.

Lo so, che siete nobile al paro d'ogni altro; ma ehi! la nobiltà senza i quattrini, non è il vestito senza la fodera, ma la fodera senza il vestito.

DON FERNANDO.

Non credo essere dei più sprovveduti.

DON AMBROGIO.

Oh! bene dunque andate a godere della vostra

l'esclave de sa femme, et la dupe des amis qui le gruzeaient.

DON FERNAND.

Je ne sais si vous parlez pour moi, Monsieur ; mais il me semble que, depuis un an que j'habite chez vous pour prendre dans cette université le grade de docteur, mon père a suffisamment pourvu à ma dépense.

DON AMBROISE.

Je ne parle point pour vous. Mon fils vous aimait, et je vous ai gardé chez moi pour l'amour de lui : mais maintenant que vous voilà Docteur, pourquoi perdre ici votre temps ?

DON FERNAND.

J'attends aujourd'hui des lettres de mon père, et je compte vous débarrasser au premier jour.

DON AMBROISE.

Je suis surpris de ne pas vous voir plus d'empressement à retourner dans votre patrie, pour vous y entendre appeler Monsieur le Docteur ! Votre mère brûle sans doute de l'impatience d'embrasser monsieur le Docteur son fils.

DON FERNAND.

Ma maison, Monsieur, peut, à la rigueur, se passer de ce nouveau titre. Je crois que ma famille vous est connue.

DON AMBROISE.

Je sais que votre noblesse ne le cède à qui que ce soit : mais la noblesse sans biens, ce n'est pas l'habit sans la doublure, c'est la doublure sans l'habit.

DON FERNAND.

Je ne suis cependant pas des plus maltraités de la fortune.

DON AMBROISE.

Raison de plus pour aller jouir bien vîte de votre noblesse et de votre fortune. Vous n'êtes point à votre

nobiltà, delle vostre ricchezze. Voi non istàte bene nella casa di un pover'uomo.

DON FERNANDO.

Signor don Ambrogio, voi mi fareste ridere.

DON AMBROGIO.

Se sapeste le mie miserie, vi verebbe da piangere. Non ho tanto, che mi basti per vivere, e quel capo sventato della mia illustrissima Signora nuora vuole la conversazione, la carrozza, gli staffieri, la cioccolata, il caffè.... Oh povero me? Sono disperato.

DON FERNANDO.

Non è necessario, che la tenghiate in casa con voi.

DON AMBROGIO.

Non ha nè padre, nè madre, nè parenti prossimi. Volete voi ch'io la lasci sola? In quell'età una vedova sola? Oh! non mi fate dire.

DON FERNANDO.

Procurate, ch'ella si rimariti.

DON AMBROGIO.

Se capitasse una buona occasione.

DON FERNANDO.

La cosa non mi par difficile. Donna Eugenia ha del merito, e poi ha una ricca dote.....

DON AMBROGIO.

Che dote? che andate voi dicendo di ricca dote? Ha portato in casa pochissimo, e intorno di lei abbiamo speso un tesoro. Ecco qui la nota delle spese, che si sono fatte per l'illustrissima Signora sposa; eccole qui; le tengo sempre di giorno in tasca, e la notte sotto al guanciale. Tutte le disgrazie, che mi succedono, mi pajono meno pesanti di queste polizze. Oh! moda, moda, che tu sia maladetta! Ci gioco

place dans la maison d'un homme aussi pauvre que moi.

DON FERNAND.

Seigneur don Ambroise, vous me feriez vraiment rire !

DON AMBROISE.

Dites donc pleurer, si vous connaissiez tout mon malheur. J'ai à peine de quoi vivre ; et ma très-chère belle-fille, cette tête sans cervelle, veut avoir de la société, un équipage, de la toilette, chocolat, café... Malheureux que je suis ! vous me voyez au désespoir.

DON FERNAND.

Mais je ne vois pas la nécessité de la garder chez vous.

DON AMBROISE.

Elle n'a ni père ni mère, ni proches parens. Voulez-vous que je la laisse seule ? Une veuve, à son âge ! Eh ! ne me faites point parler.

DON FERNAND.

Engagez-la à se marier.

DON AMBROISE.

Oui, s'il se présentait une bonne occasion.

DON FERNAND.

Rien de plus facile. Donna Eugénie a du mérite, ajoutez à cela une dot considérable.....

DON AMBROISE.

Quelle dot ? que parlez-vous, s'il vous plaît, d'une dot considérable ? Elle n'a presque rien apporté ici, et nous a coûté des sommes énormes. Voilà la note des dépenses faites pour l'illustrissime épouse : la voilà ! le jour elle ne quitte pas ma poche, et la nuit mon oreiller. La longue suite de mes disgraces n'est rien à mes yeux, en comparaison de toutes ses gentillesses. Oh ! mode ! maudite mode ! puisses-tu être une bonne fois à tous les diables ! Je veux être un coquin, si,

io che, se ora si rimarita, queste corbellerie, in conto di restituzione, non me le valutano la metà.

DON FERNANDO.

Dite nemmeno il terzo.

DON AMBROGIO.

Obbligatissimo al Signor dottore. (*Mostra di voler partire, poi torna indietro.*) Mi scordava di dirvi una cosa.

DON FERNANDO.

Mi comandi.

DON AMBROGIO.

Così, per mia regola, avrei piacer di sapere quando avete stabilito di andarvene.

DON FERNANDO.

Torno a ripetere, che oggi aspetto le lettere di mio padre.

DON AMBROGIO.

E se non vengono?

DON FERNANDO.

Se non vengono....... Mi sarà forza di trattenermi.

DON AMBROGIO.

Fate a modo mio, figliuolo; fategli una sorpresa, andate a Mantova, e comparitegli all'improviso. Oh! con quanta allegrezza abbraccieranno il Signor dottore!

DON FERNANDO.

Da qui a Mantova, ci sono parecchie miglia.

DON AMBROGIO.

Non avete denari?

DON FERNANDO.

Sono un poco scarso, per dire il vero.

DON AMBROGIO.

V'insegnerò io, come si fa. Si và al Ticino, si

en supposant qu'elle se remariât, toutes ses extravagances n'entrent pas pour la moitié, au moins, dans la restitution que j'ai à lui faire.

DON FERNAND.

Dites pour un tiers.

DON AMBROISE.

Bien obligé, monsieur le Docteur. (*Il va pour sortir, et revient sur ses pas.*) A propos ; j'oubliais de vous dire une chose.

DON FERNAND.

Parlez.

DON AMBROISE.

Afin de savoir à quoi m'en tenir, dites-moi un peu quand vous comptez partir.

DON FERNAND.

J'attends, je vous le répète, aujourd'hui des lettres de mon père.

DON AMBROISE.

Et si elles n'arrivent pas ?

DON FERNAND.

Si elles n'arrivent pas..... il faudra bien que je reste.

DON AMBROISE.

Mon ami, suivez mon conseil. Procurez à votre père une surprise agréable ; allez à Mantoue, et paraissez à l'improviste....... Dieu ! avec quel plaisir ils vont embrasser monsieur le Docteur !

DON FERNAND.

Il y a quelques lieues d'ici à Mantoue.

DON AMBROISE.

Vous êtes sans argent ?

DON FERNAND.

A dire vrai, je n'en ai pas beaucoup.

DON AMBROISE.

Je vais vous donner un expédient. On va au Tézin,

prende imbarco, e con pochi paoli vi conducono sino all'imboccatura del Mincio.

DON FERNANDO.

E di là sino a Mantova?

DON AMRROGIO.

A piedi.

DON FERNANDO.

Così non viaggiano i giovani pari miei.

DON AMBROGIO.

E i pari miei dicono ai pari vostri, che la casa di un pover uomo par mio, non è locanda per un dottore par vostro. (*Parte.*)

SCENA III.

DON FERNANDO (*solo.*)

Ecco a che conduce gli uomini l'avarizia. Don Ambrogio nobile, e ricco, reputa se medesimo per il più vile, per il più miserabile. E si può dire ch'egli sia tale, giacchè la nobiltà si fa risplendere colle azioni, e le ricchezze non vagliono, se non si fa di esse buon uso. Doveva andarmene di questa casa tosto che cessò di vivere l'amico mio Don Fabrizio; ma appunto la di lui morte è la cagione, per cui mi arresto. Ah sì, il rispetto, ch'io ebbi per donna Eugenia, vivente il di lei Marito, si è cambiato in amore, da che ella è vedova, e alimentandosi la mia speranza.... Ma quale speranza posso aver io di rimanere contento, se ovunque mi volga trovo degli ostacoli all'amor mio? Ella non sa,

on s'embarque, et l'on arrive, à peu de frais, à l'embouchure du Mincio.

DON FERNAND.

Et de là à Mantoue ?

DON AMBROISE.

A pied, mon ami.

DON FERNAND.

Les jeunes gentilshommes de mon rang ne voyagent point ainsi.

DON AMBROISE.

Et les gens de ma classe déclarent à ceux de la vôtre, que la maison d'un pauvre homme, comme moi, n'est point un séjour digne d'un Docteur comme vous.

(*Il sort.*)

SCÈNE III.

DON FERNAND (*seul.*)

VOILA donc où l'avarice conduit les hommes ! Avec de la noblesse et de la fortune, don Ambroise se regarde comme le dernier, comme le plus malheureux des hommes. On est forcé d'être de son avis : ce sont les actions, en effet, qui donnent de l'éclat à la noblesse ; et c'est au bon usage que l'on en fait, que les richesses sont redevables de leur valeur. Je devais quitter cette maison dès l'instant que don Fabrice, mon ami, a cessé de vivre, et c'est précisément sa mort qui m'y arrête. Oui, le respect que j'eus pour donna Eugénie tant que son époux a vécu, s'est changé en amour depuis qu'elle est veuve, et mon espérance toujours alimentée...... Mais quelle espérance de voir mes vœux jamais contens, si, de quelque côté que se tournent mes regards, ils ne voient que des obstacles à mon amour !

ch'io l'ami, e sapendolo può dispregiarmi. Ho due rivali possenti, che la circondano. Mio padre non vorrà per ora, ch'io mi mariti, sarebbe per me la migliore risoluzione il partire. Sì, partirò; ma non voglio avermi un giorno a rimproverare d'aver tradito me stesso per una soverchia viltà. Sappia ella, ch'io l'amo, e quando l'amor mio non gradisca.... Eccola a questa volta. Vorrei pur dirle.... ma non ho coraggio di farlo. Prenderò tempo.... mediterò le parole... Oh cuor pusillanimo! ho rossore di me medesimo.

(*Parte.*)

SCENA IV.

DONNA EUGENIA, poi CECCHINO.

DONNA EUGENIA.

E fino a quando dovrò menar questa vita? Chi può soffrire le indiscretezze di don Ambrogio? Le passioni d'animo hanno per sua cagione condotto a morte il povero mio marito; ed ora codesto Vecchio vorrebbe farmi diventar tisica per la rabbia, per la disperazione. Sì; voglio rimaritarmi. Ma non basta, che io lo voglia: conviene attendere l'occasione; e se non son certa di migliorare il mio stato, non vo' arrischiarmi di ricadere dalla padella alle brace.

CECCHINO.

Signora, il signor Conte dell'Isola brama di riverirla.

DONNA EUGENIA.

E' padrone. (*Cecchino parte.*) Questi non sarebbe
Elle

Elle ignore mes sentimens pour elle, et elle peut les dédaigner en les apprenant. J'ai, auprès d'elle, deux terribles rivaux! mon père ne consentira jamais à mon mariage pour le moment: je n'ai point de meilleur parti à prendre que de m'en aller. Oui, je partirai: mais je veux m'épargner le reproche de m'être trahi moi-même par un excès de délicatesse mal entendue. Qu'elle sache que je l'aime; et si mon amour est rebuté...... La voici fort à propos. Je voudrais lui dire.... Et je n'ai pas le courage de le faire. Je prendrai mon temps, je préparerai mes paroles..... Quelle lâcheté! je rougis de moi-même.

(*Il sort.*)

SCÈNE IV.

DONNA EUGÉNIE, ensuite JASMIN.

DONNA EUGÉNIE.

TRAINERAI-JE encore long-temps une pareille existence? La conduite de don Ambroise est elle supportable? Ses procédés ont déjà fait périr de chagrin mon pauvre époux, et aujourd'hui ce maudit vieillard voudrait me voir mourir à petit feu, par la fureur qu'il excite en moi, par le désespoir où il me réduit. Oui, je veux me remarier. Mais le seul désir ne suffit pas, il faut que l'occasion se présente; et si je n'ai pas la certitude d'améliorer ma position, je ne veux pas courir le danger d'aggraver mes maux.

JASMIN.

Madame, monsieur le comte de l'Isle désirerait avoir l'honneur de vous voir.

DONNA EUGÉNIE.

Il en est bien le maître. (*Jasmin sort.*) Ce ne

per me un cattivo partito. E' un Cavaliere di merito; ma la di lui serietà mi riesce qualche volta stucchevole. All'incontrario del Cavaliere, che ha dello spirito un poco troppo vivace. E pure ad uno di questi due vorrei ristringere la mia scelta. So, che mi amano entrambi, e so, che una impegnata rivalità.... Ma ecco il Conte.

SCENA V.

Detta, il Conte dell'Isola.

Il Conte.

Servitore umilissimo di donna Eugenia.

Donna Eugenia.

Serva, Conte. Favorite di accomodarvi.

Il Conte.

Per ubbidirvi.

Donna Eugenia.

Siete appunto venuto in tempo, ch'io aveva bisogno di compagnia.

Il Conte.

Mi chiamerei fortunato, s'io potessi contribuire a qualche vostra soddisfazione.

Donna Eugenia.

Le vostre espressioni sono effetti della vostra bontà.

Il Conte.

Non mai al merito vostro adeguate.

Donna Eugenia.

Sempre gentile il Conte dell'Isola.

serait point un parti à dédaigner ; c'est un homme de mérite ; mais son sérieux finit souvent par m'ennuyer. Il forme un contraste parfait avec le Chevalier, qui a dans l'esprit un peu trop de vivacité. Je voudrais cependant fixer mon choix sur l'un des deux : ils m'aiment l'un et l'autre, je le sais ; et je sais de plus qu'une rivalité déclarée.... Mais j'aperçois le Comte.

SCÈNE V.

LA MÊME, LE COMTE DE L'ISLE.

LE COMTE.

Très-humble salut à madame Eugénie.

DONNA EUGÉNIE.

Votre servante, Monsieur. Donnez-vous la peine de vous asseoir.

LE COMTE.

Pour vous obéir.

DONNA EUGÉNIE.

Vous venez bien à propos : j'avais besoin de compagnie.

LE COMTE.

Je m'estimerais trop heureux de vous pouvoir procurer un moment de satisfaction.

DONNA EUGÉNIE.

C'est l'excès de votre complaisance qui vous dicte ce langage obligeant.

LE COMTE.

Il sera toujours bien inférieur à votre mérite.

DONNA EUGÉNIE.

Toujours aimable, le comte de l'Isle !

IL CONTE.

Vorrei esserlo, per aver l'onor di piacervi.

DONNA EUGENIA.

La vostra conversazione mi è sempre cara.

IL CONTE.

Lo voglio credere perchè lo dite. Ma per il vostro spirito la mia conversazione è assai poca.

DONNA EUGENIA.

Fate torto a voi stesso. Buon per voi, che favellate con chi vi conosce.

IL CONTE.

Nò, donna Eugenia, io sono un uomo sincero, e non ho altro di buono, oltre la conoscenza di me medesimo. A fronte del Cavaliere, so che io ci perdo; ma non importa: non confido soltanto nel vostro spirito, ma nel vostro cuore, e mi lusingo, che in mezzo ai disavantaggi del mio costume, conoscerete il fondo della mia schiettezza.

DONNA EUGENIA.

Non è scarso merito la sincerità.

IL CONTE.

Ma è poco fortunata per altro.

DONNA EUGENIA.

Potete voi dolervi di me?

IL CONTE.

Non sarei sì ardito di dirlo.

DONNA EUGENIA.

Ancorchè nol diciate, si conosce che siete poco contento.

IL CONTE.

Sarà un effetto di quella sincerità, che lodaste.

Le Comte.

Je voudrais l'être en effet, pour avoir le bonheur de vous plaire.

Donna Eugénie.

Votre société m'est toujours infiniment précieuse.

Le Comte.

Je le crois, puisque vous le dites, Madame; mais qu'est-ce que ma société pour un esprit comme le vôtre?

Donna Eugénie.

Vous ne vous rendez pas justice. Heureusement pour vous, que vous parlez à quelqu'un qui sait à quoi s'en tenir.

Le Comte.

Non, Madame, je parle franchement, et tout mon mérite se borne à me connaître moi-même. Je sais tout ce que je perds au parallèle avec le Chevalier: mais qu'importe? Votre cœur me rassure autant que votre esprit, et je me flatte qu'au milieu de tous mes défauts, vous distinguerez pourtant un fond de franchise inaltérable.

Donna Eugénie.

Ce n'est pas un petit mérite que la sincérité.

Le Comte.

Il est souvent stérile auprès des autres.

Donna Eugénie.

Avez-vous à vous plaindre de moi?

Le Comte.

Je n'aurais pas l'audace de le dire.

Donna Eugénie.

Malgré votre silence, on voit bien que vous n'êtes pas content.

Le Comte.

C'est un effet, sans doute, de la franchise dont vous venez de faire l'éloge.

DONNA EUGENIA.

Dunque la stessa sincerità non me ne dee tacere i motivi.

IL CONTE.

Voi m'invitate a nozze, qualora mi provocate a parlare.

DONNA EUGENIA.

L'eccitamento vien dal mio cuore.

IL CONTE.

E al vostro cuore rispondo, che sarei felicissimo, se non mi tormentasse un rivale.

DONNA EUGENIA.

Questa è la prima volta, che lo diceste.

IL CONTE.

L'ho detto a tempo, Signora?

DONNA EUGENIA.

Potrebbe darsi.

IL CONTE.

Le cose possibili sono infinite: fra queste si confondono le mie speranze, ed i miei timori. Quel, che ora vi chiedo, è qualche cosa di certo.

DONNA EUGENIA.

Esaminatelo bene, e confessate, che quello, che mi chiedete, non è sì poco.

IL CONTE.

Se mal non mi appongo, parmi di aver domandato pochissimo. Sarei temerario, se vi chiedessi l'intero possedimento della grazia vostra: chiedovi solo, se siete a tempo ancor di disporne.

COMÉDIE.

DONNA EUGÉNIE.

En conséquence, cette même franchise ne me doit pas faire un mystère des motifs de ce mécontentement.

LE COMTE.

Le plus grand plaisir que vous me puissiez faire, c'est de m'engager à parler.

DONNA EUGÉNIE.

C'est mon cœur qui vous y invite.

LE COMTE.

Eh bien! je réponds à votre cœur, que, sans le tourment que me cause un rival, je serais le plus heureux des hommes.

DONNA EUGÉNIE.

Voilà la première fois que vous avez parlé aussi clairement.

LE COMTE.

Ai-je parlé à temps, Madame?

DONNA EUGÉNIE.

Cela serait possible.

LE COMTE.

Mais le possible est un abyme, Madame, où s'égarent, confondues, mes espérances et mes craintes. Ce que je vous demande à présent, c'est quelque chose de positif.

DONNA EUGÉNIE.

Réfléchissez-y bien, et convenez que ce que vous me demandez n'est pas peu de chose.

LE COMTE.

Mais il me semb'. si je ne me trompe, que ma demande est très-modeste. Il y aurait de la témérité à réclamer votre faveur toute entière; je me borne à vous demander si vous êtes maîtresse encore d'en disposer.

DONNA EUGENIA.

Ma se questo è un segreto, che con gelosia custodisco, non sarà eccedente la vostra interrogazione?

IL CONTE.

Voi avete il dono di farvi intendere senza parlare. Capisco essere il vostro cuore occupato.

DONNA EUGENIA.

E se ciò fosse, capireste con eguale facilità qual sia l'oggetto, che l'occupi?

IL CONTE.

No, Signora, codesto è il segreto.

DONNA EUGENIA.

Dunque non potete voi giudicare di essere escluso.

IL CONTE.

Ma ne tampoco assicurarmi di essere il favorito.

DONNA EUGENIA.

Gli animi discreti si contentano, se hanno una ragione di sperare.

IL CONTE.

Sì, quando una ragion più forte non li faccia temere.

DONNA EUGENIA.

Qual è il gran fondamento di questo vostro timore?

IL CONTE.

Il mio demerito.

DONNA EUGENIA.

No, Conte, pensate male.

IL CONTE.

Aggiungete lo spirito audace del mio rivale.

DONNA EUGÉNIE.

Mais si c'est un secret que je sois jalouse de garder, votre demande n'excède-t-elle pas les bornes de la discrétion ?

LE COMTE.

Vous avez le don, Madame, de vous faire entendre sans parler. Je comprends très-bien que votre cœur est occupé.

DONNA EUGÉNIE.

Et, dans le cas où cela serait, devineriez-vous avec la même facilité l'objet qui l'occupe.

LE COMTE.

Non, Madame ; voilà le secret.

DONNA EUGÉNIE.

Vous n'en pouvez donc pas conclure que vous soyez exclus.

LE COMTE.

Ni m'assurer non plus d'être le mortel favorisé.

DONNA EUGÉNIE.

Les cœurs discrets se contentent d'un motif quelconque d'espérance.

LE COMTE.

Oui, quand un motif plus puissant ne les fait pas trembler.

DONNA EUGÉNIE.

Et cette crainte, quel est donc son fondement ?

LE COMTE.

Mon peu de mérite, Madame.

DONNA EUGÉNIE.

Non, Comte : vous vous jugez mal.

LE COMTE.

Ajoutez à cela le caractère entreprenant de mon rival.

DONNA EUGENIA.
Una novella ragione, che più mi offende.
IL CONTE.
Vi supplico di compatirmi.
DONNA EUGENIA.
Vi compatisco.
IL CONTE.
È il cuore acceso, che mi tramanda alle labbra...
DONNA EUGENIA.
Conte, basta così.
IL CONTE (*da se.*)
Che dura pena è il moderare i trasporti?
DONNA EUGENIA (*da se.*)
Non vo' precipitar le risoluzioni.

SCENA VI.

DETTI, CECCHINO, poi IL CAVALIERE.

CECCHINO (*da se nell' intrare.*)
Questa è un' imbasciata, che non piacerà al signor Conte. (*Alto.*) Signora, è qui il Signor Cavaliere per riverirla.
DONNA EUGENIA.
Venga pure. Una sedia.
(*Cecchino va a prendere la sedia.*)
IL CONTE.
Signora, vi levo l'incomodo. (*S'alza.*)
DONNA EUGENIA.
No, Conte, non fate, che la vostra apprensione si manifesti.

COMÉDIE.

DONNA EUGÉNIE.

C'est une raison de plus qui m'offense.

LE COMTE.

Je vous en supplie, Madame, excusez-moi.

DONNA EUGÉNIE.

Je vous excuse.

LE COMTE.

C'est mon cœur enflammé qui égare ma langue.....

DONNA EUGÉNIE.

Comte, c'en est assez.

LE COMTE (*à part.*)

Qu'il m'en coûte de modérer mes transports !

DONNA EUGÉNIE (*à part.*)

Ne précipitons point ma résolution.

SCÈNE VI.

LES MÊMES, JASMIN, ensuite LE CHEVALIER.

JASMIN (*à part en entrant.*)

VOILA une visite dont monsieur le Comte se serait bien passé. (*Haut.*) Madame, monsieur le Chevalier demande si vous êtes visible.

DONNA EUGÉNIE.

Faites entrer. Donnez un siége.

(*Jasmin va prendre un fauteuil.*)

LE COMTE.

Madame, je ne veux pas vous importuner davantage. (*Il se lève.*)

DONNA EUGÉNIE.

Ah ! Comte ; gardez-vous de rien manifester de vos craintes.

IL CONTE.
Il mio rispetto.....
DONNA EUGENIA.
Sedete.
IL CONTE (*da se.*)
Sono in cimento.
IL CAVALIERE.
M'inchino a questa Dama. (*Le bacia la mano.*)
DONNA EUGENIA.
Serva Cavelierino. Sedete.
IL CAVALIERE.
Conte, vi riverisco.
IL CONTE.
Servitore. Con licenza del Cavaliere. (*Ad Eugenia accostandosi all' orrechio.*) Signora, io non ho ardito di baciarvi la mano.
DONNA EUGENIA (*piano al Conte.*)
Chi vi ha impedito di farlo?
IL CONTE (*da se.*)
Pazienza; merito peggio.
DONNA EUGENIA (*al Cavaliere.*)
Compatite.
IL CAVALIERE.
Servitevi, se avete degli interessi.
DONNA EUGENIA.
Niente, niente, ora un non so che; si era scordato di dirmi una cosa.
IL CAVALIERE.
Appunto; anch'io ho una cosa da comunicarvi. Con licenza, Conte. (*Piano a donna Eugenia.*) Lo vogliamo far disperare.

COMÉDIE.

LE COMTE.
Mon respect.....

DONNA EUGÉNIE.
Asseyez-vous.

LE COMTE (*à part.*)
Je suis au supplice !

LE CHEVALIER.
Je salue très-humblement Madame. (*Il lui baise la main.*)

DONNA EUGÉNIE.
Bonjour, Chevalier ; prenez un siége.

LE CHEVALIER.
Comte, je vous salue.

LE COMTE.
Bien le bonjour, Monsieur. Avec la permission du Chevalier. (*Bas à Eugénie, dont il s'est rapproché.* Madame, je ne me suis pas permis la liberté de vous baiser la main.

DONNA EUGÉNIE (*bas au Comte.*)
Il ne tenait qu'à vous de le faire.

LE COMTE (*à part.*)
Allons, je n'ai que ce que je mérite.

DONNA EUGÉNIE (*au Chevalier.*)
Pardon, Chevalier.

LE CHEVALIER.
Ne vous gênez pas, je vous en prie ; et si vous avez quelque chose de particulier....

DONNA EUGÉNIE.
Rien, absolument rien. C'est une chose dont Monsieur avait oublié de me parler.

LE CHEVALIER.
Ah ! parbleu, j'ai une chose aussi, moi, à vous communiquer, avec la permission du Comte. (*Bas à Eugénie.*) Faisons-le un peu enrager.

IL CONTE (*da sè.*)

Se resisto, è un prodigio.

DONNA EUGENIA.

Orsù, che si parli, che tutti sentano. Che fate voi, Cavaliere?

IL CAVALIERE.

Sto benissimo, quand' abbia l'onore della grazia vostra.

DONNA EUGENIA.

La grazia mia è troppo scarsa.

IL CAVALIERE.

Anzi e sufficientissima, quando anche fosse divisa in due.

DONNA EUGENIA.

Siete voi di quelli, che si contentano della metà?

IL CAVALIERE.

Si certo, quando non si possa avere di più.

IL CONTE.

Donna Eugenia non sa dividere il cuore.

IL CAVALIERE.

Nè voi, nè io lo sappiamo.

DONNA EUGENIA (*al Cavaliere.*)

Mi tenete voi nel numero delle lusinghiere?

IL CAVALIERE.

Guardimi il Cielo. So che siete la più saggia dama del mondo. Ma io tengo per fermo, che non sia limitata la grazia delle belle donne, e che, salvo l'onesto vivere, possano a più di uno distribuire i favori, a chi più, a chi meno con una distribuzione economica, la quale poscia produca diversi effetti,

LE COMTE (*à part.*)

Il faut un prodige pour que j'y tienne.

DONNA EUGÉNIE.

Ah! ça, que la conversation devienne générale. Que devenez-vous, Chevalier?

LE CHEVALIER.

Toujours heureux, quand j'ai l'honneur de vos bonnes grâces.

DONNA EUGÉNIE.

Mes bonnes grâces sont bien peu de chose.

LE CHEVALIER.

On s'en contente cependant, lors même qu'elles sont partagées entre deux rivaux.

DONNA EUGÉNIE.

Oui ; êtes-vous de ceux qui se contentent de la moitié ?

LE CHEVALIER.

Il le faut bien, quand on ne peut pas porter ses prétentions plus loin.

LE COMTE.

Madame ne sait point partager son cœur.

LE CHEVALIER.

C'est ce que nous ignorons l'un et l'autre.

DONNA EUGÉNIE (*au Chevalier.*)

Me mettez-vous au rang de ces femmes perfides...

LE CHEVALIER.

Que le Ciel m'en préserve. Je sais que vous êtes la femme du monde la plus sage. Mais je n'en soutiens pas moins qu'il est impossible de mettre des bornes aux bonnes grâces des Dames ; et qu'à part l'honneur, qui reste toujours intact, elles peuvent étendre un peu loin la distribution : accorder plus à l'un, moins à l'autre, avec une sage économie, de laquelle il résulte, avec le temps, des effets différens, et toujours

secondo la disposizione dell'animo di chi ne riceve la sua porzione; ond'è che ad uno la metà non basta, e si contenta un altro di meno.

IL CONTE.

Questo non è pensare da uomo.

IL CAVALIERE (*al Conte.*)

Non ho parlato con voi.

DONNA EUGENIA (*al Cavaliere.*)

Sarebbe vano adunque, che una donna desse a voi solo tutto il possesso del di lei cuore.

IL CAVALIERE.

Non sarei sì pazzo di ricusarlo, e ne terrei quel conto, che merita un simil dono; ma la difficoltà di aver tutto mi fa contentare del poco.

DONNA EUGENIA.

Questa difficoltà non mi par ragionevole.

IL CAVALIERE.

La fondo sull'esperienza. Mi sono lusingato assai volte di possedere il trono della bellezza. Ma le Monarchie in amore non durano, e mi contento di essere Repubblichista.

IL CONTE.

Il cuore di donna Eugenia non si misura cogli altri.

IL CAVALIERE.

La conosco al pari di voi.

IL CONTE.

Se meglio la conosceste, non parlereste così.

IL CAVALIERE (*al Conte.*)

Sì, la conosco. (*Ad Eugenia.*) Non vorrei, donna Eugenia, che interpretando voi pure i miei sentimenti in sinistro modo, come si compiace di fare il Conte, mi privaste di quella porzione della grazia vostra,

determinè

déterminé sur la disposition du cœur qui a reçu sa portion. Aussi l'un ne se contente pas de la moitié, tandis qu'un autre se trouve satisfait de beaucoup moins.

LE COMTE.

Est-ce là penser en homme ?

LE CHEVALIER (au Comte.)

Je ne vous parle point.

DONNA EUGÉNIE (au Chevalier.)

Ce serait donc en vain qu'une femme vous accorderait l'entière possession de son cœur ?

LE CHEVALIER.

Je ne ferais certes pas la folie de le refuser ; j'en ferais même le cas que mérite un semblable don ; mais la difficulté d'arriver au tout, fait que je me contente de peu.

DONNA EUGÉNIE.

Cette difficulté ne me semble pas raisonnable.

LE CHEVALIER.

Je la fonde sur l'expérience. Je me suis flatté plus d'une fois d'un pouvoir absolu dans l'empire de la Beauté ; mais les monarchies ne durent point en amour, et je me borne au rôle de Républicain.

LE COMTE.

Le cœur de donna Eugénie ne doit point se comparer aux autres.

LE CHEVALIER.

J'ai l'honneur de connaître Madame autant que vous.

LE COMTE.

S'il en était ainsi, vous tiendriez un autre langage.

LE CHEVALIER (au Comte.)

Je la connais, vous dis-je. (*A Eugénie.*) Je serais au désespoir, Madame, que vous donnassiez à mes sentimens le sens défavorable qu'il plaît à Monsieur de leur prêter, et que vous me privassiez de la portion de vos bonnes grâces que j'ose me flatter de posséder. Un mot cependant d'explication, s'il vous plaît.

Tome II.   E e

che mi lusingo di possedere. Però permettetemi, ch'io mi spieghi. Separiamo prima di tutto dalla grazia, di cui le donne sogliono essere liberali a molti, quell'amore, che si conviene ad un solo. Il marito non deve essere in concorrenza cogli altri. Il futuro sposo di una fanciulla ha da pretendere di esser solo; quel della vedova parimenti; ma quella grazia distributiva, di cui favello, stà in una parte del cuore non occupata da tali affetti. Mi sovviene ora un esempio. Il padre ama teneramente il figliuolo, e ama nel tempo medesimo gli amici suoi; l'uno, e l'altro di questi amori hanno la loro sede nel cuore, ma situata in diverse parti; o se vogliamo, che in una parte sola tutto l'amor risieda, diciamo adunque, che se non istà sul luogo, starà la differenza nel modo, sia pur la donna saggia, onorata, al marito fedele, all'Amante sincera. D'intorno a quest'amore costante s'aggirano alcuni piccioli affetti di gratitudine, di stima, di compiacenza onesta, che grazie, che favori si chiamano; che possono in più parti distribuirsi; che di una picciola parte possono contentare un uomo discreto; che per metà concessi, ponno rendere un Cavaliere superbo; e che pretesi tutti da un solo, si rende ardito, mostrando egli o di non conoscerne il prezzo, o di volerli confondere con quegli ardori, che sono ad un oggetto più nobile destinati. Signora, eccovi il modo mio di pensare, Conte se vi dà l'animo, rispondete.

DONNA EUGENIA.

Via, Conte, ora è tempo di farvi onore.

IL CONTE.

Signora, io son nemico delle dicerie. Ammiro lo Spirito del Cavaliere; ma non sono persuaso della distinzione sua metafisica. Fra le cose inutili, o false,

Commençons par distinguer des faveurs dont les dames n'ont point coutume d'être avares, cet amour qui se doit concentrer dans un seul objet. L'époux ne doit souffrir aucune concurrence : celui qui aspire à la main d'une Demoiselle doit désirer d'être seul ; celui qui brigue l'hymen d'une veuve est dans le même cas. Mais ces faveurs distributives dont il est question pour le moment, n'occupent point dans le cœur la place destinée aux autres affections. Et tenez, en voilà un exemple. Un père aime tendrement son fils, et aime en même temps ses amis. L'une et l'autre de ces affections ont leur siége dans le cœur, mais elles y occupent une place différente ; ou, si nous voulons que tout ce qui est amour y occupe une seule et même place, disons donc que la différence se trouvera alors dans la manière, si elle n'est plus dans la place. Qu'une femme cependant soit sage, honnête, fidelle à son époux, sincere envers son amant ; cet amour à l'épreuve n'exclura pas certaines petites affections de reconnaissance, d'estime, de complaisance honnête, et voilà ce qu'on appelle des grâces, des faveurs qui peuvent se distribuer au loin. La plus petite de leurs portions peut satisfaire un cœur discret ; accordées à moitié, elles donnent un juste orgueil à l'heureux chevalier qui les possède ; concentrées dans un seul objet, elles inspirent une témérité qui en méconnaît bientôt le prix, et qui affecte de les confondre avec les ardeurs réservées à un plus noble objet.

Voilà, Madame, ma façon de penser à cet égard. Comte, répondez, si vous pouvez.

DONNA EUGÉNIE.

Allons, mon cher Comte, voilà une belle occasion de vous faire honneur.

LE COMTE.

Madame, je suis l'ennemi déclaré du verbiage. J'admire l'esprit du Chevalier ; mais sa distinction métaphysique est trop subtile pour moi. Au milieu

una ne ha egli detto di buona, ed a quest'unica gli rispondo. Donna Eugenia è una dama vedova, e prima di disporre di quella grazia, di cui vuol supporre le donne liberali a più d'uno, è in grado di concepir quell'amore, che si conviene ad un solo.

IL CAVALIERE.

Ella può farlo liberamente, e il fortunato possessore della sua mano sarà sicuro della più virtuosa Dama del mondo. Signora, parmi vedere il Conte a parte degli arcani del vostro cuore. Io non farò, che lodare le vostre risoluzioni; ma non credo di meritarmi di essere escluso da una simile confidenza.

DONNA EUGENIA.

Il Conte non sa di certo niente di più di quello, che voi sapete.

IL CAVALIERE (al Conte.)

E' vano dunque, che voi facciate l'astrologo, per ributtare i miei sentimenti.

IL CONTE.

Pensate voi, che una vedova, giovine, ricca, e nobile, che non può esser contenta del trattamento, che in questa casa riceve, passar non voglia alle seconde nozze?

IL CAVALIERE.

Ella è padrona di se medesima. Signora, io non ardisco d'indovinare; ma confesso che bramerei di saperlo.

DONNA EUGENIA.

A due Cavalieri, ch'io stimo, non vo' celare la verità. La mia situazione mi sollecita a rimaritarmi.

IL CONTE (al Cavaliere.)

Vedete ora, se l'astrologia è mal fondata.

d'une foule de choses, ou fausses ou inutiles, il en a dit une bonne cependant, et je me bornerai à y répondre. Madame est veuve ; et avant de disposer de ces bonnes grâces, dont il vous plaît de supposer les Dames si libérales, elle est au moment peut-être d'éprouver cette espèce d'amour qui n'a qu'un objet.

LE CHEVALIER.

Madame le peut, et le possesseur fortuné de sa main pourra s'applaudir de la femme du monde la plus vertueuse. Il me semble, Madame, que le Comte n'est point étranger à l'état secret de votre cœur. Je ne puis que louer vos résolutions : mais je ne croyais pas mériter l'exclusion d'une pareille confidence.

DONNA EUGÉNIE.

Le Comte ne sait certainement rien de plus que vous.

LE CHEVALIER, (*au Comte.*)

C'est donc en vain que vous jouez ici l'astrologue, pour décourager mes espérances.

LE COMTE.

Pensez-vous qu'une veuve jeune, riche, et d'un grand nom, qui d'ailleurs est excédée des traitemens qu'elle reçoit ici, n'ait pas le projet de se remarier ?

LE CHEVALIER.

Elle est bien maîtresse de sa destinée. Madame, je ne pousse point l'audace jusqu'à deviner ; je désirerais cependant bien savoir.....

DONNA EUGÉNIE.

Je ne veux point cacher la vérité à deux Cavaliers que j'estime. Ma position m'engage à former un second nœud.

LE COMTE (*au Chevalier.*)

Eh bien ! mon astrologie est-elle si mal fondée ?

IL CAVALIERE.

Via adunque, voi, che alzate l'oroscopo de' cuori umani, vi dà l'animo d'indovinare chi sarà il fortunato?

IL CONTE.

A ciò non voglio avanzarmi. Son però certo, ch'ella non vorrà concedere il cuore a chi si contenta della metà.

IL CAVALIERE (*alzandosi da sedere.*)

Alto, alto Signore; siamo in un'altra tesi, e mi dichiaro diversamente. So, ch'io non merito sì gran fortuna; ma quando ella volesse meco profondere le sue grazie fino al punto di dichiararmi suo sposo, più della gioventù, e della ricchezza, e della nobiltà, che di lei vantaste, farei capitale della virtù: sarei geloso della sua fede, senza esserlo de' sguardi suoi, e separando le convenienze di una moglie saggia da quelle di una dama di spirito, sarei un marito felice, senza essere un cavaliere indiscreto.

DONNA EUGENIA (*da se.*)

Con uno sposo di tal carattere, non potrei essere che contenta.

IL CONTE.

Cavaliere, altro è l'immaginare in distanza, altro è il ritrovarsi nel caso. Capisco, che voi cercate la via più facile per accreditarvi nel cuore di chi vi ascolta, ma la facilità, che le proponete, non può far breccia nell'animo di donna Eugenia, amante assai più di un amor virtuoso, che della moderna galanteria. Se l'espressioni vostre sono sincere, voi non l'amate; e se l'amate, ella non può fidarsi della libertà che le promettete.

DONNA EUGENIA (*da se.*)

Il dubbio non è fuor di ragione.

Le Chevalier.

Eh bien ! voyons ; puisque vous savez si bien tirer l'horoscope du cœur humain, cela doit vous encourager à deviner quel sera le fortuné mortel....

Le Comte.

Je ne me hasarde point jusques-là. Je suis sûr d'une chose cependant ; c'est que Madame ne donnera pas son cœur à qui se pourrait contenter de la moitié.

Le Chevalier (*se levant de son siége.*)

Doucement, doucement, Monsieur. Ceci est une autre thèse, et je me déclare d'un avis différent. Je sais que je ne suis pas digne d'un aussi grand bonheur. Mais, en supposant que Madame daignât me combler de ses grâces, au point de me nommer son époux, je mettrais ses vertus bien au-dessus encore de la jeunesse, des biens et du nom, dont vous venez de lui faire un mérite. Je serais jaloux de sa foi, sans l'être de ses regards, et séparant toujours la femme sage, de la femme d'esprit, je serais heureux époux, mais non cavalier indiscret.

Donna Eugénie (*à part.*)

Un époux de ce caractère ne pourrait que me rendre très-heureuse.

Le Comte.

Monsieur, autre chose est de donner carrière à son imagination, ou de se trouver dans le cas dont il s'agit. Je conçois parfaitement que vous cherchez le meilleur moyen d'établir votre crédit auprès du cœur qui vous écoute. Mais cette excessive indulgence dont vous parlez, ne peut rien sur l'ame d'Eugénie : elle préfère un amour vertueux à toute la galanterie moderne. Si vous dites vrai, vous ne l'aimez pas ; et si vous l'aimez, elle ne peut se flatter de la liberté que vous lui promettez.

Donna Eugénie (*à part.*)

Ce doute me paraît assez raisonnable.

IL CAVALIERE.

Io non son quì venuto per sollecitare il cuore di donna Eugenia. S'ella è per voi prevenuta, non ha che a dirmelo; so il mio dovere.

DONNA EUGENIA.

Nò, Cavaliere, torno a ripetere, sono in libertà di disporre di me medesima.

IL CAVALIERE.

Disponete adunque.

IL CONTE.

Ella è a tempo di farlo.

IL CAVALIERE.

Il tempo passa. I giorni della gioventù si piangono inutilmente perduti.

IL CONTE.

La virtù è sempre bella.

IL CAVALIERE.

Ma nella gioventù è più brillante.

IL CONTE.

Una moglie non ha bisogno di tanto brio.

IL CAVALIERE.

Ne ha di bisogno una Dama.

IL CONTE.

Una Dama dev'esser saggia.

IL CAVALIERE.

Ma non per questo intrattabile.

IL CONTE.

Dee dipendere dalla volontà del marito.

IL CAVALIERE.

La iberi il Cielo dalla indiscretezza, che voi vantate.

COMÉDIE.

LE CHEVALIER.

Je ne suis point venu solliciter le cœur d'Eugénie. Est elle prevenue en votre faveur ? qu'elle parle ; je connais mon devoir.

DONNA EUGÉNIE.

Je vous le repète, Chevalier ; je suis libre encore, et puis disposer de moi.

LE CHEVALIER.

Prononcez donc.

LE COMTE.

Madame est à temps de le faire.

LE CHEVALIER.

Le temps vole ; et l'on pleure stérilement la perte de ses beaux jours.

LE COMTE.

La vertu est toujours belle.

LE CHEVALIER.

Mais elle emprunte de la jeunesse un nouvel éclat.

LE COMTE.

Une épouse n'a pas besoin de tant d'éclat.

LE CHEVALIER.

Mais il en faut à une Dame.

LE COMTE.

Une Dame doit être sage.

LE CHEVALIER.

Oui ; mais non pas intraitable.

LE COMTE.

Elle doit dépendre de la volonté de son époux.

LE CHEVALIER.

Que le Ciel l'affranchisse de la tyrannie que vous vantez.

IL CONTE.

Non la sagrifichi amore a chi non conosce il pregio della virtù.

IL CAVALIERE.

Se vi avanzate meco a tal segno....

DONNA EUGENIA.

Cavalieri, se veniste per favorirmi, non vi riscaldate per mia cagione. Venero ciascheduno di voi, trovo in entrambi della ragione, e del merito; ma non ho ancora di me disposto, nè ardisco dire, che ad uno di voi mi crediate inclinata. Sono di me padrona, egli è vero; ma esige la convenienza, che nell'uscire di questa casa, consigli prima d'ogni altro, il padre del mio defonto marito. Se le di lui stravaganze non mi proporranno un partito indegno di me, preferirò ad ogni altra passione il dovere, che ad un suocero mi assoggetta; e se l'uno, o l'altro di voi mi verrà proposto sarò egualmente contenta.

IL CONTE.

Ah! donna Eugenia, ciò non basta per consolarmi.

IL CAVALIERE.

Ed io ne son contentissimo, e in questo punto da voi mi parto per avanzar le mie supliche a don Ambrogio; e ve lo dico in faccia del Conte, perch' ei lo sappia, e sia sicuro da tutto questo, che saprò correre la mia lancia, senza che mi spaventi il merito di un tal rivale. Signora, all'onore di riverirvi. (*Le bacia la mano e parte.*)

COMÉDIE.

LE COMTE.

Et que l'amour ne la sacrifie pas à qui connaît si peu le prix de la vertu.

LE CHEVALIER.

Si vous vous oubliez à ce point avec moi....

DONNA EUGÉNIE.

Messieurs, si votre visite a pour but de me faire plaisir, veuillez ne vous point échauffer à mon sujet. Je vous révère l'un et l'autre. Je vous trouve à tous deux de la raison et du mérite. Mais je n'ai point encore disposé de moi, et je n'ose pas dire que vous me supposiez du penchant pour l'un de vous. Je suis ma maîtresse, il est vrai; mais la bienséance exige qu'en sortant de cette maison, je consulte d'abord le père de mon défunt époux. Si son extravagance ne me propose point un parti indigne de moi, je préférerai à tout autre penchant le devoir qui m'assujettit à mon beau-père. Que l'on me propose l'un ou l'autre de vous, je serai également satisfaite.

LE COMTE.

Ah! Madame! est-ce assez pour me consoler?

LE CHEVALIER.

Et moi, je suis au comble de la joie, et je vais de ce pas faire part de mes vœux à don Ambroise. Je vous le déclare, Madame, en présence du Comte, afin qu'il le sache, afin qu'il apprenne en même temps que je saurai marcher à mon but, sans que le mérite d'un tel rival me cause un instant de frayeur. Madame, à l'honneur de vous revoir. (*Il lui baise la main et sort.*)

SCENA VII.

DONNA EUGENIA, e IL CONTE.

Il Conte (*da se.*)

S'Ella divien mia sposa, tu non le bacierai più la mano.

Donna Eugenia.

Conte, sarete voi meno sollecito del Cavaliere?

Il Conte.

Vada pur egli altrove a rintracciar don Ambrogio; io l'attenderò quì, se mel concedete.

Donna Eugenia.

Siete padron di restare. Ma dovete permettere, che per un mio picciolo affare io passi nella mia camera.

Il Conte.

Lo vedo; voi state meco mal volentieri.

Donna Eugenia.

Nò, v'ingannate. Ritornerò fra poco. Addio, Conte. (*In atto di partire.*)

Il Conte.

Son vostro servo.

Donna Eugenia (*da se.*)

Non curasi di baciarmi la mano! (*Fermandosi.*)

Il Conte.

Avete qualche cosa da dirmi?

SCÈNE VII.

DONNA EUGÉNIE, et LE COMTE.

LE COMTE (à part.)

Si jamais elle est mon épouse, tu ne lui baiseras certes plus la main.

DONNA EUGÉNIE.

Eh bien ! cher Comte, montrerez-vous moins d'empressement que le Chevalier.

LE COMTE.

Il va rejoindre ailleurs don Ambroise ; je l'attendrai ici, si vous le trouvez bon.

DONNA EUGÉNIE.

Vous êtes bien le maître de rester ; mais vous me permettrez de passer dans mon appartement, où m'appellent quelques petites affaires.

LE COMTE.

Je le vois, Madame ; c'est à regret que vous restez avec moi.

DONNA EUGÉNIE.

Vous vous trompez, et je suis à vous dans l'instant. Adieu, Comte. (*Elle va pour sortir.*)

LE COMTE.

Je vous salue, Madame.

DONNA EUGÉNIE (à part.)

Quel empressement à me baiser la main ! (*Elle s'arrête.*)

LE COMTE.

Madame a-t-elle quelque chose à m'ordonner ?

DONNA EUGENIA.

Avete voi qualche cosa da domandarmi?

IL CONTE.

Non altro, se non che abbiate compassione di me.

DONNA EUGENIA.

Povero Conte! tenete. (*Gli offre la mano.*)

IL CONTE.

Nò, donna Eugenia, non è questo quel ch'io desidero. La mano, che ora mi offrite, è ancor bagnata dalle labbra del Cavaliere. Son delicato in questo.

DONNA EUGENIA.

Non mi dispiace la vostra delicatezza. Alcuno la chiamerebbe un difetto: ma i difetti, che provengono dall'amore, sono compatibili in un cuore sincero.

(*Parte.*)

SCENA VIII.

IL CONTE, poi DON AMBROGIO.

IL CONTE.

Queste picciole grazie, che son dall'uso concesse ai rispettosi serventi, non servono a chi si lusinga di divenire lo sposo. Impari ella per tempo il modo mio di pensare; e uniformandosi al mio sistenta.... Ecco qui don Ambrogio. Il Cavaliere non dovrebbe averlo veduto; e se la sorte mi fa essere il primo, posso maggiormente sperare.

DON AMBROGIO.

Oh Signor Conte, aspettate me forse?

COMÉDIE.

DONNA EUGÉNIE.

Monsieur a-t-il quelque chose à me demander?

LE COMTE.

Rien, si ce n'est le pardon de ma témérité.

DONNA EUGÉNIE.

Tenez, pauvre Comte. (*Elle lui présente sa main.*)

LE COMTE.

Non, Madame, non, ce n'est point là ce que j'implore de votre bonté ; la main que vous daignez m'offrir porte l'empreinte encore des lèvres du Chevalier. Je suis délicat sur cet article.

DONNA EUGÉNIE.

Votre délicatesse ne saurait me déplaire. D'autres la pourraient appeler un défaut, mais les défauts que produit l'amour ne sont point incompatibles avec la sincérité du cœur. (*Elle sort.*)

SCÈNE VIII.

LE COMTE, ensuite DON AMBROISE.

LE COMTE.

Qu'est-ce que toutes ces petites faveurs accordées par l'usage, aux yeux de celui qui aspire au bonheur d'être époux ? Qu'elle se familiarise en attendant avec ma façon de penser, et que s'accommodant à mon système..... Voici don Ambroise. Il serait possible que le Chevalier ne l'eût point encore vu ; et si mon bonheur m'offre le premier à lui, c'est pour moi un motif de plus d'espérer.

DON AMBROISE.

Oh ! monsieur le Comte ! vous m'attendez peut-être ?

IL CONTE.

Per l'appunto, Signore.

DON AMBROGIO.

Che cosa avete da comandarmi?

IL CONTE.

L'affare che a voi mi guida, è di tale importanza, che mi sollecita estremamente.

DON AMBROGIO.

Se mai, a sorte, (nol dico per offendervi) se mai voleste domandarmi danaro in prestito, vi prevengo, che non ne ho.

IL CONTE.

Grazie al Cielo, non sono in grado d'incomodare gli amici per così bassa cagione.

DON AMBROGIO.

Vi torno a dir; compatitemi. Al giorno d'oggi le spese, che si fanno, riducono i più facoltosi in istato d'aver bisogno, e non è più vergogna il domandare. Io non ne ho; ma se si trattasse di far piacere ad un galant'uomo, ho qualche Amico, da cui con un'onesta ricognizione, potrei compromettermi di qualche continajo di scudi.

IL CONTE.

Ma io non ne ho di bisogno.

DON AMBROGIO.

Mi consolo, che non ne abbiate bisogno; se mai, o per voi, o per altri venisse il caso, sapete dove avete a ricorrere. Io non ho un soldo; ma si ritroverà, all'occorrenza.

IL CONTE.

Signore, voi avete una Nuora.

DON AMBROGIO.

Così non l'avessi!

LE COMTE.
Oui, Monsieur.
DON AMBROISE.
Qu'y a-t-il pour votre service ?
LE COMTE.
L'objet qui m'amène auprès de vous est d'une si grande importance, qu'il me fatigue singulièrement.
DON AMBROISE.
Si c'était par hasard (je ne dis pas cela pour vous offenser) l'intention de m'emprunter quelque argent, je vous préviens que je n'en ai point.
LE COMTE.
Grâces au Ciel, des motifs aussi bas ne me mettent point dans le cas d'importuner mes amis.
DON AMBROISE.
Je vous le répète ; excusez-moi. Les dépenses que l'on fait aujourd'hui réduisent les plus riches à la nécessité d'emprunter, et ce n'est plus une honte de demander de l'argent. Je ne m'en trouve pas ; mais s'il s'agit d'obliger un galant homme, j'ai un ami duquel je pourrais me flatter d'obtenir quelques centaines d'écus, moyennant, toutefois, une honnête reconnaissance.
LE COMTE.
Mais je n'ai pas besoin d'argent.
DON AMBROISE.
J'en suis enchanté. Si jamais vous vous trouviez dans le cas d'en avoir besoin, vous ou quelqu'autre, vous savez à qui vous adresser. Je n'ai pas un sou : mais j'en trouverai quand il le faudra.
LE COMTE.
Vous avez une belle fille, Monsieur.
DON AMBROISE.
Plût au Ciel que je ne l'eusse point !

Il Conte.

Perchè dite questo?

Don Ambrogio.

Vi par poca spesa per un pover'uomo una Donna in casa?

Il Conte.

Quanto più vi riesce di aggravio, tanto meglio penserete a rimaritarla.

Don Ambrogio.

Venisse oggi l'occasione di farlo.

Il Conte.

L'occasione non può essere più sollecita. Io la bramo in isposa, e vi supplico dell'assenso vostro.

Don Ambrogio.

S'ella si contenta, siate pur certo, che io ne sarò contentissimo.

Il Conte.

Spero di lei non compromettermi in vano.

Don Ambrogio.

Dunque l'affare è fatto. Parlerò a donna Eugenia, e se questa sera volete darle la mano, io non ho niente in contrario.

Il Conte.

Quando ella il consenta, noi stenderemo il contratto.

Don Ambrogio.

Che bisogno c'è di contratto? Perchè volete spendere del denaro superflamente? Quello, che volete dare al notajo, non è meglio che lo mangiamo qui fra di noi?

Il Conte.

Ma della scritta non se nè può fare a meno. Se non altro per ragion della dote.

COMÉDIE.

LE COMTE.
Pourquoi donc ce langage?

DON AMBROISE.
Comment! regardez-vous comme une petite dépense pour un homme ruiné, d'avoir une femme chez lui?

LE COMTE.
Plus sa présence vous fatigue, plus vous devez songer à la remarier.

DON AMBROISE.
Que l'occasion ne se présente-t-elle de le faire?

LE COMTE.
L'occasion ne peut se présenter plus à propos. J'aspire à sa main, et je vous supplie de me l'accorder.

DON AMBROISE.
Ayez son consentement, et je vous réponds du mien.

LE COMTE.
Je crois que je ne me flatte pas en vain de la voir y souscrire.

DON AMBROISE.
En ce cas, c'est une affaire faite. Je parlerai à Eugénie, et si vous voulez recevoir sa main ce soir, je ne vois plus rien qui s'y oppose.

LE COMTE.
Quand j'aurai son consentement formel, nous dresserons le contrat.

DON AMBROISE.
A quoi bon un contrat? A quoi bon dépenser inutilement de l'argent? Ne vaut-il pas bien mieux manger en famille celui que vous vous proposez de donner au notaire?

LE COMTE.
Mais nous ne pouvons nous dispenser de dresser un écrit, ne fût-ce que pour stipuler la dot.

DON AMBROGIO.

Della dote ? oltre la sposa prendete ancora la dote ?

IL CONTE.

Donna Eugenia, nel maritarsi con vostro figlio, non ha portato in casa la dote?

DON AMBROGIO.

Quel poco, che ha portato, si è consumato, ed io non ho niente più nè del suo, nè del mio.

IL CONTE.

Sedici mila scudi si sono consumati in due anni!

DON AMBROGIO.

Si è consumato altro, che sedeci mila scudi. Principiate a vedere le liste delle spese, che si son fatte.

IL CONTE.

Non voglio esaminare quello, che abbiate speso per lei; ma sò bene, che ad una vedova senza figliuoli, si conviene la restituzion della dote.

DON AMBROGIO.

Voi siete venuto per assassinarmi.

IL CONTE.

Son venuto per l'amore di donna Eugenia.

DON AMBROGIO.

Se amaste la Donna, non ricerchereste la roba.

IL CONTE.

Non la cerco per me, ma per lei, nè posso colla speranza di essere suo marito tradir le ragioni, che a lei competono.

DON AMBROGIO.

Senza che venghiate a fare il procuratore per donna Eugenia, sò anch'io da me medesimo quello, che può pretendere, e quello, che a me si spetta. La dote

Don Ambroise.

La dot ? Comment ! vous voulez et l'épouse et la dot ?

Le Comte.

Eugénie, en se mariant avec votre fils, n'a-t-elle pas apporté chez vous une dot considérable ?

Don Ambroise.

Le peu qu'elle a apporté a disparu depuis long-temps, et nous sommes ruinés de compagnie.

Le Comte.

Seize mille écus dépensés en deux ans !

Don Ambroise.

On en a, ma foi, bien dépensé davantage. Jetez un coup d'œil sur l'état des dépenses que l'on a faites.

Le Comte.

Je n'ai pas besoin d'examiner ce que vous avez dépensé pour elle. Mais je sais parfaitement que l'on doit la restitution de sa dot à une veuve restée sans enfans mâles.

Don Ambroise.

Est-ce le projet de m'assassiner qui vous amène ?

Le Comte.

Non ; c'est mon amour pour Eugénie.

Don Ambroise.

Si vous aimiez la femme, vous seriez moins avide de la dot.

Le Comte.

Ce n'est pas pour moi, c'est pour elle que je la réclame ; et, dans l'espoir de devenir son époux, je ne puis ni ne dois trahir ses intérêts.

Don Ambroise.

Dispensez-vous de l'emploi de procureur d'Eugénie auprès de moi ; je sais ce qu'elle peut prétendre et ce que l'on a droit d'exiger de moi. Il y a, et il n'y a pas de dot ; je veux, et je ne veux pas la donner. Mais s'il

c'è, e non c'è: la voglio dare e non la voglio dare; ma se ci sarà, e se dovrò darla, la darò in modo, che sia sicura, e che non abbia un giorno la povera Donna a restar miserabile.

IL CONTE.

La casa mia non ha fondi bastanti, per assicurarla?

DON AMBROGIO.

Vi parlo chiaro, come l'intendo. Se cercaste di maritarvi per l'amore della persona, non cerchereste con tanta ansietà la sua dote.

IL CONTE.

Io ne ho parlato per accidente.

DON AMBROGIO.

Ed io vi rispondo sostanzialmente: donna Eugenia è stata moglie di mio figliuolo; le sono in luogo di padre, e quando abbia volontà di rimaritarsi, ci penso io.

IL CONTE.

E s'ella presentemente avesse un tal desiderio?

DON AMBROGIO.

Me lo faccia sapere.

IL CONTE.

Fate conto, ch'io ve lo dica per essa.

DON AMBROGIO.

Fate voi il conto di essere donna Eugenia, e sentite la mia risposta. Il conte dell'Isola non è per voi.

IL CONTE.

E perchè, Signore?

DON AMBROGIO.

Perchè è un avaro.

IL CONTE.

Lasciamo gli scerzi, che io ne sono nemico. Don Ambrogio, spiegatevi seriamente.

y en a, si je suis forcé de la donner, je prendrai du moins toutes mes suretés pour que la pauvre Eugénie ne se trouve pas un jour réduite à l'affreuse indigence.

LE COMTE.

Ma maison n'a-t-elle pas de quoi en répondre ?

DON AMBROISE.

Je vous dis franchement ce que je pense. Si l'amour seul de la personne vous engageait à songer au mariage, la dot vous causerait beaucoup moins d'inquiétude.

LE COMTE.

Je n'en ai parlé que par occasion.

DON AMBROISE.

Et je termine en quatre mots : donna Eugénie a été l'épouse de mon fils ; je lui tiens lieu de père ; et quand elle aura envie de se remarier, j'y penserai.

LE COMTE.

Et si elle est actuellement dans cette intention-là ?

DON AMBROISE.

Qu'elle m'en instruise.

LE COMTE.

Supposez que je vous parle en son nom.

DON AMBROISE.

Supposez que vous êtes Eugénie, et écoutez ma réponse : le comte de l'Isle n'est pas pour vous.

LE COMTE.

Pourquoi donc ?

DON AMBROISE.

Parce que c'est un avare.

LE COMTE.

Trêve aux mauvaises plaisanteries : je ne les aime pas. Don Ambroise, expliquez-vous sérieusement.

DON AMBROGIO.

Sì, parliamo sul sodo. Conte, mia nuora non fa per voi.

IL CONTE.

La cagione vorrei sapere.

DOM AMBROGIO.

Ho qualche impegno, compatitemi; non siete il primo, che la domandi.

IL CONTE.

Mi ha prevenuto forse il Cavaliere degli Alberi?

DON AMBROGIO.

Potrebbe darsi. (*Da se.*) Non l'ho nemmeno veduto.

IL CONTE.

Quando vi ha egli parlato?

DON AMBROGIO.

Quando io l'ho sentito.

IL CONTE.

Non è codesto il modo di rispondere a un Cavaliere.

DON AMBROGIO.

Servitore umilissimo.

IL CONTE.

Voi trattate villanamente.

DON AMBROGIO.

Padrone mio riverito.

IL CONTE.

Conosco le mire indegne del vostro animo. Voi negate di dar la nuora a chi vi chiede la dote; ma ciò non vi verrà fatto. Donna Eugenia sarà illuminata, e dovrete a forza restituire ciò, che tentate di barbaramente usurpare. (*Parte.*)

DON AMBROISE.

Oui ; parlons sans détours. Comte, vous n'aurez pas ma belle-fille.

LE COMTE.

Pourrais-je savoir les motifs de ce refus ?

DON AMBROISE.

Daignez m'excuser ; mais j'ai d'autres engagemens, et vous n'êtes pas le premier qui en fassiez la demande.

LE COMTE.

Le Chevalier m'a peut-être prévenu ?

DON AMBROISE.

Cela ne serait pas impossible. (*A part.*) Je ne l'ai pas même vu.

LE COMTE.

Quand vous a-t-il parlé ?

DON AMBROISE.

Quand je l'ai vu.

LE COMTE.

Est-ce ainsi que l'on répond à un gentilhomme ?

DON AMBROISE.

Votre très-humble serviteur.

LE COMTE.

Vous me traitez indignement.

DON AMBROISE.

Je vous baise les mains.

LE COMTE.

Je vois le but indigne où tendent vos desseins. Vous refusez la main de votre belle-fille à celui qui vous redemande sa dot : mais il n'en sera pas ainsi. Eugénie sera éclairée sur ses intérêts, et l'on vous forcera de restituer ce que vous avez le projet barbare d'usurper. (*Il sort.*)

SCENA IX.

DON AMBROGIO, poi IL CAVALIERE.

DON AMBROGIO.

La riverisco divotamente. Restituire? Me ne rido. Ho il mio procuratore, che è fatto apposta per tirar innanzi. Egli s'impegna di mantenere la lite in piedi, se occorre, dieci anni almeno; e in dieci anni posso morir io, e può morire la nuora. Per altro non ho piacere, che si sparga per il paese, che io procuro, che non si mariti, per non restituire la dote. Da qui avanti mi regolerò un po' meglio, troverò degli altri pretesti, e cercherò di sottrarmi con pulizia, con destrezza.

IL CAVALIERE.

Servitore del mio carissimo don Ambrogio.

DON AMBROGIO.

Padrone mio, signor Cavaliere garbato.

IL CAVALIERE.

Divenite sempre più giovane. Mi consolo quando vi vedo.

DON AMBROGIO.

Oh quanto anch'io mi rallegro in vedervi! gioventù benedetta!

IL CAVALIERE.

Porchè non venite a favorirmi a bevere la cioccolata da me?

DON AMBROGIO.

Ci voglio venire.

SCÈNE IX.

DON AMBROISE, ensuite LE CHEVALIER.

Don Ambroise.

Votre très-humble serviteur. Restituer ! je m'en moque. J'ai mon procureur ; c'est l'homme qu'il faut pour tirer les choses en longueur. Il s'engage à faire, en cas de besoin, durer au moins dix ans ce procès-là ; et en dix ans, je puis mourir et ma belle-fille aussi. D'un autre côté cependant, je suis fâché que l'on répande dans le pays que je l'empêche de se remarier, pour retenir sa dot. Il faut dorénavant que je règle mieux ma conduite : je trouverai d'autres prétextes, et je tâcherai enfin de m'en tirer avec autant de politesse que d'habileté.

Le Chevalier.
Salut à mon très-cher don Ambroise.

Don Ambroise.
Votre serviteur, mon brave Chevalier.

Le Chevalier.
Vous rajeunissez tous les jours. Je suis charmé toutes les fois que je vous rencontre.

Don Ambroise.
Et moi, si vous saviez le plaisir que j'ai à vous voir ! quelle brillante jeunesse !

Le Chevalier.
Pourquoi ne me faites-vous donc jamais l'amitié de me venir demander le chocolat ?

Don Ambroise.
Je veux me procurer cet honneur.

L'AVARE,

IL CAVALIERE.
E a pranzo ancora?

DON AMBROGIO.
E a pranzo ancora.

IL CAVALIERE (*da se.*)
Lo conosco; conviene allettarlo.

DON AMBROGIO (*da se.*)
So quel, che vuole. Non mi corbella.

IL CAVALIERE.
Oh quanto mi è rincresciuta la morte di vostro figlio.

DON AMROGIO.
Obbligato. Non parliamo di melanconie.

IL CAVALIERE.
Parliamo di cose allegre. Quando vi rimaritate?

DON AMBROGIO.
Non sono fuori del caso.

IL CAVALIERE.
Animo, da bravo; ho un' occasione per voi la più bella del mondo. Eh! ci sono de' quattrini non pochi.

DON AMBROGIO.
Oh io poi, se mi maritassi, la vorrei senza dote.

IL CAVALIERE.
Bravissimo; sono anch' io della stessa opinione. Se mi marito non voglio niente. Le Mogli, che portano del danaro, pretendono comandare. Nò, nò, sodisfare il genio, e non altro: una Donna, che piaccia, e non si cerchi di più.

DON AMBROGIO (*da se.*)
Se dicesse da vero? ma non me ne fido.

COMÉDIE.

LE CHEVALIER.
Et à dîner même ?

DON AMBROISE.
A dîner, soit.

LE CHEVALIER (*à part.*)
Je le connais : il faut l'amadouer.

DON AMBROISE (*à part.*)
Je le vois venir ; mais je ne donne pas dans le panneau.

LE CHEVALIER.
Oh ! combien j'ai été sensible à la mort de votre fils !

DON AMBROISE.
Bien obligé. Mais laissons ces sujets de tristesse.

LE CHEVALIER.
Oui ; vous avez raison. Parlons de choses un peu plus gaies. Quand vous remariez-vous ?

DON AMBROISE.
Mais je ne suis pas encore d'âge à n'y plus penser.

LE CHEVALIER.
Fort bien ! courage ! tenez, j'ai à vous proposer la plus belle occasion du monde. Peste ! il y a de l'argent, et beaucoup.

DON AMBROISE.
Oh ! si je me remariais, je voudrais épouser sans dot.

LE CHEVALIER.
Rien de mieux, et je pense comme vous à cet égard. Si je me marie jamais, je ne veux rien. Les femmes qui apportent une dot croyent avoir acheté, par-là, le droit de commander. Non, non : il faut céder à son idée, et non à celle d'un autre. Cherchons une femme qui nous plaise, et rien de plus.

DON AMBROISE (*à part.*)
Serait-il de bonne foi ? je ne m'y fie pas.

IL CAVALIERE.

Quel, che volete fare, fatelo presto. Liberatevi dall' impiccio di vostra Nuora, e conducetevi a casa un pezzo di giovinetta, che vi rimetta il figliuolo, che avete perduto, e che vi faccia essere contento nella vecchiaja.

DON AMBROGIO.

Oh se la voglio fare lasciate, che mi liberi della Nuora.

IL CAVALIERE.

Perchè non fate, che si mariti?

DON AMBROGIO.

Se capitasse un' occasione a proposito.

IL CAVALIERE.

Per esempio, chi credereste voi, che le convenisse?

DON AMBROGIO.

Io so com' è fatta quella povera Donna; ha il più bel cuore di questo mondo. Ella avrebbe bisogno di uno, che se ne innamorasse, e che veramente le volesse bene di cuore. Al giorno d' oggi non si trovano partiti, che di due sorte, o discoli, o interessati, e tutti principiano dalla dote: è una miseria per una giovine, che ha qualche merito, sentirsi chiedere per la dote.

IL CAVALIERE.

Questo è quello, ch' io vi diceva poc' anzi. Se mi marito, non voglio dote.

DON AMBROGIO.

Voi siete un Cavaliere, veramente Cavaliere, che sa la vera cavalleria. Ditemi un poco; lo conoscete voi il merito di mia Nuora?

IL CAVALIERE.

Se lo conosco? lo sa il mio cuore, se lo conosco.

COMÉDIE.

LE CHEVALIER.

Hâtez-vous d'exécuter votre projet. Affranchissez-vous de la tyrannie de votre belle-fille, et amenez-nous ici une jeune et jolie femme, qui vous rende le fils que vous pleurez, et qui fasse le bonheur de vos vieux jours.

DON AMBROISE.

Laissez-moi seulement me débarrasser de ma belle-fille, et vous verrez.

LE CHEVALIER.

Que ne la remariez-vous?

DON AMBROISE.

S'il se présentait une occasion favorable.

LE CHEVALIER.

Qui croiriez-vous, par exemple, qui lui pourrait convenir?

DON AMBROISE.

Je la connais mieux que personne, la pauvre Donna! elle a la plus belle ame du monde. Il lui faudrait un homme fortement épris d'elle, et qui lui voulût sincèrement du bien. Aujourd'hui, il n'y a plus que deux sortes de partis, des libertins, ou des intéressés; et les uns, comme les autres, s'informent d'abord de la dot. Quel affront pour une jeune femme qui a du mérite, de se voir rechercher pour sa dot!

LE CHEVALIER.

C'est ce que je vous disais il n'y a qu'un moment. Si je me marie, je ne veux pas entendre parler de dot.

DON AMBROISE.

Vous êtes un Chevalier, dans la force du terme; mais un Chevalier qui connaît les lois de la Chevalerie. Dites-moi un peu, vous doutez-vous du mérite de ma belle-fille?

LE CHEVALIER.

Si je le connais! Mon cœur le sait, si je le connais.

Don Ambrogio.

E che sì, che siete venuto per domandarmela?

Il Cavaliere.

Gran don Ambrogio! Gran don Ambrogio! Volpe vecchia! come diamine l'avete voi penetrato!

Don Ambrogio.

Mi pareva, che le carezze, che mi avete fatte, tendessero a qualche fine.

Il Cavaliere.

Oh qui poi v'ingannate. Vi ho sempre voluto bene, e ve ne vorrò; e voglio vedervi con una sposa al fianco bella, giovine, e senza dote.

Don Ambrogio.

Su questo particolare si parlerà. Se avrò da maritarmi, la prenderò senza dote. Farò, che il vostro esempio mi sia di regola in questo.

Il Cavaliere.

Lo sapete; io non sono interessato.

Don Ambrogio (*da se.*)

Batte sodo fin ora. (*Alto.*) Volete, che io ne parli a donna Eugenia?

Il Cavaliere.

Lo potrete fare con comodo; bastami per ora, che voi mi diciate, se dal canto vostro sarete di ciò contento.

Don Ambrogio.

Contentissimo. Sarei un pazzo, sarei nemico di donna Eugenia, se mi opponessi alla sua fortuna. Un Cavalier, che l'ama, e che per segno d'amore non domanda un soldo di dote! cospetto di Bacco! A questa sì nobile condizione vi darei una mia figliuola.

Don Ambroise.

COMÉDIE.

Don Ambroise.

Et ne seriez-vous point venu pour me la demander en mariage ?

Le Chevalier.

Illustre don Ambroise ! comment diable avez-vous deviné ce secret-là ?

Don Ambroise.

Les caresses que vous me faisiez me semblaient avoir un but.

Le Chevalier.

Eh bien ! vous vous trompez. Je vous ai toujours voulu du bien, je ne cesserai jamais de vous en vouloir ; et je désire vous voir bientôt une épouse jeune, belle, et sur-tout sans dot.

Don Ambroise.

Nous reviendrons sur cet article. Si je me marie jamais, j'épouserai sans dot ; et votre exemple deviendra la règle de ma conduite.

Le Chevalier.

Vous le savez, je ne suis pas intéressé.

Don Ambroise (*à part.*)

Il ne se dément pas jusqu'ici. (*Haut.*) Voulez-vous que j'en parle à Eugénie ?

Le Chevalier.

Vous pouvez le faire à loisir. Il me suffit, pour le moment, de savoir si, de votre côté, cela vous ferait plaisir.

Don Ambroise.

Le plus grand plaisir. Je serais bien fou, bien ennemi de ma chère Eugénie, si je m'opposais à son bonheur. Un Cavalier qui l'adore, et qui, pour preuve de son amour, ne demande pas un sou de dot. Malepeste ! à ces nobles conditions, je vous donnerais ma propre fille.

IL CAVALIERE.

Viva il Signor don Ambrogio.

DON AMBROGIO.

Viva il Signor cavaliere degli Alberi.

IL CAVALIERE.

Siete lo specchio de' galant' uomini.

DON AMBROGIO.

Siete la vera immagine del Cavaliere.

IL CAVALIERE.

Caro carissimo. (*Gli da un baccio.*)

DON AMBROGIO.

Che tu sia benedetto.

IL CAVALIERE.

Donna Eugenia quanto ha dato di dote a vostro figliuolo?

DON AMBROGIO (*rimane un poco confuso.*)

Non mi parlate di melanconle. Il poveretto, è morto e non ho piacere, che se ne discorra.

IL CAVALIERE.

Non parliamo di lui, parliamo di donna Eugenia.

DON AMBROGIO.

Sì, di lei parliamo quanto volete.

IL CAVALIERE.

Donna Eugenia quanto vi ha dato di dote?

DON AMBROGIO.

A me?

IL CAVALIERE.

Alla vostra casa.

DON AMBROGIO.

A voi, che importa saperlo? non la volete già senza dote?

LE CHEVALIER.

Vive le seigneur don Ambroise !

DON AMBROISE.

Vive le seigneur Chevalier.

LE CHEVALIER.

Vous êtes le prototype du galant homme.

DON AMBROISE.

Vous êtes le modèle des chevaliers.

LE CHEVALIER.

Mon cher, mon tendre ami ! (*Il l'embrasse.*)

DON AMBROISE.

Que le Ciel soit avec vous.

LE CHEVALIER.

Combien Eugénie a-t-elle apporté de dot à votre fils, en l'épousant ?

DON AMBROISE (*après un moment de silence.*)

Laissons, laissons ces sujets de tristesse. Le pauvre garçon est mort, et on ne m'oblige pas d'en parler.

LE CHEVALIER.

Ne parlons pas de lui : parlons de donna Eugénie.

DON AMBROISE.

A la bonne heure ! parlons d'elle tant que vous voudrez.

LE CHEVALIER.

Combien donna Eugénie vous a-t-elle apporté en dot ?

DON AMBROISE.

A moi ?

LE CHEVALIER.

A votre maison.

DON AMBROISE.

Quel intérêt mettez-vous à le savoir ? Ne voulez-vous déjà plus la prendre sans dot ?

IL CAVALIERE.

Sì, ci s'intende. Domando, così, per curiosità.

DON AMBROGIO.

In un Cavaliere di garbo, come voi siete, stà male la curiosità. Se donna Eugenia lo sa, che mi facciate tale domanda, crederà, che il vostro amore sia interessato; ed io, se me lo posso immaginare soltanto, vi dico un nò, come ho detto al conte dell' Isola.

IL CAVALIERE.

Vi ha parlato il Conte?

DON AMBROGIO.

Sì, mi ha parlato quell' avarone. Appena appena mi disse non so che della vedova, subito mi ricercò della dote.

IL CAVALIERE.

Io poi la metto nell' ultimo luogo.

DON AMBROGIO.

Nell' ultimo luogo? Tardi, o presto, dunque ci volete pensare.

IL CAVALIERE.

Questi sono discorsi inutili. Mi preme la sposa, ve la domando, per quell' autorità, che sopra di essa vi concede la parentela; e non avete a dirmi di nò.

DON AMBROGIO.

Ho detto di sì; mi pare; e torno a dirvi di sì un altra volta, e se non vi sono altre difficoltà, che questa, contate, pure sopra il mio pienissimo consentimento.

IL CAVALIERE.

Voi mi consolate, voi mi mettete in giubbilo, caro il mio don Ambrogio, permettetimi, in segno di vero amore. (*Gli dà un baccio.*)

COMÉDIE.

LE CHEVALIER.

Si fait, si fait; c'est un point convenu. Un simple motif de curiosité.....

DON AMBROISE.

Me semble très-déplacé dans un brave gentilhomme comme vous. Si Eugénie savait que vous m'avez fait cette question, elle pourrait croire votre amour intéressé. Et si je pouvais me le figurer un moment, je vous répondrais par un *non* bien positif, comme je viens de le faire avec le comte de l'Isle.

LE CHEVALIER.

Le Comte vous a parlé ?

DON AMBROISE.

Oui; il m'a tenu le vil langage d'un avare. Après m'avoir dit je ne sais quoi sur la veuve, il m'a tout-à-coup questionné sur la dot.

LE CHEVALIER.

Et moi, j'en fais le dernier article des conditions.

DON AMBROISE.

Le dernier article ! un peu plutôt, un peu plus tard, vous songez donc à le traiter ?

LE CHEVALIER.

Discours inutiles. Je suis jaloux d'obtenir Eugénie pour épouse, et je vous la demande au nom de cette autorité que votre titre vous donne sur elle, et vous ne pouvez pas me dire *non*.

DON AMBROISE.

J'ai dit *oui*, ce me semble; je vous dis *oui* encore; et s'il ne s'élève pas d'autres difficultés, vous pouvez compter sur mon consentement.

LE CHEVALIER.

Vous me rassurez, vous me comblez de joie, mon cher don Ambroise ! Ah ! souffrez qu'en témoignage de l'amitié la plus vraie..... (*Il l'embrasse.*)

Don Ambrogio.

Volete, che facciamo fra voi, e me (prima di parlare con donna Eugenia) volete che facciamo quattro righe di scritturetta?

Il Cavaliere.

Per la dote forse?

Don Ambrogio.

Sì, sul proposito della dote. Poniamo in carta l'eroismo del vostro amore.

Il Cavaliere.

Subito. In qual maniera?

Don Ambrogio.

Una picciola protesta, che v'intendete di volere la sposa, senza pretension della dote.

Il Cavaliere.

Se ne offenderà donna Eugenia.

Don Ambrogio.

Lasciate accomodare a me la faccenda : andiamo dal mio procuratore ; troverà egli un buon mezzo termine, per ridur la cosa legale.

Il Cavaliere.

Si parlerà poi di questo. Andiamo subito da donna Eugenia.

Don Ambrogio.

Nò, un passo alla volta.

Il Cavaliere.

Un passo alla volta. Prima quel della sposa.

Don Ambrogio.

Prima quello della rinunzia.

Il Cavaliere.

Bravo, dom Ambrogio; voi siete il più spiritoso talento di tutto il mondo.

Don Ambroise.

Voulez-vous, avant que je parle à Eugénie, que nous fassions entre nous quatre lignes d'écriture?

Le Chevalier.

Au sujet de la dot, peut-être?

Don Ambroise.

Précisément, au sujet de la dot. Consignons sur le papier l'héroïsme de votre amour.

Le Chevalier.

Sur le champ. De quelle manière?

Don Ambroise.

Une petite protestation que vous désirez seulement épouser Eugénie, sans prétention quelconque à sa dot.

Le Chevalier.

Mais ce procédé choquera Eugénie.

Don Ambroise.

Laissez-moi faire; j'arrangerai tout cela : allons chez mon procureur, il trouvera le moyen de rendre la chose légale.

Le Chevalier.

Nous reparlerons de cela. Mais allons d'abord trouver Eugénie.

Don Ambroise.

Non, faisons d'une pierre deux coups.

Le Chevalier.

D'une pierre deux coups, soit. Mais voyons d'abord l'épouse.

Don Ambroise.

Faisons d'abord la renonciation.

Le Chevalier.

Bravo, don Ambroise! vous êtes l'homme du monde à qui je connaisse le plus d'esprit.

Don Ambrogio.

Cavaliere garbato; andiamo; ci spicciamo in meno di un' ora.

Il Cavaliere.

Oh mi sovviene ora di un picciolo impegno. Sono aspettato in Piazza. Sarò da voi quanto prima.

Don Ambrogio.

Terrò con voi, se volete.

Il Cavaliere.

Non vi vo' dar quest' incomodo. Di rivederemo.

Don Ambrogio.

Sono sempre ai vostri comandi.

Il Cavaliere.

Addio, il mio amatissimo don Ambrogio.
(*Lo abbraccia.*)

Don Ambrogio.

Sì, con tutto il cuore. (*Lo abbraccia.*)

Il Cavaliere (*da se.*)

La sa lunga il vecchio; ma non ha da fare co' ciechi.

Don Ambrogio (*da se.*)

Eh! ci vedo del torbido; ma sono all' erta.

Il Cavaliere (*da se.*)

Avviserò donna Eugenia.

Don Ambrogio (*da se.*)

Che cosa fa, che non parte? (*Alto*) Signore, avete qualche cos' altro da dirmi?

Il Cavaliere.

Sì, una cosa sola, e vi lascio subito. Sentite in confidenza, che nessuno ci ascolti. (*Nell' orecchio.*) Siete un volpone di prima riga. (*Alto.*) Servitore divoto.

Don Ambroise.

Mon cher et brave Chevalier, partons. Il ne nous faudra pas une heure pour nous expliquer.

Le Chevalier.

Ah! parbleu j'oubliais une petite affaire qui m'appelle. On m'attend sur la place : je suis à vous dans l'instant.

Don Ambroise.

Je vous accompagnerai, si vous voulez.

Le Chevalier.

Oh! je serais au désespoir de vous donner cette peine. Nous nous reverrons.

Don Ambroise.

Je suis à vos ordres.

Le Chevalier.

Adieu, mon très-cher don Ambroise. (*Il l'embrasse.*)

Don Ambroise.

De tout mon cœur. (*Il l'embrasse.*)

Le Chevalier (*à part.*)

Il en sait long, le cher Ambroise! mais il n'a pas affaire à un sot.

Don Ambroise (*à part.*)

Tout ceci n'est pas fort clair : mais je suis sur mes gardes.

Le Chevalier (*à part.*)

Je donnerai avis de tout cela à Eugénie.

Don Ambroise (*à part.*)

Que fait-il donc? pourquoi ne pas partir? (*Haut.*) Avez-vous encore quelque chose à me dire?

Le Chevalier.

Encore un mot, et je vous quitte. Ecoutez en confidence, afin que personne ne nous entende. (*A l'oreille.*) Vous êtes un fin renard de la première classe. (*Haut.*) Votre très-humble serviteur.

Don Ambrogio.
Padrone mio riverito.

Il Cavaliere.
La riverisco divotamente. (*Parte.*)

SCENA X.

DON AMBROGIO, poi DON FERNANDO.

Don Ambrogio.

Vada pure, ch'io l'ho nel cuore. A me volpe? per quel ch'io vedo, fra lui, e me siamo da Galeotto a Marinaro. Che ti venga la rabbia; come ha preso la volta lunga per attrapparmi! Pareva a principio, ch'ei fosse l'uomo più generoso del mondo, e si è scoperto alla fine un avaro peggio degli altri. Io non son tale; l'avaro non è quegli, che cerca di mantenersi quel, che possiede; ma colui, che vorrebbe avere quel, che non ha.

Don Fernando.
Signor don Ambrogio...

Don Ambrogio.
È venuta la posta?

Don Fernando.
Sì, Signore. Ho avuto lettera da mio padre....

Don Ambrogio.
E quattrini?

Don Fernando.
E quattrini ancora.

COMÉDIE.

DON AMBROISE.

Et moi le vôtre, Monsieur.

LE CHEVALIER.

Je vous suis dévoué pour la vie. (*Il sort.*)

SCÈNE X.

DON AMBROISE, ensuite DON FERNAND.

DON AMBROISE.

Bon voyage ! il commençait à me fatiguer. Je suis un fin renard ! A ce que je vois, il y a entre lui et moi la différence d'un forçat à un marinier. Que la peste te crève ! quel long détour il a pris pour m'attraper ! je le croyais d'abord un modèle de générosité, et j'ai fini par ne trouver en lui que le plus méprisable des avares. Il n'en est pas ainsi de moi : l'avare n'est pas celui qui cherche à conserver ce qu'il possède, mais l'ame basse qui convoite ce qu'il n'a pas.

DON FERNAND.

Seigneur don Ambroise.....

DON AMBROISE.

Le courrier est arrivé ?

DON FERNAND.

Oui, Monsieur. J'ai une lettre de mon père....

DON AMBROISE.

Et de l'argent ?

DON FERNAND.

Et de l'argent.

Don Ambrogio.

Dunque principio sin da ora ad augurarvi il buon viaggio.

Don Fernando.

Ed io a ringraziarvi....

Don Ambrogio.

Non vi è bisogno di cerimonie. Tenete un bacio, e andate, che il Cielo vi benedica.

Don Fernando.

Ah! mi converrà poi partire.

Don Ambrogio.

Che avete, che sospirate?

Don Fernando.

Sono addolorato all' estremo. Mi si stacca il cuore dal petto; non posso trattenere le lagrime.

Don Ambrogio.

Ehi, Ragazzo, siete voi innamorato?

Don Fernando.

Compatitemi per carità.

Don Ambrogio.

Tanto peggio. Via di quà subito.

Don Fernando.

Voi mi vedrete cadere sulle soglie della vostra casa.

Don Ambrogio.

Corpo di bacco baccone! Saresti voi innamorato di mia nuora?

Don Fernando.

(*Si volta da un' altra parte sospirando.*)

Don Ambrogio.

Via di quà subito.

Don Fernando.

Finalmente non credo di farvi veruna inguria,

COMÉDIE.

DON AMBROISE.

Je commence donc, dès à présent, à vous souhaiter un bon voyage.

DON FERNAND.

Et moi à vous remercier.....

DON AMBROISE.

Point de complimens. Venez, que je vous embrasse; partez, et que le Ciel vous accompagne.

DON FERNAND.

Ah! sans doute, il faudra partir!

DON AMBROISE.

Qu'avez-vous? vous soupirez!

DON FERNAND.

Je suis au désespoir. Mon cœur bondit dans mon sein, et mes larmes s'échappent malgré moi.

DON AMBROISE.

Eh! mon enfant, seriez-vous amoureux, par hasard?

DON FERNAND.

De grâce! ne me refusez pas votre pitié.

DON AMBROISE.

Je vous plains : mais partez vîte.

DON FERNAND.

Vous me verrez expirer sur le seuil de votre porte.

DON AMBROISE.

Comment, diable! est-ce de ma belle-fille que vous êtes amoureux?

DON FERNAND.

(*Il se détourne, et soupire.*)

DON AMBROISE.

Partez, partez sur-le-champ.

DON FERNAND.

Tout bien considéré, je ne crois vous faire aucune

Sono anch'io cavaliere nel mio paese. Son figlio solo, e vuol mio padre, ch'io mi mariti.

DON AMBROGIO.

Aspirereste a sposarla dunque?

DON FERNANDO.

Sarei felice; ma non lo merito.

DON AMBROGIO.

Ditemi un poco. Parliamo sul sodo. Siete voi innamorato di lei, o della sua dote?

DON FERNANDO.

Che dote? che mi parlate di dote? rinunzierei, per averla, a tutti i beni di questo mondo.

DON AMBROGIO.

Lo sa ella, che le volete bene?

DON FERNANDO.

Non ho avuto coraggio di dirlo.

DON AMBROGIO.

Caro il mio don Fernando, vi amo, come se foste un mio figlio. Mi spiace nell'anima vedervi andar sconsolato. Venite qui discorriamola.

DON FERNANDO.

Voi mi rallegrate a tal segno...

DON AMBROGIO.

Spicciamoci in poche parole. La volete voi per isposa?

DON FERNANDO.

Volesse il Cielo! Sarei il più contento giovine di questo mondo.

DON AMBROGIO.

Ma che dirà vostro padre?

DON FERNANDO.

Egli mi ama teneramente. Son certo, che non ricuserà di accordarmi una sì giusta soddisfazione.

injure. Je tiens un certain rang dans mon pays, je suis fils unique, et mon père est dans l'intention de me marier.

DON AMBROISE.

Votre but serait donc de l'épouser?

DON FERNAND.

Je serais trop heureux! mais je ne le mérite pas.

DON AMBROISE.

Dites-moi un peu : allons au but. Est-ce d'elle ou de sa dot que vous êtes amoureux?

DON FERNAND.

De sa dot! que me parlez-vous de dot? Je sacrifierais, pour obtenir Eugénie, tous les trésors du monde.

DON AMBROISE.

Sait-elle le bien que vous lui voulez?

DON FERNAND.

Je n'ai pas eu la force de parler.

DON AMBROISE.

Mon cher don Fernand! je vous aime comme si vous étiez mon fils. Je suis fâché de vous voir dans le chagrin. Mais suivez-moi, nous allons la raisonner.

DON FERNAND.

Vous me rendez la vie, la joie, au point.....

DON AMBROISE.

Expliquons-nous en quatre mots. La voulez-vous épouser?

DON FERNAND.

Plût au Ciel! je serais le plus heureux des hommes.

DON AMBROISE.

Mais que dira votre père?

DON FERNAND.

Il m'aime tendrement. Je suis sûr qu'il ne me refusera pas cette satisfaction.

Don Ambrogio.

Quanti anni avete?

Don Fernando.

Vent' anni in circa.

Don Ambrogio.

Non siete pupillo, la legge vi mette in grado di contrattare. Avreste difficoltà di fare a me una rinunzia della sua dote?

Don Fernando.

Sono prontissimo.

Don Ambrogio.

Ed obbligarvi verso di lei, s'ella un giorno la pretendesse?

Don Fernando.

Sì volentieri; con qualunque titolo: di donazione *propter nuptias*, di sopra dote, di contradote, come vi aggrada.

Don Ambrogio.

Subito, immantinente. Vado a trovar il procuratore, che è notajo ancora. Voi intanto presentatevi a donna Eugenia; ditele qualche cosa.

Don Fernando.

Non avrò coraggio, Signore.

Don Ambrogio.

Un giovine di vent' anni non saprà dir due parole ad una Donna? Fatevi animo, se volete, che si concluda. Principiate voi a disporla colle buone grazie. Verrò io in ajuto.

Don Fernando.

So, ch' ella è pretesa da qualcun altro.

Don Ambrogio.

Non temete nessuno. I due che la pretendono son due spilorci. Voi siete il più generoso, e il più me-

Don Ambroise.

COMÉDIE.

DON AMBROISE.
Quel âge avez-vous ?

DON FERNAND.
Vingt ans, environ.

DON AMBROISE.
Vous n'êtes plus mineur, et la loi vous donne le droit de contracter. Consentirez-vous à faire entre mes mains une renonciation à la dot ?

DON FERNAND.
J'y suis très-disposé.

DON AMBROISE.
Et à vous engager pour Eugénie, dans le cas où elle renouvellerait un jour ses prétentions ?

DON FERNAND.
Bien volontiers.

DON AMBROISE.
Dans l'instant, dans la minute. Je cours chez le procureur. Où est ma note ? Bon ! je l'ai. Présentez-vous cependant à Eugénie, et dites-lui quelque chose.

DON FERNAND.
Je n'en aurai pas le courage.

DON AMBROISE.
Un jeune Cavalier de vingt ans ne saura pas dire deux mots à une jolie femme ! courage cependant, si vous voulez terminer. Commencez à la disposer en votre faveur, et je viendrai à votre secours.

DON FERNAND.
Je sais que d'autres ont des prétentions à sa main.

DON AMBROISE.
Soyez sans alarmes. Ces deux prétendans sont deux avares. Vous êtes le plus généreux, vous avez incontestablement le plus de mérite. Elle sera votre épouse,

Tome II.   H h

ritevole. Ha da esser vostra, se casca il mondo. Via, non perdete tempo.

DON FERNANDO.

Vado subito. Sento l'usato timore; ma voi mi fate coraggio. (*Parte.*)

SCENA XI.

DON AMBROGIO, poi DONNA EUGENIA.

DON AMBROGIO.

FINALMENTE l'ho poi trovato il galant'uomo. Oh! non me lo lascio scappare. Quando è fatta, è fatta. Suo Padre ci dovrà stare per forza.... Oh! ecco donna Eugenia. Egli la cerca per di là, ed ella vien per di quà.

DONNA EUGENIA.

Signor suocero, vi riverisco.

DON AMBROGIO.

Servo, signora sposa.

DONNA EUGENIA.

Io sposa?

DON AMBROGIO.

Sì, consolatevi; spero che ne sarete contenta.

DONNA EUGENIA.

E chi pensate voi, che debba essere il mio sposo?

DON AMBROGIO.

Una persona, che conoscete, che trattate, e che mi lusingo non vi dispiaccia.

quoiqu'il puisse arriver. Allez, ne perdez point de temps.

DON FERNAND.

J'y cours. J'éprouve ma timidité ordinaire : mais vos bontés m'encouragent. (*Il sort.*)

SCÈNE XI.

DON AMBROISE, ensuite DONNA EUGÉNIE.

DON AMBROISE.

J'AI donc enfin trouvé un honnête homme ! mais ne le laissons pas échapper. Ce qui est fait, est fait. Son père sera bien forcé d'y consentir.... Oh ! voilà donna Eugénie. Il la cherche d'un côté, tandis qu'elle arrive de l'autre.

DONNA EUGÉNIE.

Bonjour, Seigneur beau-père.

DON AMBROISE.

Bonjour, Madame la mariée.

DONNA EUGÉNIE.

La mariée !

DON AMBROISE.

Oui, consolez-vous : je crois que vous serez contente de mon choix.

DONNA EUGÉNIE.

Et qui croyez-vous donc que je vais épouser ?

DON AMBROISE.

Une personne que vous connaissez, que vous recevez quelquefois, et qui, je m'en flatte au moins, ne paraît pas vous déplaire.

DONNA EUGENIA (*da se.*)

O il Conte, o il Cavaliere m'immagino. (*Alto.*) Ma ditemi più chiaramente....

DON AMBROGIO.

Or' ora lo mando qui a parlarvi da lui medesimo. Voglio lasciarvi in un poco di curiosità. Vo' farvi astrolicare un pochino. E' un galant' uomo; ve l'assicuro. Prendetelo ad occhi chiusi.

DONNA EUGENIA.

Via, ditemi almeno....

DON AMBROGIO.

Signora nò; or' ora lo vederete.

(*Parte.*)

SCENA XII.

DONNA EUGENIA, poi IL CONTE.

DONNA EUGENIA.

Uno dei due, senz' altro. Per verità mi appiglierei più volentieri al partito del Cavaliere. Ma sono in parola di dippendere della scelta di don Ambrogio. Ecco il Conte; senz' altro è questi, che mandami don Ambrogio, questi è lo sposo, che mi destina.

IL CONTE.

Perdonate, se sono ad incomodarvi.

DONNA EUGENIA.

Conte, ho motivo di consolarmi con me medesima.

IL CONTE.

Di che, Signora?

DONNA EUGENIA.

Don Ambrogio mi ha detto.....

COMÉDIE.

DONNA EUGÉNIE (*à part.*)

C'est le Comte, sans doute, ou le Chevalier. (*Haut.*) Mais expliquez-vous donc plus clairement.....

DON AMBROISE.

Je viens de vous l'envoyer pour s'expliquer lui-même. Je veux exercer un peu votre curiosité, vous faire deviner..... Au surplus, c'est un très-galant homme, soyez en sure ; et vous le pouvez prendre les yeux fermés.

DONNA EUGÉNIE.

Dites-moi, du moins......

DON AMBROISE.

Non, Madame, non. Vous le verrez dans l'instant.
(*Il sort.*)

SCÈNE XII.

DONNA EUGÉNIE, ensuite LE COMTE.

DONNA EUGÉNIE.

Ce ne peut être que l'un des deux. A parler franchement, je préférerais le Chevalier. Mais je me suis engagée à souscrire au choix de don Ambroise. Voici le Comte : c'est lui sans doute que m'envoie don Ambroise, et voilà l'époux qu'il me destine.

LE COMTE.

Pardon, Madame, si je vous dérange de nouveau.

DONNA EUGÉNIE.

Comte, j'ai tout lieu de me féliciter.

LE COMTE.

De quoi Madame ?

DONNA EUGÉNIE.

Don Ambroise m'a dit.....

Il Conte.

Don Ambrogio è un villano; e del trattamento indegno, che fece alla mia persona, e che medita di voler fare alla vostra, farò che a suo malgrado ne renda conto.

Donna Eugenia.

Non accorda egli le nostre nozze?

Il Conte.

All' incontrario: l'avidità di possedere la vostra dote fa, ch' ei procuri di attraversarvi ogni partito, e giunse a perdere a me il rispetto.

Donna Eugenia.

Resto maravigliata; mi ha pure egli detto.... (*Da se.*) Veggo il Cavaliere, che viene. Sicuramente sarà codesto il prescelto.

Il Conte.

Che vi ha egli detto, Signora?

Donna Eugenia.

Conte, voi sapete la mia indifferenza....

SCENA XIII.

Detti, il Cavaliere.

Il Cavaliere.

Vengo innanzi senza imbasciata, sull' esempio del Conte. M' inchino alla Dama. Amico, vi riverisco.

Donna Eugenia.

Avete qualche novità, Cavalier.

Il Cavaliere.

Sì, certo; novità importantissime. Sono impaziente che le sappiate voi pure.

LE COMTE.

Don Ambroise est un grossier, et je saurai bien le forcer à rendre raison de ses procédés à mon égard, et de ceux qu'il se propose d'avoir envers vous.

DONNA EUGÉNIE.

Quoi ! ne consent-il pas à notre hymen ?

LE COMTE.

Au contraire ; la basse avidité de retenir votre dot, fait qu'il rebute tous les partis qui se présentent pour vous, et qu'il s'est oublié avec moi.

DONNA EUGÉNIE.

Je ne reviens pas de ma surprise. Il m'a dit cependant....... (*A part.*) J'aperçois le Chevalier qui s'approche ; c'est lui apparemment qui a fixé son choix.

LE COMTE.

Que vous a-t-il dit, Madame ?

DONNA EUGÉNIE.

Comte, vous savez avec quelle indifférence je.....

SCÈNE XIII.

LES MÊMES, LE CHEVALIER.

LE CHEVALIER.

A l'exemple du cher Comte, j'entre sans me faire annoncer. Je vous salue, Madame. Bonjour, mon ami.

DONNA EUGÉNIE.

Avez-vous appris quelque nouvelle, Chevalier ?

LE CHEVALIER.

Oui, Madame, et une nouvelle de la dernière importance. Je suis impatient de vous en faire part.

DONNA EUGENIA.
Spiacemi, che alla presenza del Conte...
IL CONTE.
Partirò, mia Signora...
IL CAVALIERE.
Restate pure. Ho piacere, che si sappia da tutto il mondo.
DONNA EUGENIA.
Voi siete dunque da don Ambrogio...
IL CAVALIERE.
Sì, sonoramente burlato. Mi ha dato delle buone speranze di essere favorito; ma pretendeva da me una rinunzia ingiustissima della vostra dote. Non è, che io non preferisca la vostra mano a tutto l'oro del mondo; ma non mi è lecito arbitrare di quel, ch'è vostro. Vedete dunque a che tendono le sue mire vili, indegnissime, e risolvete disporre di voi medesima.
DONNA EUGENIA (*da se.*)
Ma chi può essere la persona da lui prescelta, che io conosco, e ch'io tratto?
IL CONTE.
Ormai la vostra dipendenza dal suocero diviene ingiusta, e la sua indiscretezza vi esime da ogni onesto riguardo.
IL CAVALIERE.
Siete in faccia del mondo bastantemente giustificata.
DONNA EUGENIA (*da se.*)
Sempre si rende maggiore la mia curiosità.
IL CONTE.
Il Cavaliere aspetta le vostre risoluzioni.

DONNA EUGÉNIE.

Je suis fâchée que la présence du Comte.....

LE COMTE.

Je me retirerai, Madame.

LE CHEVALIER.

Restez, restez; je suis bien aise que tout le monde en soit instruit.

DONNA EUGÉNIE.

C'est donc vous que don Ambroise.....

LE CHEVALIER.

Oui, a joué indignement. Il m'a flatté de l'espérance de fixer son choix : mais il exigeait de moi une renonciation formelle à votre dot. Ce n'est pas que je ne préfère à tout l'or du monde le bonheur d'obtenir votre main. Mais il ne m'est pas permis de disposer de ce qui vous appartient. Voyez donc à quel but tend l'indigne bassesse de ses projets, et décidez-vous, Madame, à disposer enfin de vous-même.

DONNA EUGENIE (*à part.*)

Mais quel peut donc être l'objet de son choix ? Une personne, dit-il, que je connais, que je reçois souvent ?

LE COMTE.

Vous ne pouvez plus dépendre raisonnablement d'un tel homme ; et l'odieux de sa conduite vous dispense de toute espèce de ménagement avec lui.

LE CHEVALIER.

Vous êtes plus que justifiée aux yeux du monde.

DONNA EUGÉNIE (*à part.*)

Ma curiosité s'irrite toujours de plus en plus.

LE COMTE.

Le Chevalier attend votre décision.

IL CAVALIERE.

Le aspetta il Conte non meno. Siamo in due, che vi bramiamo, voi dovete decidere. E in questo caso non ha luogo il ripiego della division per metà.

SCENA XIV.

DETTI, CECCHINO.

CECCHINO (*ad Eugenia.*)

IL Signor don Fernando brama di riverirla.

DONNA EUGENIA.

Se non ha cosa di gran premura, digli che a pranzo noi ci vedremo.

CECCHINO.

Ha avuto lettere di casa sua. Credo, che debba andarsene.

DONNA EUGENIA.

Così subito! Venga pure. Sentiamo.

(*Cecchino parte.*)

IL CONTE.

Cavaliere, la decisione, che si aspetta da donna Eugenia, non solo esclude la division per metà, ma ogni speranza di quelle picciole grazie, che a voi rassembrano indifferenti.

IL CAVALIERE.

Ogni uno pensi a suo modo. In quanto a me non farò mai un' ingiustizia alla virtù della sposa col dubitare di lei. S' ella sarà servita, tanto più sarò io contento d' aver per compagna una Dama di me-

LE CHEVALIER.

Le Comte l'attend également. Nous sommes deux qui aspirons également au bonheur de vous posséder; il faut vous décider, Madame. La division par moitié n'a plus lieu dans le cas dont il s'agit.

SCÈNE XIV.

LES MÊMES, JASMIN.

JASMIN (*à Eugénie.*)

Le seigneur don Fernand demande à voir Madame.

DONNA EUGÉNIE.

S'il n'a rien de bien pressé à me dire, dis-lui que nous nous verrons à dîner.

JASMIN.

Il a reçu des lettres de sa famille, et je le crois sur son départ.

DONNA EUGÉNIE.

Si vîte? Fais entrer. Voyons donc.

(*Jasmin sort.*)

LE COMTE.

Chevalier, la décision que Madame va prononcer exclut non-seulement toute idée de partage par la moitié, mais toute espérance même de ces petites faveurs auxquelles vous attachez si peu d'importance.

LE CHEVALIER.

Que chacun voie à sa manière. Pour moi, je ne ferai pas à la vertu de mon épouse l'injure de douter d'elle. Plus je la verrai entourée, plus je m'applau-

rito; e riderò di coloro, che pazzamente si lusingassero di usurparmi una scintilla di quell' ardore, che per me solo sarà nel di lei cuor custodito.

DONNA EUGENIA (*da se*)
Che nobili sentimenti!

SCENA XV.

DETTI, DON FERNANDO.

DON FERNANDO (*standosi lontano.*)
E' permesso....?

DONNA EUGENIA.
Avanzatevi, don Fernando.

DON FERNANDO (*da se.*)
Ah! questi due mi tormentano.

DONNA EUGENIA.
E' egli vero, che voi partite?

DON FERNANDO (*come sopra.*)
Signora....

DONNA EUGENIA.
Fatevi inanzi: che timidezza è la vostra?

DON FERNANDO.
Tornerò, Signora.... Ho qualche cosa da dirvi.

DONNA EUGENIA.
Potete parlare liberamente. Questi Cavalieri li conoscete. Avete soggezione di loro?

DON FERNANDO.
La cosa ch' io deggio dirvi.... (*Da se.*) Non è possibile, che io lo dica.

COMÉDIE. 493

dirai d'avoir une femme de mérite, et je serai le premier à rire de ceux qui se flatteraient follement de m'avoir dérobé la plus faible étincelle du feu qui brûlera constamment pour moi dans son cœur.

DONNA EUGÉNIE (*à part.*)
Quelle noblesse de sentimens !

SCÈNE XV.

LES MÊMES, DON FERNAND.

DON FERNAND (*s'arrêtant de loin.*)
M'est-il permis.....?

DONNA EUGÉNIE.
Approchez, don Fernand.

DON FERNAND (*à part.*)
Que la présence de ces deux hommes me pèse !

DONNA EUGÉNIE.
Est-il vrai que vous nous quittez ?

DON FERNAND (*encore de loin.*)
Madame.....

DONNA EUGÉNIE.
Approchez donc. Quel excès de timidité !

DON FERNAND.
Je reviendrai, Madame..... J'ai quelque chose à vous communiquer.

DONNA EUGÉNIE.
Vous pouvez parler librement. Vous connaissez ces Messieurs. Vous seraient-ils suspects ?

DON FERNAND.
Ce que j'ai à vous dire.... (*A part.*) Il m'est impossible de le dire.

L'Avare,

Il Cavaliere.

Parlatele pure, come vi aggrada. Io non ascolterò quel, che dite. (*Ritirandosi un poco.*)

Il Conte.

Servitevi; so il mio dovere. (*Ritirandosi un poco.*)

Donna Eugenia (*a don Fernando.*)

Dite quel, che vi occorre.

Don Fernando.

Compatitemi, se una violenta necessità... (*Da se.*) Non so da dove principiare a spiegarmi. Don Ambrogio mi ha imbarazzato.

Donna Eugenia (*da se.*)

Fosse mai don Fernando? (*Alto.*) Ditemi; avete voi veduto mio suocero?

Don Fernando.

Signora... Egli è appunto, che a voi mi manda.

Donna Eugenia (*da se.*)

Sarebbe bellissima la novità. (*Alto.*) Che cosa vi ha egli detto di dirmi?

Don Fernando.

Vuole, che io vi sveli... Che se fin ora ho tacciuto... (*Da se.*) Mi mancano le parole.

Donna Eugenia (*da se.*)

E' così senz'altro. Mio suocero sempre più impazzisce! Un giovane soggetto al padre? nel mezzo degli studj suoi? sarebbe un precipitarlo.

Don Fernando (*da se.*)

Pare, che mi abbia inteso. E mi lusingo dagli occhi suoi, che non mi disprezzi.

COMÉDIE.

LE CHEVALIER.

Parlez à Madame, comme vous le jugerez à propos. Je n'écouterai point ce que vous allez dire. (*Il s'éloigne un peu.*)

LE COMTE.

Ne vous gênez pas, je vous en prie. Je connais mon devoir. (*Il s'écarte aussi.*)

DONNA EUGÉNIE (*à don Fernand.*)

Voyons ; de quoi s'agit-il ?

DON FERNAND.

Pardon, Madame, si une extrême nécessité..... (*A part.*) Je ne sais par où commencer. Dans quel embarras me met don Ambroise !

DONNA EUGÉNIE (*à part.*)

Serait-ce don Fernand ? (*Haut.*) Dites-moi ; avez-vous vu mon beau-père ?

DON FERNAND.

Madame.... c'est lui précisément qui m'envoie auprès de vous.

DONNA EUGÉNIE (*à part.*)

La nouveauté serait curieuse. (*Haut.*) Que vous a-t-il dit de me communiquer ?

DON FERNAND.

Il veut que je vous révèle..... que si je me suis tu jusqu'ici..... (*A part.*) L'expression me manque.

DONNA EUGÉNIE (*à part.*)

C'est lui ; il n'y a plus de doute. En vérité mon beau-père radote de plus en plus. Un jeune homme encore soumis à son père, dans le cours de ses études ! Allons donc, ce serait une folie pour lui.

DON FERNAND (*à part.*)

Elle m'a compris, je le vois ; et je crois lire dans ses yeux autre chose que du mépris.

IL CAVALIERE.
Questi segreti non sono ancor terminati?
DON FERNANDO.
Non ancora, Signore.
DONNA EUGENIA.
Venite, Cavalieri, venite. Don Fernando non ha, che un complimento da farmi. Suo padre lo richiama in Mantova; ed egli, ch'è un figliuolo saggio, e prudente, conosce i doveri suoi, vuol partir subito, ed è venuto per congedarsi. Sò che in Pavia ha un amoretto, che lo trattiene; e inclinerebbe ad unirsi colla persona, ch'egli ama: però riflette da se medesimo, che nell'età in cui si trova, dee pensare a terminar i suoi studj, e non a perdersi col matrimonio. Vede egli benissimo, che il padre suo ne sarebbe scontento; ed un figlio unico non dee rendere così trista mercede al genitore, che l'ama. Ha risolto dunque di partire. Io lo stimolo a farlo, e voi lodatelo per così onesta risoluzione.

DON FERNANDO (*da se.*)
Senza ch'io parli, ho avuto la mia risposta.
IL CAVALIERE.
Bravissimo, don Fernando; mi consolo di vedervi in una età ancor tenera così prudente.
DON FERNANDO (*al Cavaliere.*)
Obbligatissimo alle grazie vostre.
IL CONTE.
Fuggite, don Fernando, fuggite subito. Voi non sapete a che conduca l'amore.
DON FERNANDO (*al Conte.*)
Grazie del buon consiglio.
DONNA EUGENIA.
Fatelo di buon animo, e consolatevi. Tanto più,
LE CHEVALIER.

COMÉDIE.

LE CHEVALIER.

Eh bien ! ces grandes confidences ne sont pas encore terminées ?

DON FERNAND.

Pas encore, Monsieur.

DONNA EUGÉNIE.

Approchez, Messieurs, approchez. Ce n'est qu'un compliment que don Fernand vient me faire. Son père le rappelle à Mantoue, et en fils sage et prudent, et qui connaît ses devoirs, il veut partir sur-le-champ, et est venu prendre congé de moi. Je sais qu'une petite inclination le retient à Pavie ; il voudrait bien s'unir avec celle qu'il aime. Mais avec un peu de réflexion, il a vu qu'à son âge il faut songer à finir ses études, et non à se perdre par un mariage insensé. Il sent très-bien que son père en serait très-fâché, et que ce n'est pas ainsi qu'un fils unique doit répondre à l'amour de son père. Il a donc résolu de partir : je l'engage à le faire, et vous applaudirez, sans doute, à l'honnêteté de son projet.

DON FERNAND (*à part.*)

Sans parler, j'ai ma réponse.

LE CHEVALIER.

A merveille, don Fernand ! Je suis ravi de trouver en vous tant de prudence avec tant de jeunesse.

DON FERNAND (*au Chevalier.*)

Je suis bien sensible à votre honnêteté.

LE COMTE.

Fuyez, don Fernand, fuyez ! vous ne savez pas où conduit l'amour.

DON FERNAND (*au Comte.*)

Je vous remercie de ce bon conseil.

DONNA EUGÉNIE.

Prenez votre parti de bonne grace, et consolez-vous ; ce qui vous sera d'autant plus facile, que la personne

ch' io posso assicurarvi, che la Donna, che voi amate, vi stima; ma non vi ama.

DON FERNANDO.
Questa, che voi mi date, è una bella consolazione!

IL CAVALIERE (*a donna Eugenia.*)
Pare, che sia innamorato di voi.

IL CONTE.
Non sarebbe fuor di proposito.

DONNA EUGENIA.
Non è possibile. Egli era troppo amico di mio marito.

IL CAVALIERE.
Anzi per questo, può credere un effetto di buona amicizia il consolar la vedova dell' amico.

DON FERNANDO (*adirato.*)
Mi maraviglio di voi.

IL CAVALIERE.
Non andate in collera.

DON FERNANDO.
Servo di lor Signori. (*Vuol partire.*)

en question vous estime; mais ne vous aime pas du tout.

DON FERNAND.

Qu'elle est triste la consolation que vous m'offrez!

LE CHEVALIER (*à donna Eugénie.*)

Je le croirais amoureux de vous.

LE COMTE.

Il n'y aurait rien d'invraisemblable.

DONNA EUGÉNIE.

Cela n'est pas possible. Il était trop ami de mon époux.

LE CHEVALIER.

Raison de plus, Madame. C'est peut-être, selon lui, une preuve d'amitié, de consoler la veuve de son ami.

DON FERNAND (*un peu en colère.*)

En vérité, Monsieur, je ne conçois pas....

LE CHEVALIER.

Point de colère, s'il vous plaît.

DON FERNAND.

Je vous salue, Messieurs. (*Il va pour sortir.*)

SCENA ULTIMA.

DETTI, DON AMBROGIO, un Procuratore.

DON AMBROGIO.

Dove si va, don Fernando?

DON FERNANDO.

A Mantova.

DON AMBROGIO.

e nza la sposa?

DONNA EUGENIA (*a don Ambrogio.*)

Lodereste voi, che si maritasse?

DON AMBROGIO.

Sì, certo; ed è quegli, che per vostro bene vi conviene accettare in isposo.

DON FERNANDO.

Non mi vuole, Signore.

DON AMBROGIO.

Non vi vuole? Nuora mia, voi non lo conoscete. Altro merito ha egli, che non hanno questi due Signori garbati. Lascio da parte la nobiltà, e la ricchezza, che non vo' svegliare puntigli; ma egli vi ama da vero; ed una prova grande dell'amor suo, a differenza degli altri, è, ch'egli domanda voi, e non ha ancora parlato di dote.

DONNA EUGENIA.

Ora conosco il merito, che in lui vi pare merito trascendente. Io della roba mia son padrona; e quel rispetto, che ho usato fin ora al padre del mio defonto consorte, non lo merita la vostra ingiustizia, non lo speri più la vostra avarizia.

SCÈNE DERNIÈRE.

Les Mêmes, DON AMBROISE, un Procureur.

DON AMBROISE.

Où va don Fernand ?

DON FERNAND.

A Mantoue.

DON AMBROISE.

Sans votre épouse ?

DONNA EUGÉNIE (*à don Ambroise.*)

Et vous approuveriez qu'il se mariât ?

DON AMBROISE.

Oui certes, et c'est lui que vous devez épouser, pour votre bien.

DON FERNAND.

Madame me refuse.

DON AMBROISE.

Elle vous refuse ? Ma fille, vous ne connaissez pas ce jeune homme. Il a un mérite que n'ont point ces deux Messieurs. Laissons à part la noblesse et la fortune ; je ne veux piquer personne. Mais il vous aime sincèrement ; et une preuve sans réplique que son amour est bien différent de celui des autres, c'est qu'il vous demande, et n'a point encore parlé de dot.

DONNA EUGÉNIE.

J'ouvre les yeux, et je reconnais l'espèce de mérite qui vous paraît transcendant chez lui. Je suis maîtresse de mon bien ; et le respect que j'ai conservé jusqu'ici au père de mon époux, votre injustice cesse de le mériter ; que votre avarice ne s'en flatte plus.

DON AMBROGIO (*al Procuratore.*)

Signor Dottore, la scritta, che doveva farsi, non si fa più; ma ponete in ordine quel, che occorre per difendere le povere mie sostanze. Donna Eugenia dopo d'aver consumata la dote in nastri, e cuffie, vuole spogliarmi di quel poco, che mi è restato.

DONNA EUGENIA (*a don Ambrogio.*)

Mi maraviglio di voi, Signore.

DON AMBROGIO.

Ed io di voi.

IL CAVALIERE.

Zitto, Signori miei. Lasciatemi dir due parole, e vediamo, se mi dà l'animo di accomodar la facenda con soddisfazione di tutti.

IL CONTE.

Si farà una lite per donna Eugenia; ed io m'impegno di sostenerla.

IL CAVALIERE.

Nò, senza liti. Ascoltatemi. Il Povero don Ambrogio, che ha tanto speso, non è dovere, che si rovini colla restituzion di una dote. Questa Dama non ha da restare nè vedova, nè indotata; e ne tampoco impegnar si deve in una lite lunga, tediosa, e pericolosa. Facciamo così: ch'ella si sposi con un galant'uomo, che oggi non abbia bisogno della sua dote; che questa dote rimanga nelle mani di don Ambrogio, fino ch'ei vive, che corra a peso di don Ambrogio il frutto dotale al quattro per cento; ma questo frutto ancora resti nelle di lui mani, durante la di lui vita. Alla sua morte, la dote, e il frutto, e il frutto de frutti passi alla dama, o agli eredi suoi; e per non impicciare in conti difficili l'eredità di don Ambrogio, in una parola, goda egli tutto fin che vive, e dopo la di lui morte, non

COMÉDIE.

Don Ambroise (*au Procureur.*)

Monsieur, il n'est plus question de l'écrit que nous devions passer. Mais faites, je vous prie, tout ce qu'il faut pour défendre ma pauvre existence. Ma belle-fille, après avoir dissipé sa dot en colifichets de toilette, veut me dépouiller encore du peu qui me reste.

Donna Eugénie (*à don Ambroise.*)

En vérité, Monsieur, vos procédés m'étonnent.

Don Ambroise.

Et les vôtres m'indignent.

Le Chevalier.

Un moment, Messieurs ; laissez-moi dire deux mots, et voyons si je ne pourrai pas arranger tout cela à la satisfaction générale.

Le Comte.

Il en résultera un procès, et je m'engage à le soutenir pour donna Eugénie.

Le Chevalier.

Non, point de procès. Ecoutez : Il n'est pas juste que le pauvre don Ambroise qui a tant dépensé déjà, se ruine totalement par la restitution d'une dot. Madame ne peut rester veuve ni se marier sans dot : elle doit bien moins encore s'engager dans un procès long, ennuyeux, et dont les suites peuvent être funestes. Prenons un autre parti. Qu'elle épouse un galant homme qui puisse, pour le moment, se passer de sa dot : que cette dot reste entre les mains de don Ambroise, sa vie durant, et que l'intérêt en coure à raison de quatre pour cent. Mais que cet intérêt encore demeure entre ses mains, tant qu'il vivra. A sa mort, la dot et tous les intérêts reviendront à Madame ou à ses héritiers ; et pour ne pas embarrasser la succession de don Ambroise dans des comptes difficiles à débrouiller, qu'il jouisse de tout pendant sa vie, et, puisqu'il n'a ni enfans ni neveux,

avendo egli nè figliuoli, nè nipoti, instituisca donna Eugenia erede sua universale. (*A don Ambrogio.*) Siete di ciò contento?

DON AMBROGIO.

Non mi toccate niente, son contentissimo.

IL CAVALIERE.

Voi, donna Eugenia, che dite?

DONNA EUGENIA.

Mi riporto ad un Cavaliere avveduto, come voi siete.

IL CAVALIERE.

Quando troviate oneste le mie proposizioni, eccovi, in me il galant' uomo, pronto a sposarvi senza bisogno per ora della vostra dote.

IL CONTE.

Una simile esibizione la posso fare ancor io. La sicurezza d' aver la dote un giorno aumentata per benefizio delli figliuoli, vale lo stesso, che conseguirla; nè il ritrovato del Cavaliere ha nulla di sì stravagante, ch' io non potessi, quanto lui, immaginarlo.

IL CAVALIERE (*al Conte.*)

Il Colombo trovò l' America. Molti dopo di lui dissero, ch' era facile il ritrovarla; col paragone dell' uovo in piedi svergognò egli i suoi emoli; ed io dico a voi, che il merito della scoperta, per ora è mio.

DON AMBROGIO.

Accomodatevi fra di voi; salvo sempre la roba mia, fin ch' io vivo.

---

(1) Des envieux soutenaient devant Colomb, que rien n'était plus facile que ses découvertes. Sa réponse est célèbre. Il leur proposa de faire tenir un œuf debout; et aucun n'ayant pu le

COMÉDIE.

qu'il institue donna Eugénie sa légataire universelle après sa mort. (*A don Ambroise.*) Cela vous arrange-t-il ?

DON AMBROISE.
Vous ne me prenez rien, je suis content.

LE CHEVALIER.
Et vous, Madame, qu'en pensez-vous ?

DONNA EUGÉNIE.
Je m'en rapporte aveuglément à la sagesse de vos décisions.

LE CHEVALIER.
Puisque vous trouvez mes propositions honnêtes, daignez voir en moi le galant homme prêt à vous épouser, sans avoir, pour le moment, besoin de votre dot.

LE COMTE.
Je puis faire cette offre comme vous. L'assurance d'avoir un jour cette dot, accrue au bénéfice des enfans, vaut bien l'avantage de la toucher pour le présent ; et la découverte du Chevalier n'a rien de si merveilleux, que je n'aie pu imaginer comme lui.

LE CHEVALIER (1) (*au Comte.*)
Le fameux Colomb découvrit l'Amérique. On ne manqua pas de dire ensuite que c'était la chose du monde la plus aisée. Le parallèle d'un œuf à faire tenir debout, suffit à ce grand homme pour couvrir de honte les ennemis de sa gloire ; et je vous dis, à vous, que l'honneur de la découverte m'appartient dans cette circonstance.

DON AMBROISE.
Entre vous le débat, Messieurs. J'ai, ma vie durant, la jouissance assurée de mon bien.

---

faire, il cassa le bout de l'œuf et le fit tenir. Cela était bien aisé, dirent les assistans. Que ne vous en avisiez-vous donc ! répondit Colomb.

Il Conte.

Donna Eugenia è in libertà di decidere.

Donna Eugenia.

Conte, fin ora fui indifferente. Ma farei un' ingiustizia al Cavaliere, se mi valessi de' suoi consigli, per rendere altrui contento. Egli ha trovato il filo per trarmi dal laberinto: sua deve essere la conquista.

Il Cavaliere.

Oh saggia, oh compitissima Dama?

Il Conte.

Sia vero, o falso il pretesto, non deggio oppormi alle vostre risoluzioni; e siccome, se io vi avessi sposata, non avrei sofferto l' amicizia del Cavaliere, così, sposandovi a lui, non mi vedrete mai più.

Il Cavaliere.

Io non sono melanconico, come voi siete. Alla conversazion di mia moglie tutti gli uomini onesti potran venire; protestandovi, che di lei mi fido, e che il vostro merito non mi fa paura.

Don Ambrogio.

Andiamo, Signor Dottore, a far un' altra Scrittura, chiara, e forte, sicchè, fin ch' io viva, non possa temer di niente. Voi, Signor don Fernando, andate a Mantova, e seguitate a studiare. Signor Cavaliere, fatto il contratto, darete la mano a mia nuora; e voi, signor Conte, se perdeste una tal fortuna, vi stà bene, perchè siete un avaro.

Fine della Commedia, e del Tomo secondo.

Le Comte.

Madame est libre de prononcer.

Donna Eugénie.

Comte, j'ai été jusqu'ici dans l'indifférence. Mais il y aurait de l'ingratitude de ma part envers le Chevalier, à profiter de ses conseils pour faire le bonheur d'un autre. C'est lui qui a trouvé le fil qui me tire du labyrinthe ; c'est à lui que la conquête appartient.

Le Chevalier.

O la plus sage, la plus accomplie des femmes !

Le Comte.

Que ce prétexte soit vrai ou faux, je dois respecter votre décision ; et comme, en vous épousant, je n'eusse point souffert l'amitié du Chevalier pour vous, vous êtes bien sure, quand il devient votre époux, de ne me plus revoir.

Le Chevalier.

Je suis d'une humeur un peu moins triste que la vôtre. Tous les Cavaliers honnêtes pourront se présenter dans la société de mon épouse ; je vous proteste que ma confiance est entière en elle, et que votre mérite même ne me cause point de frayeur.

Don Ambroise.

Allons, seigneur Docteur, allons dresser un autre écrit, mais clair, expressif, de manière que je n'aie rien à craindre tant que je vivrai. Et vous, seigneur don Fernand, allez poursuivre à Mantoue le cours de vos études. Monsieur le Chevalier, le contrat une fois dressé, vous épouserez ma belle-fille ; et vous, monsieur le Comte, si tant de bonheur vous échappe, vous n'avez que ce que mérite un avare.

Fin de la Comédie et du Tome second.

www.ingramcontent.com/pod-product-compliance
Lightning Source LLC
Chambersburg PA
CBHW071714230426
43670CB00008B/1009